1856-78

d' Hozier, Charles-René

Armorial... recueil officiel

Volume 3

ARMORIAL GÉNÉRAL DE FRANCE

TOME TROISIÈME

PREMIÈRE PARTIE

PARIS. — TYPOGRAPHIE RICHARD ET COMP., PASSAGE DE L'OPÉRA, 18-19

ARMORIAL
DE PICARDIE

GÉNÉRALITÉ DE SOISSONS

RECUEIL OFFICIEL DRESSÉ PAR LES ORDRES DE LOUIS XIV

PUBLIÉ D'APRÈS LES REGISTRES MANUSCRITS DE LA BIBLIOTHÈQUE NATIONALE

PAR

M. BOREL D'HAUTERIVE

ARCHIVISTE PALÉOGRAPHE

Conservateur-Adjoint à la Bibliothèque Sainte-Geneviève

TOME TROISIÈME

DE L'ARMORIAL GÉNÉRAL DE FRANCE

PREMIÈRE PARTIE

PARIS

AU BUREAU DE L'ANNUAIRE DE LA NOBLESSE

RUE RICHER, 50

DENTU, LIBRAIRE
PALAIS-ROYAL, GALERIE VITRÉE, 13

DUMOULIN, LIBRAIRE
QUAI DES GRANDS-AUGUSTINS, 13

1878

PRÉFACE

Le seul recueil héraldique ou nobiliaire qui ait été rédigé par ordre de nos rois, c'est l'*Armorial général de France*, dressé en vertu de l'édit de Louis XIV, en date du 4 novembre 1696. Outre son caractère officiel, cette collection offrait le précieux avantage de s'étendre à toute la France et de comprendre non-seulement les nobles, mais aussi les bourgeois, les marchands et tous ceux qui exerçaient des professions libérales.

Les registres de l'Armorial étaient surtout consacrés à l'enregistrement des blasons ; mais ils donnaient aussi les noms, titres et qualités de tous ceux qui produisaient leurs armoiries. Rédigés sur les lieux eux-mêmes, dans les nombreuses maîtrises, établies pour chaque province, sous le contrôle de Charles d'Hozier, ils donnaient avec exactitude l'état social des personnes. Il était difficile de dénaturer ou de dissimuler la vérité, en présence de ses parents, de ses amis, de ses voisins, de tout ce qui constitue le tribunal de l'opinion publique. Dans leur ensemble, ils offraient donc un miroir complet et fidèle de la société française à cette époque du règne de Louis XIV.

Malheureusement l'exécution fut loin de répondre à l'importance et à l'utilité d'un pareil recueil. L'édit du roi avait pour but principal de régulariser le port des armoiries, qui jusqu'alors n'avait été soumis à aucun contrôle, à aucune autre prescription légale que celle qui défendait aux rôturiers de timbrer leurs écus, c'est-à-dire de les faire surmonter d'une couronne ou d'un casque, à moins d'une concession spéciale ; ce qui prouve en tout cas que le blason n'était pas l'apanage exclusif de la noblesse.

L'édit créait une grande maîtrise, espèce de cour héraldique, dont la composition (1) indiquait l'importance que dans sa pensée primitive le

(1) Pour les détails relatifs à la création de la Grande Maîtrise et à l'exécution de l'édit du mois de novembre 1696, voyez la préface du premier volume de la présente collection, publié sous le titre d'*Armorial de Flandre*.

roi voulait donner à son institution. Il y a lieu de regretter que des idées de lucre soient venues en dénaturer le but. Il y avait naturellement un droit d'enregistrement à payer. On afferma le produit de cette finance, estimée sept millions. Une société de receveurs généraux, de secrétaires du roi et de grands financiers, dont le fameux Poisson de Bourvallais était un des principaux membres, se rendit adjudicataire, et la direction des maîtrises fut confiée à des commis d'une incompétence notoire. Le contrôle de Charles d'Hozier, qui de juge d'armes de France était devenu garde de l'*Armorial général* et qui considérait sa charge comme une propriété de famille, resta complétement illusoire. Il n'exerça aucune surveillance. A peine trouve-t-on par registre une vingtaine de corrections de sa main, dénuées pour la plupart de la moindre importance.

Les nobles, les membres de la haute bourgeoisie se présentèrent les premiers avec assez de spontanéité et firent des déclarations qui eussent été exactes, si l'orthographe du rédacteur n'eût laissé beaucoup à désirer. Lorsque cette catégorie fut épuisée, les maltotiers, pour faire rendre à l'impôt la plus forte somme possible, eurent recours à des moyens coercitifs. On força d'abord les nobles retardataires à payer le droit d'enregistrement. On étendit ensuite la mesure aux bourgeois et bientôt aux plus humbles membres du clergé, aux moindres corporations, aux communautés des savetiers par exemple. Ce qu'il y eut de plus regrettable, c'est que les armoiries imposées dans ce cas aux récalcitrants ne furent l'objet d'aucun soin, d'aucun travail sérieux. On établit des catégories de blasons qui ne différaient entre eux que par de légères modifications. On prenait, par exemple, l'écu chargé d'une bande, d'une fasce ou d'un chevron, et on le donnait à plusieurs centaines de personnes, en se contentant d'en varier les émaux et de faire accompagner la pièce héraldique principale de quelques meubles accessoires, de merlettes, de coquilles, de sautoirs, de croisettes ou de molettes d'éperon.

Si l'on s'écartait quelquefois de cette marche, c'était lorsque, sous prétexte de donner des armes parlantes, on faisait des jeux de mots, des rébus héraldiques, ce que Charles d'Hozier paraît avoir beaucoup affectionné. Ainsi, à Jean-Antoine L'Espicier (l'épi scié), on attribuait pour armoiries un écu chargé d'un épi de blé et d'une feuille de scie. (Voyez plus loin, page 193.) Telle était la principale trace du concours, de l'intervention du garde de l'Armorial général.

En outre, d'Hozier avait adopté comme principe de n'affecter les armes pleines qu'au chef de la famille et de les briser pour les puînés par un changement d'émaux ou par une addition de pièces. Cette mesure, que ne justifiait nul motif plausible et qui était contraire aux usages et aux tendances nobiliaires, reçut néanmoins de trop fréquentes applications dans l'Armorial général.

Quand l'on eut retiré toute la finance possible de l'exécution de l'édit de 1696, les registres furent clos, et d'Hozier, redevenu juge d'armes, en fit faire une copie, reproduction servile du texte original jusques dans son orthographe fantaisiste. Il avait pour héritier son neveu, Louis-Pierre d'Hozier; mais, s'étant brouillé avec lui pour des questions d'intérêt, il légua son cabinet au roi moyennant une somme de 2,000 livres et une pension viagère de 3,000 livres pour lui-même et de 1,000 livres pour sa femme. C'est ainsi que les deux exemplaires de l'*Armorial général* entrèrent avec toutes les autres richesses généalogiques du cabinet de d'Hozier dans celui du roi. (Voyez l'*Histoire du cabinet des manuscrits de la Bibliothèque royale*, par M. Léopold Delisle, tome Ier, page 357.)

A la révolution, le cabinet du roi et sa bibliothèque devinrent comme tous les biens de la couronne une propriété nationale. On les transporta au palais Mazarin, où l'on entassa également toutes les richesses littéraires tirées des couvents et des collections particulières saisies comme biens d'émigrés. L'encombrement fut tel qu'on fit à peine un récolement provisoire. Le cabinet des titres était surtout menacé de proscription à cause de sa nature, on le ferma rigoureusement (ibidem; tome 2; p. 19).

M. La Porte du Theil, conservateur de la Bibliothèque, disant que la meilleure manière de bien remplir ses fonctions de conservateur était de ne rien mettre à la disposition du public, se garda bien de rouvrir les portes du cabinet des titres.

En 1814, Ambroise d'Hozier, le petit neveu de Charles d'Hozier et le frère aîné du comte d'Hozier, qui avait trempé dans la conspiration de Cadoudal, fit valoir les services de ses ancêtres et sa propre fidélité à la royauté pour obtenir la restitution d'une partie du cabinet que son grand oncle avait légué au roi en 1721. Dans le lot qu'il se fit adjuger était comprise la copie de l'Armorial général, dont l'original resta à la Bibliothèque royale. Il mourut à Versailles le 24 août 1846 sans postérité et son frère puîné, qui recueillit alors son cabinet généalogique, mourut à son tour le 17 février 1851.

La Bibliothèque royale, devenue nationale, se rendit acquéreur au prix de 22,000 francs des dossiers de famille et des Manuscrits dont se composait sa succession. La copie de l'Armorial général en faisait partie; elle se trouva réunie de nouveau avec l'original, dont nous allons reprendre l'historique d'un peu plus haut.

Le cabinet des titres de la Bibliothèque royale, longtemps fermé au public et confié à la garde du savant abbé Lespine, professeur à l'École des Chartes, avait entr'ouvert ses portes. Mais les communications étaient entourées de formalités qui les rendaient d'un usage difficile. L'exemplaire original de l'Armorial général restait presque oublié, lorsque l'*Annuaire de la Noblesse*, dont le premier volume parut au mois de décembre 1842 rappela sur lui l'attention par des citations et par des emprunts. La création de la galerie des croisades du musée de Versailles vint en même temps donner de son côté une vive impulsion aux études héraldiques et nobiliaires. L'empressement du public à consulter les registres de l'Armorial général fut sur le point de leur être funeste. Pour faciliter le service et mettre cette collection plus à la portée du public, on la plaça dans la salle de travail du département des Manuscrits de la Bibliothèque royale, où chacun put prendre lui-même, sans l'intervention d'aucun employé de l'établissement, le volume qu'il désirait consulter.

Ce fut le signal d'un gaspillage complet. On altéra les noms propres du manuscrit pour les adapter à sa famille. On fit des surcharges, des interpolations; on introduisit des corrections souvent fautives.

Au nom d'un ministre passionné pour les études généalogiques, des serviteurs trop zélés empruntèrent le registre de Lyon, et, quand ils le rendirent, un des cahiers avait été falsifié avec tant d'habileté que les conservateurs du département des manuscrits ne s'en aperçurent point, que M. le comte de Terrebasse en prit une copie sans découvrir la fraude, et que l'Annuaire de la Noblesse de 1853 (page 257) cita sans méfiance, d'après cette copie, un des passages altérés.

L'acquisition de la copie provenant du cabinet d'Hozier menaçait de trahir la supercherie par la collation des deux textes; le registre original fut emprunté de nouveau, et, lorsqu'on le rapporta, tout le cahier suspect avait disparu. L'administrateur de la Bibliothèque le fit remplacer par une copie faite d'après l'exemplaire nouvellement acquis.

C'est alors que le directeur de l'Annuaire de la Noblesse conçut le projet de publier cette collection d'autant plus précieuse que les registres, mis au service des lecteurs et détériorés par l'usage, étaient menacés d'une destruction complète. Il commença par livrer à l'impression le registre de la Flandre. Aussitôt l'attention générale fut attirée sur l'importance et l'utilité de ce recueil malgré ses imperfections. Le directeur de l'Annuaire avait annoncé qu'il mettait sous presse un deuxième volume, celui de la généralité d'Amiens et qu'il donnerait successivement les autres registres. On s'empressa, de divers côtés, de le devancer et de lui opposer une concurrence fâcheuse en publiant partiellement ou en entier plusieurs registres de la collection. A Strasbourg parut l'armorial d'Alsace, à Marseille la partie des deux volumes de la Provence qui concernait cette ville, à Dijon les armoriaux de la Bourgogne et de la Franche-Comté. Le directeur de l'Annuaire de la Noblesse, entravé dans sa marche, fut obligé de ralentir l'exécution de son œuvre sans toutefois l'abandonner complètement. C'est ce qui explique les longs intervalles écoulés entre les divers volumes de son Armorial général. Il livre aujourd'hui au public la première partie du troisième volume de sa collection, elle comprend tous les cahiers de l'Armorial général formant le registre de la généralité de Soissons.

La seconde partie, qui paraîtra ultérieurement, contiendra entre autres chapitres : 1° Les extraits des jugements de maintenue rendus par les intendants Dorieu et Machault, de 1666 à 1671, pour la généralité de Soissons; 2° ceux des jugements rendus par Bignon et Bernage, lors de la recherche de 1697 pour la généralité d'Amiens; 3° des notices sur les familles nobles qui ne figurent point dans ces deux maintenues, soit qu'elles fussent déjà éteintes, soit qu'elles aient alors négligé de faire leurs preuves, soit que leur noblesse ne date que d'une époque postérieure.

Cette publication formera donc alors le nobiliaire le plus complet de la province de Picardie et de tout le Nord de la France.

L'impression de cette seconde partie devant bientôt commencer, les familles qui désireraient voir leurs armes gravées y figurer, ou qui auraient des communications à faire ou des renseignements à fournir, sont priées de s'adresser à M. Borel d'Hauterive.

Ce troisième volume sera suivi du quatrième et du cinquième qui contiendront les registres de Paris, de Versailles et de l'Ile de France. Cette partie de l'ouvrage offrira d'autant plus d'intérêt que l'on y retrouvera le personnel parisien de l'époque, personnel qui se recrutait déjà de toutes les illustrations et de toutes les sommités françaises dans les arts, les sciences, les lettres, l'armée, la magistrature et la finance.

Deux méthodes de publication se présentèrent dès l'origine. L'une consistait dans la reproduction littérale et fidèle du manuscrit original, en respectant jusqu'à son orthographe vicieuse. L'autre rectifiait le texte et substituait au travail primitif celui de l'éditeur. Mais souvent la leçon de l'original est si fautive qu'elle rend les noms méconnaissables et qu'aucune lecture ne saurait satisfaire. Plus souvent encore, la difficulté pouvait avoir différentes solutions et plaçait l'éditeur dans la nécessité de substituer au texte sa propre lecture. Où s'arrêterait d'ailleurs le droit de corriger et de réformer? Dans le doute abstiens-toi, a dit un philosophe de l'antiquité. C'est le parti qui avait été adopté pour les deux premiers volumes et qui l'est encore pour celui-ci. Si défectueuse qu'elle soit, l'orthographe de l'original a été respectée. Cependant il a paru indispensable de restituer dans certains cas les vrais noms, ceux surtout des localités. Pour ne pas nuire à l'authenticité du texte, ces corrections ont été placées entre parenthèses.

ARMORIAL
DE PICARDIE

GÉNÉRALITÉ DE SOISSONS

PREMIÈRE PARTIE

ARMORIAL DE PICARDIE

GÉNÉRALITÉ DE SOISSONS

RECUEIL OFFICIEL DRESSÉ PAR LES ORDRES DE LOUIS XIV

1696 — 1711

ESTAT DES ARMOIRIES DES PERSONNES ET COMMUNAUTEZ DESNOMMÉES CY-APRÈS, ENVOYÉES AUX BUREAUX ESTABLIS PAR Me ADRIEN VANIER, CHARGÉ DE L'EXÉCUTION DE L'ÉDIT DU MOIS DE NOVEMBRE DERNIER, POUR ESTRE PRÉSENTÉES A NOSSSEIGNEURS LES COMMISSAIRES GÉNÉRAUX DU CONSEIL DEPPUTEZ PAR SA MAJESTÉ PAR ARRESTS DES QUATRE DÉCEMBRE MIL SIX CENT QUATRE-VINGT-SEIZE ET VINGT-TROIS JANVIER MIL SIX CENT QUATRE-VINGT-DIX-SEPT.

GÉNÉRALLITÉ DE SOISSONS

SOISSONS

SUIVANT L'ORDRE DU REGISTRE PREMIER

1. — Louis-Claude Ollivier, avocat en parlement, secrétaire de Monsieur Pelletier de la Houssaye, maistre des requestes, intendant de la générallité de Soissons :

D'argent, à un ollivier arraché de sinople, et un chef d'azur, chargé de trois estoilles du champ.

2. — Claude Bernard, secrétaire de Monsieur Pelletier de la Houssaye, maistre des requestes, intendant de laditte générallité de Soissons :

D'azur, à un chien rampant d'argent, accolé de gueule, bordé et bouclé d'or, soutenu d'un monde d'argent et surmonté de deux estoilles d'or.

3.— Pierre TURLIN, commis à l'enregistrement des armoiries de la générallité de Soissons :

D'azur, à un chevron d'or, accompagné de deux molettes de mesme en chef, et d'une tour aussi d'or en pointe.

4.— Pierre de (H) ANGEST, de Argenlieu, prestre, docteur en théologie de la faculté de Paris, prévost de l'église cathédralle de Soissons, prévost et seigneur de Chivres, abbé de Bellozanne, demeurant audit Soissons :

D'argent, à une croix de gueule, chargée de cinq coquilles d'or.

5.— Les Doyen, Chanoines et Chapitre de l'église collégiale de *Saint-Pierre* au Parvis de Soissons :

De gueule, à une épée d'argent, les garde et poignée d'or, entrelassée avec deux clefs d'argent, passées en sautoir.

6.— Philippes de MAUBEUGE, escuyer, seigneur en partie de Monceau (sur Oise et de) Louâtre :

Vairé d'or et de gueulle.

7.— Charles BERTHERAND, receveur général des fermes du roy :

D'azur, à un chevron d'argent, accompagné de trois estoilles d'or.

8.— Gabriel de MACHAULT, prieur de Saint-Pierre, à La Chaux :

D'argent, à trois testes de corbeau arrachées de sable.

9.— Pierre CUYRET, prestre, chanoine de l'église cathédralle de Soissons :

De vair, à un chef de gueulle, chargé d'un lion naissant d'or, accosté de deux estoilles de mesme.

10.— Henry LÉPICIER, grand chantre de l'église de Soissons :

De gueulle, à un chevron d'or, accompagné de trois testes de limier d'argent.

11.— Nicolas DUCHESNE, écolastre de l'église de Soissons :

D'azur, à trois glands d'or, et une estoille d'argent, mise en cœur.

12.— Pierre de HASTREL, escuyer, seigneur de Préaux et de Grisol (Grisolles), chevallier d'honneur au baillage et siége présidial de Soissons :

D'azur, à un chevron d'or accompagné de deux molettes de mesme en chef, et en pointe d'une teste de levrier d'argent, accollée de gueulle, le collier bordé et bouclé d'or.

13.— Chrestien de BEINE, ancien conseiller et procureur de Sa Majesté au baillage et siége présidial de Soissons :

D'or, à un massacre de cerf de gueule, et un chef aussi de gueule, chargé de deux roses d'argent.

14.— Armande-Henriette LE BOISTEL, porte en losange :

D'azur, à une bande d'or, chargée de trois merlettes de sable et accompagnée de deux lions d'or.

15.— Christophle Labouret, conseiller du roy, lieutenant particullier au baillage et siége présidial de Soissons :

D'or, à un chevron de sable, surmonté d'une estoille d'azur, et accompagné de trois cœurs de gueulle.

16.— Henry-Armand Gosset, conseiller du roy, esleu en l'élection de Soissons et grenetier au grenier à sel dudit lieu :

D'azur, à trois cosses de poix jointes à une mesme tige d'or; au chef d'argent, chargé d'un aigle le vol abaissé de sable.

17.— Louis Rousseau, chanoine, archidiacre de Soissons :

D'azur, à une face ondée d'argent, accompagnée de trois roues d'or, deux en chef et une en pointe.

18.— Jean-Baptiste du Tour, conseiller du roy, ancien et premier assesseur en la mareschaussée de Soissons, conseiller au baillage et siège présidial de Soissons :

D'azur, à un chevron d'or, surmonté d'un croissant d'argent, et accompagné de deux estoilles d'or en chef, et une tour d'argent massonnée de sable en pointe.

19.— Pierre Charpentier, greffier au baillage (et) siége présidial de Soissons :

D'azur, à un chevron d'or, accompagné en chef de deux roses tigées et feuillées d'argent, et en pointe d'un croissant de mesme.

20.— Geneviesve Quinquet, veuve de Jean Renault, vivant conseiller du roy, receveur des tailles de l'élection de Soissons :

D'argent, à un chevron d'azur, accompagné en chef d'un barbeau à dextre de mesme, et d'une estoille aussi d'azur à senextre, et en pointe d'une main de carnation, parée de sable, tenant une branche de olivier de sinople, fruittée de mesme.

21.— François Warel, avocat du roy :

D'azur, à un chevron d'or, accompagné en chef de trois estoilles de mesme et en pointe d'un lion aussi d'or.

22.— Jean Bachelier, archidiacre de l'église de Soissons :

D'azur, à un chevron d'or, accompagné de trois faisseaux de flèches d'or, chacun une en pal et deux en sautoir, empainés (empennées) de gueule et liez d'argent, les pointes en bas, deux en chef et une en pointe.

23.— Louis Le Clerc, conseiller du roy, son procureur au grenier à seel de Soissons :

D'azur, à un soleil d'or.

24.— Jacques Varlet, escuyer, conseiller du roy, prévost provincial au siége présidial et baillage de Soissons :

D'argent, à trois roses de gueule, tigées et feuillées de sinople.

25.— François Quinquet, président au grenier à sel de Soissons :

D'azurs, à deux bars adossez d'or, séparez par une estoille de mesme en chef, une rose d'argent en face et un croissant de mesme en pointe.

26.— Jean Ponsart, conseiller du roy et son procureur en la mareschaussée de Soissons :

D'azur, à un pont de six arches d'argent, massonné de sable, sur une rivière d'argent ombrée de sinople, et surmonté d'une gerbe d'or, accostée de deux mollettes de mesme.

27 *bis*.— Marie Harancdet, dame de Vaubuin (Vauxbuin) et Chaudun, veuve de Jean-Paul de Lafitte, lieutenant des gardes du roy, gouverneur de Guise et mareschal des camps et armées de Sa Majesté :

D'azur, à une bande d'argent, chargée de trois lozanges et deux demys de gueule, accompagnée de deux cornets d'argent, liez de mesme, les embouchures en pointe ; *accolé* : d'azur, à un chevron d'or, accompagné de trois gerbes de mesme.

28 *bis*.— Antoine Quinquet, conseiller du roy, receveur des tailles en l'élection de Soissons :

D'azur, à deux bars adossez d'or, et un croissant d'argent en chef.

(Anne) Elisabeth de Faverolles, veuve de Jean Le Gras, président, lieutenant-général de la ville de Soissons :

De gueulle, à trois molettes d'or, posées deux et une ; et un chef vairé d'or et d'azur, soutenu d'une trangle aussi d'or.

30.— Claude de Saint-Martin, veuve de Sansom de Quenelle, propriétaire du greffe du comté de Soissons :

D'azur, à une ruche d'or, surmontée d'une estoille et accompagnée de deux mouches à miel de mesme ; et soutenue d'un croissant d'argent en pointe.

31.— Bernard de La Loire de Montsivry, conseiller du roy, receveur des taillles de l'élection de Soissons :

D'or, à un chevron d'azur, accompagné de trois trefles de mesme.

32.— Jacques Morant, bourgeois de Soissons :

D'or, à un chevron d'azur, accompagné de trois testes de maures de sable, liées d'argent.

33.— Claude Le Scellier, conseiller du roy, controlleur général des finances du domaine et des bois de la générallité de Soissons :

D'azur, à une gerbe d'or, suportée par deux lions de mesme, et un chef de gueule, chargé de trois molettes d'argent.

34.— Pierre-Auguste Le Givre, conseiller du roy et lieutenant de la mareschaussée de Soissons :

D'argent, à deux merlettes de sable en chef et une hure de sanglier arrachée de mesme.

35.— François de Novion, escuyer, sieur de Vée (Vez)-sur-Velle :

D'azur, à une bande d'or, accompagnée de trois colombes d'argent, deux en chef et une en pointe.

36-37 *bis*.— François Bonnet, seigneur d'Espagny, escuyer, conseiller du roy, commissaire ordinaire des guerres et directeur général des fermes de Sa Majesté au département de Soissons (le nom de la femme est omis) :

D'argent, à une face d'azur, accompagnée de trois tortues de sable, lampassées et armées d'azur; *accolé* : d'argent, à un lion naissant de gueule, coupé d'azur, à une rose d'argent.

37 *bis*.— Antoine l'Evesque, conseiller du roy, président et bailly au comté de Soissons :

Écartellé au premier et au quatriesme d'azur, à une gerbe d'or, liée de gueule; au deuxiesme et troisiesme d'or, à une grape de raisin d'azur, feuillée de sinople.

38-39 *bis*.— Gabriel Chantereau Le Fevre, conseiller du roy, premier president au bureau des finances de la générallité de Soissons, et Madeleine de Tournay, son espouse, portent :

De gueule, à une face d'or, accompagnée de deux testes de limiers d'argent, une en chef et l'autre en pointe; *accolé* : de gueule, à une tour d'argent, massonnée de sable.

39 *bis*.— François Carpentier, escuyer, conseiller du roy, président trésorier de France général des finances, et grand voyer en la générallité de Soissons :

D'azur, à un chevron d'or, accompagné en chef de deux estoilles de mesme, et d'un croissant d'argent en pointe.

40. — Charles Berterand, trésorier de France :

D'azur, à un chevron d'argent, accompagné de trois estoilles d'or.

41. — Jean Charton, escuyer, conseiller du roy, trésorier de France en la générallité de Soissons :

D'azur, à un chevron d'or, accompagné de trois chardons d'argent, tigez et feuillez de mesme.

42. — Philibert-Antoine Bellone, escuyer, sieur de Précy, gentilhomme de la Maison du Roy, trésorier de France en la générallité de Soissons :

De gueule, à un loup rampant au naturel, et une face d'or.

43-44. — Philippes-François de Bloiz (Blois), sieur de la Suze, trésorier de France en la générallité de Soissons, et Marie-Françoise Marquette, son espouse, portent :

D'azur, à une tour d'argent, massonnée de sable, et un chef cousu de gueule, chargé de trois estoilles d'or; *accolé* : d'argent à trois merlettes de sable, et un chef de gueule, chargé de deux roses du champ.

44 *bis*-45. — Claude Le Carlier, trésorier de France en la générallité de Soissons, cy-devant gentilhomme servant du roy, et Marie-Françoise de Bloiz (Blois), son espouse, portent :

D'azur, à un chevron d'or, accompagné de trois roses d'argent ; *accolé* : d'azur, à une tour d'argent, massonnée de sable, et un chef cousu de gueule, chargé de trois estoilles d'or.

45 *bis*. — Pierre PREVOST, conseiller du roy, trésorier de France en la générallité de Soissons :

D'azur, à un chevron d'or, accompagné de trois estoilles d'argent.

46. — Claude de SON, conseiller du roy, trésorier de France en la ditte généralité :

De gueule, à une cloche d'argent, bataillée de sable, et un chef cousu d'azur, chargé de trois estoilles d'or.

47. — Charles-Antoine CHARMOLUË, escuyer, conseiller du roy, président trésorier de France en la ditte générallité :

De güeule, à deux bars adossez d'or.

48-49 *bis*. — Artus POUSSIN, escuyer, conseiller du roy, président trésorier de France en la générallité de Soissons (le nom de la femme est omis) :

D'azur, à un aigle s'essorant d'or, lampassé et armé de gueules ; *accolé* : d'azur, à un chevron d'or, accompagné de deux estoilles de mesme en chef, et d'un cigne sur une rivière d'argent en pointe.

49 *bis*. — Pierre MILLET, conseiller du roy, président trésorier général en la ditte générallité :

Tranché d'or et d'azur, à une estoille à huit rais de l'un en l'autre.

50. — Jean-Baptiste JOURDIN DE MAISONNEUVE, procureur du roy au bureau des finances de Soissons :

Écartellé, au premier d'azur, à un chevron d'or, accompagné en pointe d'un dain passant au naturel, et un chef cousu de gueule, chargé de deux molettes d'or ; au second d'azur, à un chevron d'or, accompagné de deux estoilles d'or en chef et d'un croissant d'argent en pointe ; au troisiesme d'azur, à un chevron d'or, accompagné de trois molettes de mesme, celle de la pointe surmontée d'une merlette aussi d'or ; et au quatriesme contre écartellé, au premier et quatriesme d'argent, à une croix pottencée d'or, cantonnée de quatre croisettes de mesme ; au deuxiesme et troisiesme d'or, à un escusson de gueule, chargé d'une feuille de houx d'argent.

51. — Jean-Baptiste PINTEREL, escuyer, seigneur de Villeneuve-sur-Fère-en-Tardenois, de Montoury (Monthoury), etc., conseiller du roy, président et trésorier général des finances en la générallité de Soissons :

D'azur, à un chevron d'or, accompagné en chef de deux tours et en pointe d'un lion de mesme.

52. — Charles CUIRET, greffier au bureau des finances de la générallité de Soissons :

Vairé d'azur et d'argent, et un chef de gueule, chargé d'un lion naissant d'or.

53. — François CHATRE (Charrée), greffier au baillage et siége présidial de Soissons :

D'azur, à trois estoilles d'or, et d'un croissant d'argent en abisme.

54.— Pierre l'Evesque, conseiller du roy et maire de la ville de Soissons :

D'azur, à une gerbe d'or, liée de gueule; écartellé d'or, à une grape de raisin d'azur, feuillée de sinople.

56.— Melchior Fleury, conseiller médecin ordinaire du roy :

D'azur, à un lis d'argent, tigé et feuillé de mesme.

57.— François Noury, avocat du roy et son procureur au baillage royal de la ville et comté de Soissons :

D'azur, à deux chevrons d'or entrelassez, un montant et l'autre renversé, accompagnez de sept estoilles d'argent, deux en chef, trois en face et deux en pointe.

57. La communauté des prestres de l'oratoire de la maison et prieuré de *Saint-Paul-aux-Bois* :

Un ovalle d'azur, avec ces mots en lettres d'or : Jésus Maria ; et une bordure d'argent, chargée d'une couronne d'espines de sinople, laquelle est entourée d'une autre bordure cousue d'or et chargée de ces mots en lettres majuscules de sable : Sigil. Orat. D. Jesu. Dom. S. Pauli.

58.— Henry Piercot, escuyer, conseiller du roy, controlleur ordinaire des guerres, à la résidence de Soissons :

D'azur, à une pierre platte et quarrée d'argent, ombrée sable, supportant deux branches de coq d'or, élevées et passées en sautoir.

59.— Pierre Charrée, conseiller du roy et son procureur au baillage provincial et siége présidial de Soissons :

D'azur, à trois estoilles d'or, et un croissant d'argent en abisme.

60.— Raymond Le Féron, escuyer, seigneur de Bisancourt, lieutenant-colonel du régiment de Viantes :

De gueule, à un sautoir d'or, accompagné en chef et en pointe de deux molettes de mesme et en flanc de deux aigles aussi d'or.

61.— Michel Charpentier, conseiller du roy au baillage et siége présidial de Soissons :

D'azur, à un chevron d'or, accompagné de deux croissans de mesme en chef, et d'une rose d'argent en pointe.

62.— Jean-Sébastien Le Gras, escuyer, seigneur de Bertigny, trésorier de France :

De gueulle, à trois mollettes d'or, deux et une, et un chef vairé d'or et d'azur, soutenu d'une trangle d'argent.

63.— Claude de Bourlon, abbé régulier de l'abbaye de Saint-Léger de Soissons :

D'or, à une bande d'azur, chargée de trois anneaux d'or.

64.— Nicolas QUINQUET, conseiller du roy et son procureur en l'hostel de ville de Soissons :

D'azur, à deux bars adossez d'or, séparez par une estoille de mesme en chef, une rose d'argent en face, et un croissant de mesme en pointe ; écartellé, vairé d'or et d'azur, à un chef de gueule, chargé d'un lion naissant d'argent ; et sur le tout : d'or à deux grapes de raisin d'azur, soutenues d'un pampre de sinople, suporté d'un croissant de gueule.

65.— Jean GROU, conseiller du roy, commissaire en la mareschaussée de Soissons :

D'azur, à un aigle le vol abaissé d'or, surmonté au canton dextre d'un croissant d'argent.

66.— Martin BARBREUX, conseiller du roy, assesseur en l'hostel de ville de Soissons :

D'argent, à une foy de carnation, mouvante des flancs de la pointe de l'écu de deux nuées d'azur, et tenante trois barbeaux d'azur, tigez et feuillez de sinople ; et un chef de gueulle, chargé de deux estoilles d'or.

67.— Louis PIERCOT, conseiller du roy au baillage et siége présidial de Soissons :

D'azur, à une pierre platte et quarrée d'argent, ombrée de sable, suportant deux branches de coq d'or, élevées et passées en sautoir.

68.— Charles de SIRVELINGES, conseiller du roy, receveur du tabac de Soissons :

D'azur, à un chevron d'or, accompagné de trois estoilles de mesme.

69.— Charles-Julien d'HÉRICOURT, escuyer, conseiller du roy au siége présidial de Soissons :

D'argent, à une croix de gueulle, chargée de cinq coquilles d'argent ; écartellé d'or, à un créquier de gueulle.

70.— Robert ATHÉNAS, substitud au présidial de Soissons et avocat au dit siége :

D'azur, à une muraille ou enceinte de ville crénelée et flanquée d'une autre tour aussi crénellée, au milieu de deux petites couvertes en pavillon avec leurs girouettes, le tout d'argent, massonné de sable ; la haute tour sommée d'une Pallas de carnation, armée d'un casque et d'une cuirasse à l'antique d'argent, ornez d'or, tenant de la main droitte une lance élevée en bande, et de la gauche un bouclier aussi d'argent, surmonté d'une estoille d'or.

71.— Marie de LA HAYE, veuve de Florimond de HASTREL, escuyer, seigneur des Fossez, capitaine au régiment de Navarre :

D'azur, à un chevron d'or, accompagné en chef de deux molettes de mesme, et en pointe d'une teste et col de levrier d'argent, accollée de gueule et bouclée d'or.

72.— Jean FOUCARD, greffier en chef au bureau des finances de la générallité de Soissons :

D'azur, à un chevron d'or, surmonté d'une colombe d'argent, perchée sur la pointe, et accompagné de deux estoilles d'or en chef, et d'une gerbe de mesme en pointe, soutenue d'une rose d'argent.

73. — Nicolas-Louis DROUIN, escuyer, conseiller du roy, trésorier de France au bureau des finances de la générallité de Soissons :

Ecartelé au premier et quatriesme d'azur, à une gerbe d'or, liée d'argent, accostée de deux croissans aussi d'argent ; au deuxiesme et troisiesme d'azur, à une bande d'or, cottoyée de six estoilles de mesme ; et sur le tout : d'or, à un arbre de sinople.

74. — Claude VUILLEAUME, escuyer, conseiller du roy, trésorier de France en la générallité de Soissons :

D'or, à un lion de sable, lampassé et armé de gueule, et un chef d'azur, chargé de trois mollettes du champ.

75. — François DAURÉ (Danré), escuyer, conseiller du roy et son procureur au bureau des finances de la générallité de Soissons :

D'argent, au chevron de gueule, accompagné en chef de deux testes de serpens d'azur, arrachées et armées de gueule, et en pointe d'un chesne de sinople terrassé de sinople.

76. — Henri PREVOST, conseiller du roy, président au présidial de Soissons :

D'azur, à un chevron d'or, accompagné de deux estoilles en chef, et d'un croissant de mesme en pointe.

77. — Pierre VUILLEAUME, sieur de Hameret (Hamelet) :

D'or, à un lion de sable, lampassé et armé de gueule, et un chef d'azur, chargé de trois molettes du champ.

78. — Jean-Baptiste VUILLEAUME, escuyer, sieur de Montigny :

D'or, à un lion de sable, lampassé et armé de gueule, et un chef d'azur, chargé de trois molettes du champ.

79. — Elisabeth-Marguerite de BOVELLES, veuve de deffunt messire Fleurimond BRUSLARD, seigneur de Genlis :

De gueule, à une bande d'or, chargée d'une traisnée de cinq barillets de sable.

80. — Claude de LA PLACE, conseiller du roy, assesseur en l'hostel de ville de Soissons :

D'azur, à un aigle le vol abaissé d'or, accompagné de trois glands de mesme, feuillez de sinople, deux en chef et un en pointe.

81. — Siméon MORENT (Morant), conseiller du roy, assesseur en l'hostel de ville de Soissons :

D'or, à deux testes de maures de sable, arrachées et affrontées, liées d'argent en chef, et une mouche aussi de sable, miraillée d'argent.

82. — François BINET, docteur en médecine :

Party et coupé, le premier d'azur, à un croissant montant d'argent ; le second d'argent, échiqueté à cinq points d'argent, équipolez à quatre de sinople ; soutenu de gueule, à une croix patée d'or. (Il faudrait dire : parti, le 1er coupé d'azur, au croissant d'argent, et de cinq points d'argent, équipollés à quatre de sinople ; au 2e de gueules, à la croix pattée d'or.)

83.— François DUCHESNE, conseiller du roy, assesseur en l'hostel de ville de Soissons :

D'azur, à trois glands d'or, et une estoille d'argent mise en cœur.

84.— Claude de HANIVEL (Hanyvel) de Mannevillette, abbé de Valsery :

De gueule, à un barbeau d'argent, posé en face; et un chef cousu d'azur, chargé de trois molettes d'argent.

85-86 *bis*.— Jean-Charles LE VENT, escuyer, conseiller du roy, trésorier de France au bureau des finances de la générallité de Soissons (le nom de la femme est omis) :

D'azur, à un chevron abbaissé d'or, accompagné en chef d'un soleil levant aussi d'or, et en pointe de trois estoilles mal ordonnées de mesme; *accolé* : d'azur, à un chevron d'or, accompagné de deux croissants d'argent en chef et d'une hure de sanglier d'or en pointe.

86 *bis*.— Pierre BARBIER, conseiller du roy au baillage provincial et siége présidial de Soissons, seigneur des Boulets :

D'azur, à un chevron d'or, accompagné de trois tourteaux de gueule.

88 (*).— Jean du CARIN, conseiller du roy et son procureur au grenier à sel de Vailly :

D'or, à un chevron d'azur, accompagné de trois roses de gueule, tigées et feuillées de sinople.

89.— M. Pierre HEUGE, conseiller du roy, esleu en l'élection de Soissons :

D'azur, à un chevron d'or, accompagné de trois estoilles de mesme.

90.— Marguerite d'HARZILLEMONT, veuve de François de WOLBOCK, escuyer, sieur de Limay (Limé) :

De gueulle, à une face d'or.

91.— Antoine d'HARZILLEMONT, seigneur de Lhuy (Lhuys) :

De gueule, à trois pals de vair; et un chef d'or, chargé de trois merlettes de gueule.

92.— François FRERET, conseiller du roy, esleu en l'élection de Soissons :

D'or, à un vase d'azur, remply de trois tiges de fraisier de sinople, feuillées de mesme et fruittées de quatre fraises de gueule, posées trois en chef et la quatriesme en cœur, chargée d'une mouche de sable, miraillée d'argent, brochante sur la tige du milieu.

93.— Charles DU PIRE, conseiller au présidial de Soissons :

D'azur, à un chevron abaissé d'or, surmonté d'une grape de raisin de sable, tigée et feuillée de sinople, accompagné en chef de deux lions d'or et en pointe d'une croix ancrée de gueule.

(*) Le n° 87 porte : à expliquer plus amplement; nous l'avons omis ainsi que tous les autres n°s qui sont suivis de la même indication. On les retrouvera plus loin décrits avec leur enregistrement, dans la 2e ou la 3e partie.

94.— Jean-Baptiste BONNET, chanoine de l'église cathédralle de Soissons :

D'argent, à une face d'azur, accompagnée de trois tortues de sable, lampassées et armées de gueule.

95.— Antoine BOUZERÉ (Bonzeré), conseiller du roy, lieutenant particulier, assesseur et criminel au baillage et siége présidial de Soissons :

De gueule, à trois testes de licornes d'argent, deux en chef et une en pointe.

96.— Nicolas VAILLANT de Récourt :

D'azur, à un chevron d'argent, accompagné de trois bezans de mesme ; et un chef cousu de gueule, chargé de trois lions naissans d'argent, et lampassez et armez d'or.

97.— Charles DANRÉ, escuyer, conseiller du roy, procureur honoraire de Sa Majesté au bureau des finances de la générallité de Soissons :

D'argent, à un chevron de gueule, accompagné en chef de deux testes et cols de serpens d'azur, arrachez et armez de gueule, et en pointe d'un chesne de sinople terrassé de mesme.

100.— Leonard TURLIN, conseiller du roy, controlleur général des finances, domaines et bois de la générallité de Soissons :

D'azur, à un chevron d'or, accompagné de deux molettes en chef et d'une tour de mesme en pointe.

ÉLECTION DE LAON

AUSSI SUIVANT L'ORDRE DU REGISTRE

1.— Nicolas MARTIN, conseiller, procureur du roy des eauës et forests de Laon, et chef d'eschançonnerie de Son Altesse Royalle Madame la duchesse d'Orléans :

De gueule, à une espée d'argent, les garde et poignée d'or, soutenue par deux clefs de mesme.

3.— Nicolas-François de MARTIGNY, conseiller du roy, maire de la ville de Laon :

D'argent, à un chevron d'azur, accompagné de trois roses de gueule, posées deux en chef et une en pointe.

4.— François VILLETTE, conseiller du roy, receveur des deniers patrimoniaux de la ville de Laon et assesseur en l'hostel de ville :

D'argent, à une villette de gueulle, massonnée de sable ; les toits d'azur et de gueule ; et un chef d'azur, chargé de trois estoilles d'or.

5.— Thimotée AUBERT, conseiller du roy, receveur des décimes du dioceze de Laon :

De sable, à un levrier rampant d'argent, accolé du champ, bordé et bouclé d'or, contourné.

6.— Philbert VEUILLE, conseiller du roy et procureur de l'hostel de ville dud. Laon :

D'argent, à une bande de gueule, chargée de cinq besans d'or, et accompagnée de deux molettes de sable.

7.— Claude L'EVESQUE, greffier de l'hostel de la ville de Laon :

De sable, à un lis tigé et feuillé de sinople, le lis d'argent.

8.— Jacques-François LE MUYS, conseiller du roy, receveur des gabelles et des cinq grosses fe)es de France :

D'azur, à une croix d'or, cantonnée de douze espis de bleds de mesme.

9.— Antoine LOGEOIS de Borny :

De gueule, à une tour d'argent, et un chef d'azur, chargé d'une estoille d'or.

10.— Thierry MOREAU, gouverneur pour le roy de la ville et chasteau de Marle :

D'azur, à un chevron d'or, accompagné en chef de deux croissans d'argent, et en pointe d'un cœur enflasmé de mesme.

11.— Nicolas de VILLELONGUE de Vigneux, escuyer, seigneur dudit Vigneux :

D'azur, à deux gerbes de bled d'or; écartellé d'argent, à un loup de sable.

12.— François de REGNIER, escuyer, seigneur de Vigneux :

D'or, à un sautoir de gueulle, accompagné de quatre merlettes de sable.

13.— Joseph du VEZ, escuyer, seigneur de Trelles-lès-Guises et de Missy en partie :

De sable, semé de fleurs de lis d'or, et une bande de gueule.

14.— François-Cézar de ROUCY, chevallier, seigneur de Sissonne :

D'or, à un lion d'azur.

15.— Jean de LANCY, conseiller du roy, lieutenant en la prévosté de Laon :

De gueulle, à trois lances d'argent, entrelassées en pal et en sautoir.

16.— Philbert GÉRAULT, escuyer, conseiller du roy, controlleur ordinaire des guerres :

D'argent, à un hidre (hydre) de sinople.

17 et 18.— Jacques de BONNEUIL, chevalier de l'ordre de Saint-Jean de Jérusalem, commandeur de Baicourt (Bécourt) :

D'argent, à deux lions passans de gueulle l'un sur l'autre, et un chef de gueule, chargé d'une croix d'argent.

19. — Les doyen, chanoines et chapitre de l'église cathédralle de *Nostre-Dame* de Laon, portent :

D'azur, à douze bustes de chanoines de carnation, posez de front, cinq, quatre et trois, coeffez de leurs aumusses de sable et habillez d'argent.

20. — Germain Bottée, seigneur du fief de Bouflée, conseiller du roy, lieutenant en la maîtrise des eaux et forets de Laon :

D'azur, à un soleil d'or, accompagné de trois cœurs de mesme, deux en chef et un en pointe.

21. — Cézar Damerval (d'Amerval), escuyer, seigneur de Selsemont et d'Hervilly en partie :

D'argent, à trois tourteaux de gueule, deux en chef et un en pointe.

22-23 *bis*. — Jacques-Mathieu Rillard, escuyer, et Elisabeth Le Clerc, son espouse, portent :

D'azur, à un lion d'argent, et un chef de mesme, chargé de trois merlettes de sable ; *accolé* : d'azur, à un ancre d'argent, et un serpent d'or, tortillé autour de la stangue, lampassé de gueule.

23 *bis*. — Pierre-Louis de Bezanne, escuyer, seigneur de Guignicourt-sur-Aixne (Aisne) :

D'azur, semé de bezans d'or, à un lion d'argent, lampassé et armé d'or.

24. — François Goujon, escuyer, seigneur de Condé sur Saipe (Suippe) :

D'azur, à un chevron d'or, accompagné de trois lozanges de mesme.

25-26-27. — Noel-François Le Vent, conseiller du roy au bailliage et siége présidial de Laon ; Guenebault Le Vent, prestre, chanoine et archidiacre de Thierache en l'église cathédralle de Nostre Dame de Laon ; et Jean-Louis Le Vent, conseiller du roy au baillage, siége présidial et mareschaussée de Laon, portent :

Tiercé en face ; le premier de gueule, à un soleil naissant d'or ; au deuxiesme d'argent ; et au troisiesme d'azur, à trois estoilles d'or, deux et une.

28. — Marie-Françoise Bertrand, veuve de Nicolas-François Le Vent :

D'azur, à une bande d'or, accompagnée en chef d'un croissant d'argent et en pointe d'une givre rampante d'or.

29. — Charles-François Le Vent, conseiller du roy au baillage de Vermandois et siége présidial de Laon :

Tiercé en face ; le premier de gueule, à un soleil naissant d'or ; le deuxiesme d'argent ; et le troisiesme d'azur, à trois estoilles d'or, posées deux et une.

30. — Charles-Antoine Vairon, conseiller du roy au baillage et siége présidial de Laon et garde des sceaux de la chancellerie dud. présidial :

De gueule, à trois verrons (espèce de goujon) d'argent l'un sur l'autre ; celuy du milieu contourné.

31. — Charles CANREL-BUGNATRE (Caurel-Bugniatre), conseiller du roy au présidial de Laon :

De gueule, à deux roses tigées d'argent en chef, et un cœur d'or en pointe.

33. — Nicolas MARQUETTE, escuyer, conseiller du roy, prévost provincial de Nosseigneur les mareschaux de France dans la province de Vermandois, à la résidence de Laon :

D'azur, à trois cannettes d'argent, becquées de sable et posées deux et une, celle do la pointe sur une rivière de sinople.

34. — Pierre de BLOIZ (Blois), conseiller du roy au baillage et siége présidial de Laon et doyen des conseillers.

D'azur, à une tour d'argent, massonnée de sable, et un chef cousu de gueule, chargé de trois estoilles d'or.

35. — Louis de BLOIS, conseiller du roy, assesseur en l'hostel de ville de Laon :

D'azur, à une tour d'argent, massonnée de sable, et un chef cousu de gueule, chargé de trois estoilles d'or.

36. — Nicolas GOSSART, conseiller du roy, assesseur en l'hostel de ville de Laon :

D'argent, à une face de gueule, accompagnée en chef de trois estoilles d'azur, et en pointe d'une canne de sable sur une rivière de sinople.

37. — Gilles MAHIEU, conseiller du roy, assesseur en l'hostel de ville de Laon :

D'argent, à un sapin de sinople, chargé au pied d'un chevron abaissé et renversé de gueule.

38. — Jacques MARQUETTE, conseiller du roy, assesseur en l'hostel de ville de Laon :

D'azur, à trois cannettes d'argent, becquées de sable et posées deux et une, celle de la pointe sur une rivière aussi d'argent.

40. — Nicolas MAILLART, conseiller du roy au baillage et siége présidial de Laon :

D'azur, à un chevron d'or, accompagné en chef de deux estoilles de mesme et en pointe d'un ancre d'argent.

42. — Antoine de LA BRETECHE, escuyer, président en l'élection de Laon :

D'azur, à une tour crénellée d'argent.

43. — Nicolas BRANCHÉ, conseiller du roy, lieutenant civil en l'élection de Laon :

D'azur, à un chevron d'or, accompagné de deux coquilles oreillées d'argent en chef, et d'un croissant en pointe de mesme.

44. — Pierre-Louis de BLOIS, conseiller du roy, lieutenant criminel en l'élection de Laon :

D'azur, à une tour d'argent, massonnée de sable, et un chef cousu de gueule, chargé de trois estoilles d'or.

45.— Charles LAMY, conseiller du roy, assesseur en l'élection de Laon :

De sinople, à une gerbe d'or, liée de mesme, suportée de deux levriers d'argent, accolez de gueulle, accompagnée en chef de trois estoilles d'argent et en pointe d'un levrier passant aussi d'argent, accolé de gueule.

46.— François BUGNIATRE, conseiller du roy, esleu en l'élection de Laon :

De gueule, à deux roses tigées d'argent en chef, et un cœur d'or en pointe.

47.— Michel MARQUETTE, conseiller du roy, esleu en l'élection de Laon :

D'azur, à trois cannettes d'argent, becquées de sable, posées deux et une, celle de la pointe sur une rivière d'argent.

48 — Jacques GOSSART, conseiller du roy, esleu en l'élection de Laon :

D'argent à une face de gueule, accompagnée en chef de trois estoilles d'azur, et en pointe d'une cannette de sable sur une rivière de sinople.

49.— François RETEAU, conseiller du roy, esleu en l'élection de Laon :

De sable, à un rateau d'or, accompagné de deux sautoirs fleuronnez de mesme; escartellé d'or, au chef bandé d'argent et de gueule de six pièces.

50.— François MAYNON, conseiller du roy, esleu en l'élection de Laon :

D'azur, à un aigle d'argent, lampassé et armé de gueule et surmonté d'un croissant d'argent, accosté de deux estoilles de mesme.

51.— Jean-Paul VAIRON, conseiller du roy, esleu en l'élection de Laon :

De gueule, à trois verrons d'argent, l'un sur l'autre, celuy du milieu contourné.

52.— Philibert LE CARLIER, conseiller du roy, esleu en l'élection de Laon :

D'azur, à un chevron d'or, accompagné de trois roses d'argent.

53.— Les officiers de la maîtrise des *eaux et forêts* de Laon portent :

D'argent, à la fleur de lys d'azur, surmontée d'une couronne de mesme.

54.— Les religieux, prieur et couvent de l'abbaye de *Saint-Vincent* de Laon portent :

De gueule, à trois fleurs de lis d'argent, deux en chef et une en pointe, et une crosse en pal de mesme.

55.— Nicolas D'HÉRISSART, sieur de Clamecy, capitaine exempt de la compagnie des Cent-Suisses de la garde ordinaire du roy et lieutenant de louveterie dans le Laonnois :

D'argent, à un chevron de gueulle, accompagné en chef de deux mollettes de mesme, et en pointe d'une teste de loup.

56.— Théodore D'HÉDONVILLE (Hédouville), chevallier, seigneur de Révillon :

D'or, à un chef d'azur, chargé d'un lion passant d'argent, lampassé et armé de gueule.

57.— Robert de Foucaut, escuyer, seigneur de Touly (Toulis) :

D'or, à une croix ancrée de sable, suportée de deux lions de mesme.

58.— Nicolas Serrurier, conseiller du roy, receveur du grenier à sel de Marle :

D'azur, à un barbet assis et aboyant d'or, lampassé de gueule.

59.— Nicolas Serrurier, conseiller du roy, grenetier au grenier à sel de Marle :

D'azur, à un barbet assis et aboyant d'or, lampassé de gueule.

60.— François Marquette, conseiller du roy au baillage et présidial de Laon :

D'argent, à trois cannettes de sable, sans ongles ; et un chef de gueule, chargé d'un cigne d'argent, accolé d'une couronne d'or.

61.— Antoine-Gabriel Demonceau (de Monceau), escuyer, seigneur de Monceau-le-Vieil et de Monceau-le-Neuf :

D'argent, à un écusson d'azur.

62.— Nicolas Turpin, garde-marteau des eaues et forests de Laon :

D'argent, à un espic de bled de Turquie de gueule, tigé, feuillé et terrassé de sinople.

63.— Jean Turpin, conseiller du roy au baillage et siége présidial de Laon :

D'azur, à une tour d'argent, massonnée de sable.

64.— Les officiers en la justice du grenier à sel de Laon portent :

De gueule, à une fleur de lis d'argent, surmontée d'une couronne royalle d'or.

65.— Gédéon Agnette, conseiller du roy, président au grenier à sel de Laon :

De sable, à deux dauphins contournez et passez en sautoir d'or, surmontez d'une couronne de mesme.

66.— Charles Dujon, conseiller du roy, grenetier au grenier à sel de Laon :

D'argent, à une touffe de jons de sinople, sur un gazon de mesme.

67.— Phélipeaux Le Doux, conseiller et procureur du roy au grenier à sel de Laon :

Echiqueté d'argent et de gueulle.

68.— Louis de Blois, capitaine de la ville de Laon :

D'azur, à une tour d'argent, massonnée de sable, et un chef cousu de gueulle chargé de trois estoilles d'or.

69.— Les doyen, chanoines et chapitre de l'église collégialle de *Saint-Pierre* de Laon portent :

D'azur, à une main d'argent, parée de mesme, tenant deux clefs adossez d'or, les anneaux en lozange ; et accostée d'une estoille adextrée de mesme.

70.— Antoine-François de Martigny, prestre chanoine de l'église cathédralle de Nostre-Dame de Laon :

D'argent, à un chevron d'azur, accompagné de trois roses de gueule.

71.— Les doyen, chanoines et chapitre de l'église collégialle de *Saint-Jean* au bourg de Laon portent :

D'azur, à un bust de saint Jean-Baptiste, la teste de carnation entourée d'une gloire d'argent, et habillée d'une peau velue d'or, my-partie de gueule.

72.— Nicolas Branché, conseiller du roy au baillage et siége présidial de Laon :

D'azur, à un chevron d'or, accompagné de deux coquilles d'argent en chef, et d'un croissant de mesme en pointe.

73.— Jean-Antoine Le Carlier, escuyer, seigneur de Fienne et Bocqueaux (Bocquiaux) :

D'azur, à un chevron d'or, accompagné de trois roses d'argent, deux en chef et l'autre en pointe.

74.— Les doyen, chanoines et chapitre de l'église collégialle de *Saint-Julien* de Laon, portent :

De gueule, à un saint Julien de carnation, armé d'une cuirasse à la romaine d'azur, ornée et garnie de bandes descoupées d'or, les chausses abaissées aussi d'azur, tenant de la main droite un livre couvert d'or et de la gauche une espée d'argent, les garde et poignée d'or.

75.— Annibal de Poullet, chevallier, seigneur de Vesles :

De sable, à trois espées d'argent, les pointes jointes en bas.

76.— Anne d'Heauville, veuve du sieur de Quémy, dame de Plene-Selve :

De sable, à un aigle à deux testes d'argent, bequé et armé de gueulle, et chargé en cœur d'un écusson : de gueulle, à un chevron d'or, accompagné de trois trefles d'argent.

77.— Charles de Brodart, escuyer, seigneur de Landufay :

D'azur, à trois faces d'argent et un sautoir de gueulle brochant sur le tout; le chef chargé d'un lambel d'argent.

78.— Guillaume Bougier, conseiller du roy, au baillage de Riblemont (Ribemont), et lieutenant général au dit baillage.

D'azur, à un chevron d'or, accompagné en chef de deux estoilles d'argent, et en pointe d'une teste de loup arrachée de mesme et lampassée de gueule.

79.— Charles-François Desforges (des Forges), conseiller du roy, lieutenant criminel et particulier au baillage de Riblemont :

De sinople, à six bezans d'argent, trois, deux, et un.

80 et 81 *bis*.— François de Récourt, chevalier, seigneur du Sart, et Anne-Geneviesve Le Carlier, son espouse, portent :

Bandé de gueule et de vair de six pièces, et un chef d'or ; *accolé* : d'azur, à un chevron d'or, accompagné de trois roses d'argent, deux en chef et l'autre en pointe.

84 *bis*.— Charles-Antoine de MARTIGNY, chevalier, vicomte de Varescourt :

D'argent, à un chevron d'azur, accompagné de trois roses de gueulle, deux en chef et une en pointe.

85.— Fortunat LE CARLIER, escuyer, conseiller secrétaire du roy, maison, couronne de France et de ses finances :

D'azur, à un chevron d'or, accompagné de trois roses d'argent.

87.— Jean de LOUEN (Louan), escuyer, conseiller du roy au baillage et siége présidial de Laon :

D'argent, à trois testes de loup arrachées de sable.

88.— Françoise-Elizabeth LE CARLIER, veuve de Jean de MERELLESSART, vivant escuyer, seigneur de Missy :

D'or, à un lion de sable, lampassé et armé de gueule ; party de sable, à une rouë d'or.

89.— Nicolas DESMONTS (des Monts), chanoine et grand archidiacre de l'église cathédralle de Laon, official et vicaire général de Monseigneur l'évesque duc de Laon :

D'azur, à un chevron d'or, accompagné de trois croissants d'argent.

90.— Marie DESMONTS, veuve de messire Isaac LE FEVRE, chevalier, seigneur du Buquois (Bucquoy) :

D'azur, à une molette d'or, mise en pointe.

91.— Anne-Claude de FLAVIGNY, chevallier, seigneur vicomte de Renansart :

Echiqueté d'argent et d'azur.

92.— François DONGNIES (d'Ongnies), escuyer du dit Ongnies et de Rampré (Remprez) :

De sinople, à une face d'hermines.

93.— Achilles de POULLET, chevallier, seigneur de Marcilly, colonel du régiment d'infanterie de Marcilly :

De sable, à trois espées d'argent, les pointes jointes en bas.

94.— Charlotte de BIEVRE, veuve de Jean HUOTTER, capitaine suisse au régiment de Salis :

D'argent, à trois faces de gueule.

95.— Charles du FAY DATHY (d'Athies), escuyer, seigneur de Guendelaucourt (Goudelancourt) :

D'argent, semé de fleurs de lis de sable ; écartelé de sable, semé de fleurs de lis d'or, à un lion naissant de mesme, lampassé de gueule ; et sur le tout : d'azur, à trois faces d'argent, et une bande de gueule brochante sur le tout.

96. — Robert d'Arras, escuyer, seigneur en partie de Bussy et Houry :

D'argent, à un chevron d'azur, surmonté de deux blairiers affrontez de sable, becquez et membrez de gueule.

97. — Jean-François de Martigny, escuyer, conseiller du roy au siége présidial de Laon :

D'argent, à un chevron d'azur, accompagné de trois roses de gueule.

98. — Cézar-François de Lamer, seigneur de Gilet et de Haynault, conseiller du roy, lieutenant particulier au baillage de Vermandois et siége présidial de Laon :

D'azur, à trois faces ondées d'argent, écartellé aussi d'azur, à un dauphin d'or, couronné de mesme, et un chef cousu de gueule, chargé de trois molettes d'argent.

99. — Théodore de Refuge, chevalier de l'ordre Saint-Jean de Jérusalem, commandeur de Puisieux et Castillon :

D'argent, à deux faces de gueulle, et deux givres affrontées d'azur, brochantes sur le tout; au chef de la religion, qui est : de gueulle, à une croix d'argent.

ÉLECTION DE CHASTEAUTHIERY

AUSSI SUIVANT L'ORDRE DU REGISTRE

1. — Nicolas de Pompéry, escuyer, sieur de Lauzeray (Lozeray) :

De gueule, à trois coquilles d'argent.

2. — Jean Cuvron (Cauron), conseiller du roy, receveur des tailles et octroy de l'élection de Chasteauthiéry :

D'argent, à un chevron de sable, accompagné en chef de deux grapes de raisin de mesme, entées de sinople, et en pointe d'un chesne aussi de sinople, chargé d'un milan s'essorant de gueule.

3-4. — Jean Pinterel, escuyer, sieur de Montoury et de Villeneuve, capitaine exempt des gardes du roy, et Antoinette Pinterel, veuve de Charles Besmy, seigneur de Beralles et de la Croix :

D'azur, à un chevron d'or, accompagné en chef de deux tours et en pointe d'un lion de mesme.

5. — Jean Herbelin, conseiller du roy, esleu en l'élection de Chasteauthiéry :

D'or, à un chevron de gueule, accompagné en chef de deux mollettes de sable, et en pointe d'une hure de sanglier de mesme, lampassée de gueule et desfenduë d'argent.

6. — Robert Herbelin, receveur de Coincy :

D'or, à un chevron de gueule, accompagné en chef de deux molettes de sable, et en pointe d'une hure de sanglier de mesme, lampassée de gueule et desfendue d'argent.

7. — Antoine Genée, conseiller du roy, maire perpétuel de Chézy-l'Abaye (l'Abbaye ou Chézy-sur-Marne) :

D'argent, à un cœur de carnation, enflasmé de gueule, accompagné en chef de deux estoilles d'azur, et en pointe d'un lièvre courant de gueule, poursuivy par un chien de mesme.

8. — Claude Le Beau, conseiller du roy et lieutenant criminel du baillage et siége présidial de Chasteauthiéry :

De gueule, à une bande d'or, chargée de trois chardons de sinople, et accompagnée de deux grues d'argent, le pied droit levé tenant un caillou de mesme.

9. — Jean Dufau (du Fau), conseiller du roy, receveur du grenier à sel de Chasteauthiéry :

D'azur, à un chevron d'argent, accompagné de trois grenades d'or, tigées et feuillées de sinople.

10. — Françoise Petit, veuve de Louis de La Barre, vivant conseiller du roy, esleu en l'élection de Chasteauthiéry :

D'azur, à trois chardons d'or, tigez et feuillez de mesme.

11. — Claude Guyart, sieur du Hardy, escuyer et lieutenant des vaisseaux du roy :

D'azur, à deux ancres passées en sautoir d'argent, accompagnez en chef d'une croix de Lorraine d'or, et en pointe d'une estoille de mesme.

12. — Charles de Grimbert, escuyer.

D'azur, à trois besans d'or.

13. — Robert Le Givre, conseiller du roy esleu en l'élection de Chasteauthiéry :

D'azur, à un chevron d'or, accompagné en chef de deux cignes de mesme, et en pointe d'une hure de sanglier aussi d'or.

14. — Nicolas Richard, conseiller du roy, lieutenant en l'élection de Chasteauthiéry :

De gueule, à un chevron d'or, accompagné en chef de deux roses et en pointe d'un gland de mesme.

15. — Marie Josse, veuve de Ch[illegible]les Bellanger, conseiller au baillage et siége présidial de Chasteauthiéry, et président en l'élection :

D'argent, à trois chesnes de sinople, posez un et deux, et surmontez de deux estoilles de gueule.

16.— Anne Le Fevre, veuve de Guillaume de Bruxelles, escuyer :

D'or, à un chevron de gueule, accompagné en chef de deux grapes de raisin de mesme, tigées et feuillées de sinople, et en pointe d'un escureuil rampant aussi de gueule.

17.— Pierre Le Dieu, escuyer, conseiller du roy, controlleur ordinaire des guerres et président en l'élection de Chasteauthiéry :

D'azur, à un chevron d'or, accompagné de trois glands, tigez et feuillez de mesme.

18.— Firmin Jobert, docteur en médecine :

De gueule, à deux cornets adossez d'argent en chef, l'embouchure en bas, et un soleil d'or en pointe.

19.— Crespin de La Fontaine (*), conseiller du roy, son procureur en l'élection de Chasteauthiéry :

D'azur, à une fontaine d'or de quatre jetz d'eau d'argent, suportant un arbre d'or accosté de deux estoilles de mesme.

20.— Marguerite Renault, veuve de Claude Le Fevre, conseiller du roy au baillage et siége présidial de Chasteauthiéry :

D'azur, à un ancre d'argent, dont la pointe dextre suporte un lapin contourné d'or, et la senextre une teste de lion, arrachée de mesme et lampassée de gueulle.

21.— Jean-Charles de Geneoval (Genesval), conseiller du roy, esleu en l'élection de Chasteauthiéry :

D'argent, à un chevron d'azur, accompagné en chef de deux estoilles de sable, et en pointe d'une cigogne de mesme, posée sur des jons de sinople.

23.— François Chéron, escuyer, conseiller du roy, assesseur en la mareschaussée de Chasteauthiéry, et grenetier au grenier à sel dudit lieu :

D'or, à un chevron d'azur, accompagné en chef de deux massacres de cerf de sable, et en pointe d'un port-épic de mesme.

24.— Jacques Josse, conseiller du roy, ancien président au baillage et siége présidial de Chasteauthiéry :

De gueule, à un chevron d'or, accompagné de deux croissans d'argent en chef, et d'un arbre d'or avec ses racines en pointe.

25.— François Picquet, lieutenant général pour Sa Majesté au baillage et siége présidial de Chasteauthiéry :

Tiercé en face : le premier d'azur à trois estoilles d'or ; le deuxiesme d'or à une pie au naturel ; le troisiesme échiqueté d'argent et de sable de quatre traits.

26.— Nicolas Berthault, conseiller du roy, lieutenant particulier au baillage et siége présidial de Chasteauthiéry :

D'azur, à un chevron d'or, accompagné de deux estoilles de mesme en chef, et d'une rose d'argent en pointe.

(*) Le célèbre fabuliste appartenait à la même famille que Crespin de La Fontaine. Il avait été condamné à 2000 francs d'amende pour avoir pris le titre d'écuyer en 1657.

27.— Jean Poan de Sapincourt, conseiller du roy, lieutenant particulier, assesseur civil et criminel au baillage et siége présidial de Chasteau-thiéry :

D'azur, à un paon rouan d'or.

28.— Louis Cousin, conseiller du roy, garde du scel audit baillage :

D'azur, à trois testes de merles arrachées d'or, et un serpent rampant d'argent en face.

29.— Charles Huet, conseiller du roy audit baillage :

D'azur, à un chevron d'argent, surmonté d'un croissant de mesme, accompagné de deux roses aussi d'or en chef, et d'un gland tigé et feullé d'argent en pointe.

30.— ..... Le Fevre, conseiller raporteur et verifficateur des deffauts au baillage susdit :

De gueule, à un chevron d'or, accompagné en chef de deux glands, tigez et feuillez de mesme, et en pointe d'une molette aussi d'or.

31.— Robert Vitard, conseiller d'honneur au dit baillage :

D'azur, à un chevron d'or, accompagné de deux croissans [d'argent en chef d'une rose d'or en pointe.

32.— Adrian Petit, conseiller du roy au dit baillage :

D'azur, à une licorne saillante d'argent.

33.— François du Houx, escuyer.

De gueule, à trois bandes d'argent ; le gueule chargé de quatre annellets d'or, bordez de sable et posez en barre.

35.— Claude Le Blanc, escuyer, conseiller du roy, lieutenant criminel de robe courte au dit baillage :

D'or, à une montagne de sable, surmontée de deux estoilles d'azur.

36.— Louis Pinterel, conseiller du roy et son procureur au dit baillage :

D'azur, à un chevron d'or, accompagné en chef de deux tours et en pointe d'un lion de mesme.

37.— ..... Veuve d'Iac (Isaac) Pingard, escuyer, sieur d'Aufort :

D'azur, à un lion d'or, tenant de sa patte droite un croissant d'argent, accompagné de trois estoilles d'or, deux en chef et une en pointe.

38.— ..... Veuve de Roch Pingard, escuyer, sieur de Fontaine :

D'azur, à un lion d'or, tenant de sa patte droitte un croissant d'argent, accompagné de trois estoilles d'or, deux en chef et une en pointe.

39.— Louis Boisleau, procureur du roy au grenier à sel de Fère-en-Tardenois :

D'or, à un chevron de gueule, accompagné de deux testes et cols de hérons arrachées de sable en chef, et d'un gland de sinople en pointe.

40.— Augustin Galien, conseiller du roy, raporteur et vérificateur des deffauts au baillage et siége présidial de Chasteauthiéry :

De gueule, à un chevron d'argent, surmonté d'une estoille d'or, et accompagné en chef de deux fers de piques d'or et en pointe d'un cornet d'argent, lié d'or.

41.— Le prieuré couventuel de Saint Pierre et Saint Paul de *Coincy :*

De gueule, à deux clefs d'argent passées en sautoir et traversées d'une espée de mesme en pal.

43.— Jacques Vitart, greffier en chef du grenier à sel de Chasteauthiéry :

D'argent, à un chien de gueule, assis sur une terrasse de sinople.

45.— Jean Chastellain, escuyer, conseiller du roy et son procureur en la mareschaussée de Chasteauthéry :

De gueule, à une maison d'argent, massonnée de sable et surmontée de deux estoilles d'or.

47.— Catherine Chamoy, veuve de Jacques Guyart, vivant escuyer, capitaine exempt des gardes du roy, major de Belle-Isle :

D'azur, à deux ancres d'argent, passées en sautoir, accompagnez en chef d'une croix de Lorraine d'or, et en pointe d'une estoille de mesme.

48.— Charles de La Haye, escuyer, capitaine des chasses de Chasteauthiéry :

Party chevronné et contre chevronné de l'un en l'autre, sans nombre, d'or et de gueule.

49.— Jaques Galien, conseiller du roy et son procureur au grenier à sel de Chasteauthiéry :

De gueule, à un chevron d'argent, surmonté d'une estoille d'or, et accompagné de deux fers de pique de mesme en chef et d'un cornet d'argent lié et virollé d'or en pointe.

50.— Robert Rousselet, escuyer :

D'azur, à un chevron d'or, accompagné en chef de deux soucis tigez et feuillez de mesme, et en pointe d'un griffon aussi d'or.

51.— Claude Guyot, receveur d'Esome (Essommes) :

D'azur, à un chevron d'or, surmonté d'une estoille de mesme, et accompagné de deux testes de canards d'argent bequées de gueule en chef, et d'un gland d'or feuillé de mesme en pointe.

52.— François Jannart, escuyer :

De gueule, à deux cornets adossez en chef, et une molette de mesme en pointe.

53.— Louis Faure, escuyer, gentilhomme de la chambre de Monsieur, frère unique du roy :

De gueule, à trois couronnes d'argent posées en bande; écartellé; au second d'azur, à trois huchets d'argent, et au troisiesme d'azur, à un chevron d'or, accompagné de trois grenades renversées de mesme, feuillées de sinople.

54.— Robert Le Scellier de Vaulmeny, ancien garde du roy :

D'azur, à une gerbe d'or, liée d'argent, suportée par deux lions de mesme, le tout posé sur une terrasse de sinople ; et un chef d'argent, chargé de trois estoilles du champ.

56.— Thomas de La Garenne, chevallier, seigneur de Saint-Vincent :

D'argent, à deux chevrons rompus de sable, accompagnez de trois coquilles oreillées de gueulle.

ÉLECTION DE NOYON

SUIVANT L'ORDRE DU REGISTRE

1.— François de Charmolue, escuyer, lieutenant général de Noyon :

De gueule, à deux bars adossez d'or, et une croix recroisettée au pied fiché d'argent en chef.

2.— Nicolas-Armand Le Maire Lisladam, escuyer, lieutenant et commandant du gouvernement de Noyon :

D'or, à une face de gueule, chargée de trois estoilles d'argent.

3.— Charles Marcotte de Beauval, escuyer, capitaine exempt des gardes du corps de Monsieur :

De gueule, à la face d'argent, chargée d'un lion passant de gueule et d'une estoille d'argent en chef.

4.— Philippe de Saint-Massans, escuyer, sieur de Vieville, trésorier de France en la générallité de Soissons :

D'azur, à un chien courant d'or, accompagné de deux cors de mesme, un en chef et l'autre en pointe.

5.— Jacques d'Harzillemont, prestre chanoine de l'église de Noyon, abbé prieur de Saint-Léger-aux-Bois :

De gueule, à trois pals de vair, et un chef d'or chargé de trois merlettes du champ.

ÉLECTION DE CRESPY

SUIVANT L'ORDRE DU REGISTRE

1. — Jean de WAVRANS, escuyer, seigneur de Javole, du fief des Forests, scis à Séry, et dudit Séry en partie :

D'or, à trois fleurs de lys au pied coupé de gueule.

2. — Louis de HANGEST, escuyer, seigneur de Glengnes (Glennes) :

D'argent, à la croix de gueule, chargée de cinq coquilles d'or.

ÉLECTION DE CLERMONT

1. — Alolphe LABBÉ, conseiller du roy et son procureur au baillage, prévosté, mareschaussée et au siége des eaues et forêts de Clermont :

De gueule, à un croissant surmonté d'une estoille d'or, coupé aussi d'or.

RECAPITULATION

SOISSONS

Armoirie des	livres.	livres.	
Personnes.............	102 à 20.............	2040	
Chapitre...............	1 à 25.............	25	2090
Prieuré................	1 à 25.............	25	
	104	2090	

LAON

Armoiries des	livres.	livres.	
Personnes	85 à 20.............	1700	
Chapitre................	1 à 50.............	50	
Chapitres...............	3 à 25.............	75	
Abaye..................	1 à 50.............	50	1975
Jurisdictions...........	2 à 50.............	100	
	92	1975	

CHASTEAUTHIERY

Armoiries des	livres.	livres.	
Personnes..............	49 à 20.............	980	
Prieuré.................	1 à 25.............	25	1005
	50	1005	

NOYON

Armoiries des	livres.	livres.	
Personnes.............	5 à 20.............	100	100

CRESPY

Armoiries des	livres.	livres.	
Personnes.............	2 à 20.............	40	40

CLERMONT

Armoiries des	livres.	livres.	
Personnes.............	1 à 20.............	20	20
			5230

Total, cinq mil deux cents trente livres, et les deux sols pour livre.

Présenté par le dit Vanier à Nosseigneurs les Commissaires généraux du Conseil, à ce qu'il leur plaise recevoir les dittes armoiries et ordonner qu'elles seront enregistrées à l'armorial général conformément au dit édit et arrets rendus en conséquence.

Fait à Paris, ce cinquiesme jour de juillet mil six cens quatre vingt dix sept.

Signé : DE BOURVALAIS, l'un des cautions de Vannier.

Les Commissaires généraux députés par le roy, par arrets du Conseil des 4 décembre 1696 et 29 janvier 1697, pour l'exécution de l'édit du mois de novembre précédent sur le fait des armoiries,

Veu l'état cy dessus des armoiries envoyées, ès bureaux établis ès villes de Soissons, Laon, Châteautiery, Noyon, Crespy et Clermont, généralité de Soissons, en exécution du dit édit, à ce qu'il nous plaise ordonner que les armoiries expliquées au dit édit seront receues et ensuite enregistrées à l'armorial général, les feuilles jointes au dit état contenant l'empreinte ou explication des armoiries, notre ordonnance du six de ce mois portant que le dit état et les feuilles seront montrées au procureur général de Sa Majesté, conclusions du dit sieur procureur général ; ouy le raport du sieur de Breteuil, conseiller ordinaire du roy en son conseil d'Etat, intendant des finances,

Nous Commissaires susdits, en vertu du pouvoir à nous donné par Sa Majesté avons receu et recevons les *deux cent cinquante quatre* armoiries mentionnées au dit état, et, en conséqence, ordonné qu'elles seront enregistrées, peintes et blasonnées à l'armorial général, et les brevets d'ycelles délivrés conformément au dit édit et arrêts rendus en conséquence ; et à cet effet les feuilles des armoiries jointes au dit état, et une expédition de la présente ordonnance seront remises au sieur d'Hozier, conseiller du roy et garde du dit armorial général, sauf à être cy après pourveu à la réception de celles des armoiries qui se trouvent surcises par quelques articles de cet etat.

Fait à l'assemblée des dits sieurs commissaires tenue à Paris, le vendredy douzième jour de juillet mil-six-cent-quatre-vingt-dix sept.

Nous soussignez interessez au traitté des armoiries, nommez par délibération de la compagnie, du 29 aout 1697, pour retirer les brevets des dites armoiries, reconnaissons que Monsieur d'Hosier nous a cejourdhui remis ceux mentionnez au présent état. La financе desquels montant à cinq mil deux cens trente livres, Nous prometons payer au Trésor royale, conformément au traitté que nous en avons fait avec Sa Majesté.

Fait à Paris, ce vingtunieme jour de septembre 1697.

Signé : CARQUEVILLE ; DE BOURVALAIS.

ESTAT DES ARMOIRIES DES PERSONNES ET COMMUNAUTEZ DÉNOMMÉES CY-APRÈS, ENVOYÉES AUX BUREAUX ÉTABLIS PAR Mᵉ ADRIEN VANIER, CHARGÉ DE L'EXÉCUTION DE L'ÉDIT DU MOIS DE NOVEMBRE 1696, POUR ESTRE PRÉSENTÉES A NOS SEIGNEURS LES COMMISSAIRES GÉNÉRAUX DU CONSEIL DÉPUTÉS PAR SA MAJESTÉ PAR ARRESTS DES QUATRE DÉCEMBRE AUDIT AN ET VINGT TROIS JANVIER MIL SIX-CENT-QUATRE VINGTZ DIX SEPT.

GÉNÉRALITÉ DE SOISSONS

SOISSONS

SUIVANT L'ORDRE DU REGISTRE PREMIER

102.— Anne de LA MOTTE DE PUILLE, vicomtesse de Trolly (Trosly) Loire ou au Bois :

D'azur, à un lion d'or, lampassé et armé de gueules; et une barre en devise de sable brochante sur le tout.

103.— Jacques DARZILLEMONT (d'Harzillemont), prestre et presvot et seigneur de Blanzy :

De gueules, à trois pals de vair, et un chef d'or chargé de trois merlettes de gueules.

104.— Jean MOSNIER, chanoine de l'église cathédralle de Soissons :

D'azur, à un chevron d'or, accompagné en chef de deux estoilles de même, et en pointe d'un poisson appelé meusnier d'argent.

105.— François DU JAY, écuier, seigneur de Pepinet, cy devant capitaine au régiment de Vexin :

D'azur, à trois trangles d'or, soutenant chacune un lion léopardé d'argent, lampassé de gueules.

106.— Frédéric-Charles du JAY, écuier, seigneur de Rosoy en partie, capitaine dans le régiment de Monseigneur le Dauphin :

Porte de même.

107.— Les officiers du grenier à sel de *Vailly* portent :

De gueules, à une fleur de lys d'argent, soutenue d'un V capital de même en pointe.

108.— François LE LUC, prévost à la Châtellenie et prévosté royalle de Neully (Neuilly) Saint Front :

D'azur, à un chevron d'or, accompagné en chef de de deux gerbes aussi d'or et d'une étoile d'argent, et en pointe d'une tête de bœuf aussi d'or, affrontée.

109.— Pierre MOSNIER, conseiller du roy, assesseur en l'élection de Soissons :

D'azur, à un chevron d'or, accompagné en chef de deux étoiles de même, et en pointe d'un poisson appellé meusnier, posé en face d'argent et surmonté d'une étoile d'or.

110. — Charles BUIRETTE, conseiller du roy, lieutenant criminel au bailliage et siége présidial de Soissons :

D'azur, à trois têtes et cols de levrier d'argent, accolés de gueules et bouclés d'argent.

111.— Michel-Hambie DU CHEMIN, controlleur ordinaire des guerres à Soissons :

D'azur, à trois aigles d'argent, deux et une.

112.— Charles-Siméon DUMONT (du Mont), conseiller honoraire au bailliage et siége présidial de Soissons :

D'argent, à un mont de sinople, herbé de sable.

114.— Godeffroy-Maurice de CONFLANS, chevalier, capitaine au régiment de Sainte Ermine (Hermine) :

D'azur, semé de billettes d'or, et un lion de même, brochant sur le tout.

116.— Sanson BONZERÉ, conseiller du roy, éleu en l'élection de Soissons :

De gueules, à trois têtes et cols de licornes d'argent, coupés deux et un.

117.— Nicolas DEHERICOURT (de Héricourt), écuier :

D'argent, à une croix de gueules, chargée de cinq coquilles d'argent ; écartelé : d'or, à un créquier de gueules.

119 *bis*.— Henry DELFAUT, premier président au bailliage et siége présidial de Soissons, et Magdelaine-Denise DU FRESNE, sa femme :

De gueules, à un chevron d'or, accompagné en pointe d'un lion de même, et un chef cousu d'azur, chargé de trois étoiles d'or ; *accolé* : d'or, à un fresne arraché de sinople.

120.— Antoine de VALLE, écuier, sieur de Verdonne :

Ecartelé d'azur, au premier et quatrième à un gantelet d'argent, posé en pal ; au deuxième et troisième à une molette d'or.

121 *bis*. — Antoine de Ligny, chevalier, seigneur de Plessier, Le Houlezié (le Huleux) et autres lieux, et Marianne de Capendu, sa femme :

De gueules, à une face d'or, et un chef échiqueté d'argent et d'azur de trois trais ; *accolé* : d'argent, à trois faces de gueules et trois merlettes de sable rangées en face chef.

122. — N..... (François-Annibal de Ronty), chevalier de Suzy :

D'argent, à une bande de gueules, chargée de trois besans d'or

123. — Henry de Lizy de Paupilicourt (Poplicourt) :

D'azur, à trois faces d'argent.

124 *bis*. — François de Vassan et Anne Prevost, sa femme, portent :

D'azur, à un chevron d'or, accompagné en chef de deux roses d'argent, et en pointe d'une coquille de même ; *accolé* : d'argent, à trois roses de gueules, boutonnées d'or.

125 *bis*. — Nicolas Collier, chevalier, seigneur de Plessis-Brion, et Marie Lefebvre, sa femme, portent :

D'azur, à trois faces d'or ; *accolé* : d'or, à un pairle de sable.

126 *bis*. — Jean de la Vernade, chevalier, seigneur d'Espagny, et Marie-Thérèse de Meniac, sa femme, portent :

De gueules, à un arbre d'or, cotoyé de deux étoiles de même ; coupé : d'or, à un taureau passant de gueules ; *accolé* : d'azur, à une bande d'argent, chargée d'une épée d'azur, et accompagnée en chef d'une étoile d'argent et en pointe d'un croissant de même.

127. — François-Jean Simon, écuier, seigneur de Louastre :

D'azur, à un chevron d'or, accompagné en chef de deux croissans d'argent et en pointe d'une hure de sanglier d'or.

128. — Marguerite Jorien, veuve de Pierre de Beyne, conseiller du roy, lieutenant particulier au baillage et siége présidial de Soissons :

D'or, à un massacre de cerf de gueules, et un chef de même, chargé de deux roses d'argent.

129. — Jeau-Baptiste Picot de Couvay, écuier, seigneur d'Equisy (Aiguizy) :

D'or, à un chevron d'azur, accompagné de trois falots de sable au feu de gueules.

130. — Antoine Picot d'Eguisy-Mauras, écuier, seigneur d'Eguisy (Aiguizy) en partie :

Porte de même.

131. — Magdelaine de Condé, veuve de Louis Picot d'Eguisy, écuier, seigneur d'Eguisy (Aiguizy) en partie :

Porte de même.

132. — Jacques de Condé, écuier, capitaine au régiment de Courlandon, seigneur de Coëmy et de Villers-Hagron (Agron) :

D'or, à trois haches de gueules.

133. — Magdelaine de Theis, veuve de Gabriel de Souaille, écuier, conseiller du roy, président et lieutenant général au bailliage de Chauny :

D'or, à trois têtes de bélier de sable, accornées de gueules et posées de front, deux et une.

135 *bis*. — Marie-Geneviève Carpentier, veuve de Jean-Baptiste Le Gras, écuier, conseiller secrétaire du roy, maison, couronne de France et de ses finances :

Vairé d'or et d'azur, coupé de gueules, à trois molettes d'or, et une trangle d'argent sur le trait du coupé; *accolé* : d'azur, à un chevron d'or, accompagné en chef de deux étoiles de même, et en pointe d'un croissant d'argent.

137. — Le chapitre de l'église collégialle et paroissialle *Saint-Vaast* de Soissons :

D'azur, à l'image de Saint Vaast d'or, et un ours à ses pieds de même, accompagné au canton dextre du chef d'une étoile à six rais aussi d'or, et d'un croissant d'argent aussi, posé au canton senestre de la pointe.

138. — Louis de Nollet, écuier, lieutenant colonel du régiment de Sézanne, infanterie :

D'azur, à trois fleurs de lis d'argent, deux et une.

139 *bis*. — Nicolas Hebert, conseiller du roy, trésorier de France au bureau des finances de la généralité de Soissons, et Margueritte Gaigne, sa femme, portent :

D'azur, à une bande d'or, accompagnée de six besans de même, posés en orle; *accolé* : d'argent, à un chevron d'azur, accompagné en chef de deux corneilles affrontées de sable, et en pointe d'une rose de gueules, tigée et feuillée de sinople.

140. — Margueritte Gobeau, d'Antoine Vaillant, antien maire de la ville de Chaulny :

D'azur, à un chevron d'or, accompagné de trois étoiles, deux en chef d'or et une en pointe d'argent.

141. — Marie du Quesnet, veuve de Jean de Lizy, écuier :

D'azur, à trois faces d'argent.

142. — N..... Midorge, écuier :

D'azur, à un chevron d'or, accompagné de trois épis de bled avec leur tige de même, posés deux en chef le long du chevron et l'autre en pointe.

143. — Renée de Lizy :

D'azur, à trois faces d'argent.

145. — La communauté des Religieux de *Saint Médard* de Soissons :

De gueules, à une crosse en pal à dextre d'or, et une lance de même à senestre, garnie d'un guidon d'argent, chargé d'un aigle de sable; le tout accosté de deux fleurs de lis d'or.

146. — Philippes de Courson, seigneur d'Andeville :

D'azur, à une cloche fêlée d'or, accompagnée de trois étoiles de même, rangées en chef.

148.— Charles François, prestre curé de Hautevesne et doien de la doiennée de Châteauthiéry :

D'azur, à une face d'argent, accompagnée en chef d'une croix alaisée d'or, et en pointe d'un fan aussi d'or, sur une terrasse de même.

149.— Catherine de Fierques (Fiesque), abesse de l'abaïe royale de Soissons :

Bandé d'azur et d'argent de six pièces.

150.— L'abbaye royalle de *Nostre-Dame* de Soissons :

D'azur, à un saint Drosin d'or, vêtu pontificalement, crossé et mitré de même, et une bordure d'or sur laquelle est écrit : Sancte Drausi, ora pro nobis.

151.— Sanson Duchesne, conseiller au bailliage et siége présidial de Soissons :

D'azur, à trois glands d'or, deux et un, et une étoile d'argent en cœur.

152.— Marie-Antoinette de Garges, femme de N.... Condé, capitaine des carabiniers du roy :

D'or, à un lion de gueules.

153.— Adrienne de Harment, femme de N.... (Henri de Garges) de Villiers-Saint-Genest, seigneur de Villiers-Saint-Genest :

D'azur, à une croix d'argent, cantonnée au premier et deuxième canton de quatre étoiles d'argent, posées deux en chef et deux en pointe, celle-cy ne paroissant qu'à moittié, l'autre moittié estant cachée dans le bras de la croix ; au troisième de deux demy étoiles d'argent, soutenue d'une face d'or ; et au quatrième d'un pal d'or, accosté à dextre de deux demi étoiles d'argent, l'autre moittié estant cachée sous la croix.

154.— Les Pères de l'*Oratoire* du collége de Soissons :

D'azur, à ces deux mots Jesus Maria, écris l'un sur l'autre en caractères d'or, et une bordure d'argent, chargée d'une couronne d'épines de sinople, qui entoure le tout.

155.— Christophle de Flavigny, écuier, seigneur advoué de Chacrise :

Echiqueté d'argent et d'azur, et sur le tout un écusson de gueules ; le grand écu avec une bordure de sable.

156.— Claude Regnault, écuier, conseiller du roy, trésorier de France au bureau des finances de la généralité de Soissons :

Ecartelé, au premier et quatrième d'azur, à deux épées mises en sautoir, la pointe en haut, d'argent, les gardes et poignées d'or, surmontées d'une paire de balances d'or, les bassins d'argent ; au deuxième et troisième contrecartelé, au premier et quatrième d'or, à trois massacres de gueules, au deuxième et troisième de gueules, à un croissant d'argent, soutenant un arbre d'or ; au chef d'or, chargé de trois barres d'azur.

157.— Jean-Baptiste Bouchel, écuier, conseiller du roy et son avocat au bureau des finances de la généralité de Soissons :

D'azur, à un chevron d'or, accompagné de trois étoiles de même.

158.— François de CAPENDU de Boursonne, prestre docteur de Sorbonne, doyen et chanoine de l'église cathédralle de Soissons, prieur d'Antheuil :

D'argent, à trois faces de gueules, et trois merlettes de sable en chef.

160.— Les Pères de l'*Oratoire* du séminaire de Soissons :

D'azur, avec ces deux mots JESUS MARIA, écris l'un sur l'autre en caractères d'or, et entourés d'une bordure d'argent, chargée d'une couronne d'épines de sinople.

161.— Le chapitre de *Nostre-Dame-des-Vignes* à Soissons :

D'azur, à une Sainte Vierge d'argent, tenant entre ses bras le petit Jésus, qui porte un globe ou monde dans sa main gauche, la droite étant un peu élevée, le tout d'argent, et deux seps de vigne d'or, passés en sautoir vers le chef, et descendans de chaque côté pour entourer la Sainte Vierge et son fils, les seps garnis de leurs raisins d'argent et de leurs feuilles de sinople.

NOYON

SUIVANT L'ORDRE DU REGISTRE PREMIER

6 *bis*.— Anne BRULART, veuve de Louis d'ESTOURMEL, chevalier, seigneur marquis du Frétoy :

De gueules, à une croix engrelée d'argent; *accolé* : de gueules, à une bande d'or, chargée d'une trainée tortillée de sable et de cinq barrillets de même, deux d'un côté et trois de l'autre, alternés.

7.— Louis de BROUILLY, chevalier, seigneur de Rémécour (t), chanoine de l'église de Noyon :

D'argent, à un lion de sinople, couronné, lampassé et armé de gueules.

8.— Louis-Philippe de SOREL, chevalier, seigneur d'Ugny Le Guay (Gay) :

De gueules, à deux léopards (lions) passant l'un sur l'autre d'argent, couronnés lampassés et armés d'or.

9.— Robert-François de HAUSSY, conseiller du roy, prévost royal et juge ordinaire en la ville et prévosté de Noyon :

Echiqueté d'argent et de gueules.

10.— Marie-Margueritte de MERELESSART, femme de Louis-Philippe de Sorel, chevalier, seigneur d'Ugny Le Guay (Gay) et autres lieux :

D'or, à trois faces d'azur, accompagnées en pointe de trois maillets de gueules, deux et un.

11.— Antoine Boisseau, conseiller du roy et son procureur en l'élection de Noyon :

D'or, à un arbre de sinople sur une terrasse de même, traversé par un cerf de gueules beuvant dans un ruisseau serpentant d'argent.

12.— François d'Estourmel, prestre, chapelain de la chapelle du roy fondée en l'église cathédralle de Noyon :

De gueules, à une croix dentelée d'argent.

13.— Daniel (de) la Vespierre, chevalier, seigneur de Liembrune (Liembronne) et autres lieux :

De gueules, à un massacre de cerf d'or.

14.— Valentin Meniolle (Meniotte), conseiller du roy, receveur des tailles en l'élection de Noyon :

D'azur, à un chevron d'argent, accompagné de trois étoiles d'or.

15.— Charles Desmay, conseiller du roy, président au grenier à sel et lieutenant en l'élection de Noyon :

D'or, à trois arbres de sinople, rangés sur une terrasse d'argent.

16.— Antoine-August Benoist, conseiller du roy, prévost royal, juge ordinaire civil et criminel et de police de la ville de Ham :

D'argent, à un serpent à dextre de sinople, tortillé en pal, la tête contournée, affronté d'une colombe de sable, portante en son bec un rameau d'olivier de sinople.

17.— Claude Desmarest (des Marets), écuier, seigneur de Beaurains :

De gueules, à un pal et face d'argent, soutenue d'un chevron de même.

18.— Le chapitre de l'*église cathédralle* de Noyon :

De sable, à trois pals d'argent, celui du milieu chargé d'une figure de la Sainte Vierge d'argent, brochant sur le tout et posé sur un croissant de même.

19.— Simon Sézille, conseiller du roy, receveur des tailles en l'élection de Noyon :

D'azur, à un chevron d'argent, accompagné en chef de deux étoiles d'or et en pointe d'une coquille de même.

20.— Françoise de Vaulx, veuve d'Éloy Sézille, conseiller du roy, receveur des tailles et décimes :

Porte de même.

21.— Anne de Fourcroy, veuve de N..... Précelles, conseiller du roy, président en l'élection et grenier à sel de Noyon :

D'azur, à une face d'argent, accompagnée de trois étoiles de même, rangées en chef.

22.— Henry de la Mellière, écuier, l'un des antiens gardes du roy :

D'argent, à un chevron de gueules, et un chef d'azur, chargé de trois étoiles d'or.

23.— Pierre de Sorel, chevalier, seigneur d'Huny (d'Ugny), Dury, Saint-Claude et autres lieux :

De gueules, à deux léopards (lions) passans d'argent, un sur l'autre, couronnés, lampassés et armés d'or.

24.— Charles de Théis, conseiller du roy, maire perpétuel de la ville de Noyon :

D'azur, à trois moulins à vent d'argent, deux et un.

25.— Claude de Théis, conseiller du roy et son procureur en la maistrise des eaux et forests de Chaulny :

D'azur, à un chevron d'or, et en chef une étoile de même.

26.— Philippe Marcotte, conseiller du roy et son procureur au grenier à sel de Noyon, cy-devant lieutenant de cavalerie au régiment de Legal :

D'argent, à un lion de sable, lampassé et armé de gueules.

27.— Charles de Berleu, conseiller du roy et son procureur en la ville et communauté de Chaulny :

D'argent, à un chevron de gueules, accompagné de trois hures de sanglier de sable.

28.— François Wiart, ancien président au grenier à sel de Noyon, subdélégué de Monseigneur l'intendant en la généralité de Soissons :

D'azur, à un chesne arraché d'or, accosté de deux étoiles de même.

29.— Benoist de Saint-Massens, conseiller du roy, assesseur en l'élection de Noyon :

D'azur, à un chien passant d'or, accolé de gueules, accompagné en chef de deux cors d'or, liés de même.

30.— Jean Cottel, conseiller du roy, éleu en l'élection de Noyon :

D'or, à un petit enfant de carnation, vêtu et emmailloté d'argent, posé debout et les bras étendus.

31.— Pierre Sézille, archer des thoilles, tentes et pavillons du roy :

D'azur, à un chevron d'argent, accompagné en chef de deux roses d'or et en pointe d'une coquille de même.

32.— Simon Vaillant, conseiller du roy, assesseur en la ville de Chaulny :

De sable, à trois testes de morts (maure) d'or, deux et une, et en cœur une étoile d'argent.

33.— François de Sézille, conseiller du roy, assesseur en la mairerie de Noyon, premier échevin de la dite ville :

D'azur, à un chevron d'or, accompagné en chef de deux roses d'argent et en pointe d'une coquille de même.

34. — Antoine Desmay, conseiller du roy, commissaire aux reveues des troupes à Noyon :

D'or, à trois arbres de sinople, rangés sur une terrasse d'argent.

35. — Charles Martine, seigneur de Fonteine, conseiller du roy au bailliage de Noyon :

D'argent, à trois merlettes de sable.

36. — Claude de la Fons, chevalier, seigneur d'Hap(p)encourt, Cuy, des Essars :

D'argent, à trois hures de sanglier de sable, éclairées et deffendues de gueules.

37. — Antoine Poingnet, conseiller du roy et son avocat au baillage de Noyon :

D'argent, à un chevron de pourpre, accompagné de trois étoiles d'azur.

38. — Jean Cordelier, conseiller du roy, président en l'élection de Noyon :

D'azur, à un chevron d'or, accompagné en pointe d'une croisette de même, surmontée d'une rose d'argent, et un chef aussi d'argent, chargé de deux merlettes de sable.

39. — Pierre-Augustin Brunet de Saint-Gervais, directeur des aydes en l'élection de Noyon :

D'argent, à une tête de More de sable, les yeux bandés d'un bandeau de gueules, noué d'or.

40 *bis*. — Jean-Joseph Destourmel (d'Estourmel), comte de Thieux, et Anne Destourmel, sa femme.

De gueules, à une croix engrelée d'argent; accolé de même.

41. — Charles-Robert de Macquerel, chevalier, seigneur de Quesnoy et autres lieux :

D'azur, à trois poissons, apelés maquereaux, d'or, posés en pal, deux et un.

43. — Mathieu Dehent (de Hent), substitud du procureur du roy à Ham :

De gueules, à un chevron d'or, accompagné en chef de deux étoiles de même et en pointe d'un noud ou lac d'amour d'argent, surmonté d'une étoile d'or et soûtenu d'un croissant d'argent.

44. — Charles de Hervilly, chevalier, seigneur de Devise, lieutenant de roy en la ville et château de Ham :

De sable, semé de fleurs de lis d'or.

45. — Claude Loizel (Loisel), chevalier, major du régiment de Pied-mont :

D'or, à un aigle de sable essorant à senestre, la tête contournée à dextre, tenant de ses griffes une palme d'argent et de son bec une couronne de laurier de même.

46.— L'abaïe de *Notre-Dame* de Saint-Eloy-Fonteine (aux Fontaines) :

D'azur, à un château formé de trois tours pavillonnées d'argent, celle du milieu plus haute que les deux autres, acostée de six fleurs de lis aussi d'argent, posées en pal trois de chaque côté.

47.— La ville de Noyon :

D'argent, à une face de gueules.

48.— Louise du Castel, veuve de Jacques de Monginot, chevalier, seigneur d'Oremus :

D'argent, à une croix de sable, chargée de cinq coquilles d'argent.

49.— Florimond Truffier, chevalier, seigneur de Saint-Florent (Florin) :

De gueules, à trois molettes d'or.

50.— Charles de Sorel, chevalier, seigneur de Villers :

De gueules, à deux léopards l'un sur l'autre d'argent, couronnés, lampassés et armés d'or.

51.— Le chapitre de *l'église collégialle* de Nesle :

D'azur, à la figure de la Sainte Vierge tenant sur son bras l'enfant Jésus, posée sur un croissant d'argent et accostée de deux poissons posés en pal de même.

52.— François de Blotfier (Blottefière), chevalier, seigneur de Voyenne :

D'or, à trois chevrons de sable.

53.— Anne Driencourt, veuve d'Antoine Aubrelique, écuier, vétéran des gardes du roy :

D'azur, à un chevron d'or, accompagné de trois roses d'argent.

LAON

SUIVANT L'ORDRE DU REGISTRE PREMIER

100.— Philibert de Bienvenu, écuier, capitaine d'une compagnie de chevaux-légers au régiment de la Mestre-de-Camp :

D'azur, à une bande fuzelée d'or, chaque fusée pommetée aux deux bouts de même.

102.— Charles Duglas, chevalier, seigneur d'Arancy :

D'azur, à un château de trois tours pavillonnées d'argent, massonné de sable, chargé d'un écusson d'argent, chargé d'un cœur de gueules, couronné à la royalle d'or, et d'un chef aussi de gueules, chargé de trois étoiles d'argent.

103.— Guillaume de LANCE, écuier, seigneur de Maisonbasse :

Party, au premier d'azur, à un pal d'or, cotoyé de quatorse coquilles de même, sept de chaque côté, posées deux, deux, deux et une, et au second aussi d'azur, à un lion d'or, couronné de même, lampassé et armé de gueules, et une bande de même brochante sur le lion.

104.— Pierre CARPEAU, greffier en chef en l'élection de Laon :

De gueules, à une carpe d'argent, sur une rivière de même en pointe, et un croissant aussi d'argent, entre deux étoiles de même en chef.

105.— Gabrielle-Dominique de la SIMONNE, écuier, seigneur de Saint-Pierre, lieutenant du roy de la ville et citadelle de Laon :

De gueules, à un cerf d'argent, accorné d'or, reposant sur une terrasse de sinople et ayant derrière luy un buis aussi d'or, sur lequel sont perchées deux éperviers affrontés d'argent; et un chef d'or, chargé d'une aigle à deux têtes de sable, bequés et onglés de gueules.

106.— Jean-Baptiste LE CARLIER, écuier, conseiller du roy, contrôleur ordinaire des guerres :

D'azur, à un chevron d'or, accompagné de trois roses d'argent.

107.— Bonnaventure LE CLERC, conseiller du roy, président et lieutenant-général au bailliage de Vermandois et siége présidial de Laon :

D'azur, à une ancre d'argent, chargée d'un serpent tortillant d'or, langué de gueules.

108.— Nicolas BERTRAND, officier et l'un des commenceaux de la maison du roy :

D'azur, à une bande d'or, accostée en chef d'un croissant d'argent et en pointe d'une givre rempante de même, languée de gueules.

109.— Charlotte PETRÉ, veuve d'Henry-Jacob de CONFLANS, chevalier, seigneur de Fay :

D'argent, à cinq mouchetures d'hermines de sable, trois en chef et deux en pointe.

110.— Jean-Claude MARTIN, conseiller, avocat du roy au baillage et siége présidial de Laon :

De gueules, à une épée d'argent, la pointe en haut, la poignée d'or, soutenuë de deux cerfs affrontés d'or.

111.— Simon BOURGEOIS, écuier, sieur de Tamies :

D'azur, à une face d'argent, accompagnée en chef d'un croissant et en pointe d'un bezant de même.

112.— Augustin DAUSBOURG (d'Aubourg), baron de la Bove :

D'azur, à trois faces d'or.

113.— Les Religieux de *Saint-Martin* de Laon pour leur communauté :

De gueules, à trois fleurs de lis d'or, deux et une, et une roue de même posée en cœur.

114.— Réné d'HÉDOUVILLE, chevalier, seigneur de Serval et Révillon en partie, lieutenant de nos Seigneurs les maréchaux de France au bailliage de Marle :

D'or, à un chef d'azur, chargé d'un lion léopardé d'argent, lampassé de gueules.

117.— Jean-Charles JÉSU, procureur du roy au bailliage et comté de Marles :

D'azur, à une face ondée d'or, accompagnée en chef de trois étoiles d'argent et en pointe d'une tête de loup arrachée de même.

118.— Mathieu WARNET, conseiller du roy, président au baillage et comté de Marles :

D'azur, à deux lions affrontez d'or, armés et lampassés de gueules, posés en chef; et en pointe un agneau pascal d'argent.

119.— Pierre-Cœsar de FAVIN, écuier, seigneur du Hay et Besemont (Baisemont) :

Porte d'hermines,

120.— Claude GAUDRY, conseiller du roy, receveur des consignations de Ribemont :

D'azur, à une tour d'argent, massonnée de sable, et un croissant d'or en chef.

121.— Guillaume de LANGELLERIE, substitud du procureur du roy au bailliage de Ribemont :

D'azur, à un croissant d'argent, accosté de deux étoiles d'or, et accompagné en pointe d'une autre étoile de même ; et un chef parti au premier d'or plein, et au second de gueules, chargé d'un chérubin d'argent.

122.— Paul-Pierre de VIENNE, écuier, sieur d'Haucourt :

De gueules, à un aigle d'or.

123.— Nicolas JUMELLET, huissier du bureau de feue Madame la Dauphine, conseiller du roy, maire perpétuel de Montcornet :

De gueules, à un chevron d'or, accompagné et (sic) en pointe d'un dauphin d'argent, et un chef cousu d'azur, chargé de deux étoiles d'argent.

124 *bis*.— Henri de BOHAM, écuier, seigneur de Suse et Chéry-lez-Rosay (Rozoy), et Claude DAVERHOULT (d'Averhoult), sa femme :

De sable, à une bande d'or, accostée de deux cotices de même ; *accolé* : facé d'or et de sable, et un franc quartier d'hermines.

125.— Les officiers du *grenier à sel* de Marles :

D'azur, à une fleur de lis d'argent.

126.— Nicolas Demay (de May), conseiller du roy, grenetier antien au grenier à sel de Marles :

D'azur, à trois arbres d'or, deux et un, surmonté d'un croissant d'argent ; coupé : d'argent, à trois têtes de loup de sable, deux et une.

127.— Abel Menesson, conseiller du roy et son procureur au grenier à sel de Marles :

D'azur, à un agneau d'argent, paissant du bled.

128.— Antoine de Beffroy, conseiller du roy, commissaire aux reveues et logemens de gens de guerre, et greffier au grenier à sel de Marles :

D'azur, à un beuffroy (beffroi) d'or.

129.— Robert-Léandre de Chantreau, écuier, sieur de la Tour :

D'azur, à un chef d'or, chargé de trois molettes de gueules.

130.— Les Religieux de *Saint-Nicolas Desprez* (des Prés), pour leur communauté :

D'azur, à un écusson échiqueté d'or et de gueules en pointe, et un saint Nicolas en chef, vêtu pontificalement.

132.— Louis Laumonier (Laumosnier), écuier, seigneur de Fouilly et Manfondé :

D'or, à trois hures de sanglier de sable.

133.— Louis d'Alenoncourt (Alnoncourt), écuier, seigneur de Magny :

D'argent, à trois écussons de gueules, deux et un.

134.— Charles Torchet, écuier, seigneur de Vigneux :

D'azur, à une croix d'or, cantonnée de quatre étoiles de même.

135.— Les présidens, grenetiers controlleurs et procureur du roy et grefier du grenier à sel de *Vervin* (s) :

De gueules, à quinze fleurs de lis d'or, posées cinq, quatre, trois, deux et une.

136.— Sébastien de Meaux, conseiller du roy, avocat en parlement, prévost d'Hirson, président au grenier à sel de Vervin :

D'argent, à cinq couronnes d'épines de sable, deux, deux et une.

137.— Jean-Louis d'Ormay, conseiller du roy, avocat en parlement, bailly du marquisat de Vervin, et grenetier au grenier à sel de Vervin :

D'or, à un arbre de sinople, sur une motte de sinople, accosté au pied de deux quintefeuilles de gueules.

138.— Jean LE MAIRE, conseiller du roy, controlleur au grenier à sel de Vervin :

D'azur, à un chevron d'or, accompagné en chef de deux étoiles de même, et en pointe d'une merlette d'argent.

139.— Charles PIGNEAU, conseiller et procureur du roy au grenier à sel de Vervin :

De gueules, à un chevron d'argent, accompagné en chef de deux étoiles d'or, et en pointe d'un gland tigé et feuillé de même.

140.— Augustin BRASSEUR, greffier en chef au grenier à sel de Vervin :

D'azur, à un bras d'or, tenant une épée d'argent, la garde et la poignée de gueules ; et une étoile d'argent en chef.

141.— Marie VERZEAU, veuve de Gilles BRASSEUR :

Porte de même.

142.— Joseph HAVART, conseiller du roy, receveur des tailles en l'élection de Laon :

D'azur, à une étoile d'or en chef et une rivière d'argent en pointe.

143.— Jean-Baptiste POUSSIN, chanoine de l'église cathédralle de Nostre-Dame de Laon :

De gueules, à une arbalestre d'or, mise en pal, accostée de deux cors de chasse d'or.

144.— François DENOUX (de Noue), chevalier, seigneur de Brisset et autres lieux :

Echiqueté d'argent et d'azur, à un chef d'or.

145.— Jean-Baptiste de SIGNYER (Signier), chevalier, seigneur de Rogny, Lugny, Houry et autres lieux :

De gueules, à six têtes d'aigles, arrachées d'or, couronnées de même à l'antique, et posées trois, deux et une.

146.— François FOSSIER, commissaire des reveues des troupes :

D'argent, à un quatre de chiffre croiseté, le pied fourché ou refendu de gueules, accosté de deux lettres F F d'azur, et de quatre roses de gueules, deux aux flancs et deux en pointe.

147.— Claude MAYNON, conseiller du roy, président des traites foraines de Laon :

D'argent, à un arbre de sinople, sur une terrasse de même, surmontée d'un oyseau de pourpre.

148 *bis*.— Louis-François d'HALLENCOURT, chevalier, seigneur de Dromesnil et autres lieux, et Nicolle-Françoise de PROIZY (Proisy), sa femme :

D'argent, à une bande de sable, accostée de deux cotices de même; *accolé :* de sable, à trois lions d'argent, lampassés et armés de gueules.

149.— Anne-Etienne de SAISSEVAL, écuier, seigneur de Franqueville :

D'azur, à deux bars adossés d'argent.

150. — Le chapitre de l'église collégialle de *Rosoy* :

De gueules, à un saint Laurens de carnation, posé en face sur une grille de sable, accompagné de plusieurs charbons de même, à une gloire d'or en chef, dans laquelle est un ange aussi de carnation, tenant en sa main une palme de sinople.

151. — Louis DENIS, écuier, sieur de Montigny en partie, capitaine au régiment d'infanterie de Thoulouze :

D'argent, à une face de gueules.

153. — François-Annibal DUMERLE (de Merle), chevalier, seigneur de Blanbuisson :

De gueules, à trois quinte feuilles d'argent.

154. — René CHOCART (Chocquart), écuier, seigneur de Saint-Estienne :

De sinople, à un chevron d'argent, accompagné de trois canettes de même, deux en chef et l'autre en pointe, surmonté d'un trangle aussi d'argent.

155. — Nicolas BELLOT, prestre, chanoine de Notre-Dame-de-Laon :

De gueules, à une belette rampante d'or, lampassée et armée d'argent, et une face de sable, brochante sur le tout.

156. — Jean de HAININ (Hennin) LIÉTARD, écuier, seigneur de Morgny en Thiérache :

De gueules, à une bande d'or.

157. — Antoine-François DANY (Danye), conseiller du roy, maître particulier des eaues et forests de Laon :

D'azur, à un chevron d'or, accompagné en chef de deux croissans d'argent, et en pointe d'une rose de même.

158. — Elisabeth JACOB, veuve de Louis de FROIDOUR, écuier, grand maître des eaux et forests du département de Guyenne et Languedoc :

D'azur, à trois lions d'or.

159. — Marie-Claude de FROIDOUR, fille :

Porte de même.

160. — Pierre PIOCHE, marchand :

D'azur, à un chevron d'argent, chargé sur la pointe d'une rose de gueules, accompagné de deux étoiles et d'un croissant d'argent, et surmonté d'une lance de même, posée en face.

161. — Charles VILLETTE, avocat au parlement et receveur des consignations de la ville de Laon :

D'azur, à une ville d'argent, accompagnée de trois étoiles d'or, rangées en chef.

162. — Margueritte MARTIN, veuve de Philippes LE DOUX, procureur du roy en l'élection de Laon :

De gueules, à un cerf passant d'argent et une croix de Malte en pointe d'or.

163. — Alphonse de MIREMONT, chevalier, seigneur de Berrieux :

D'azur, à un pal d'argent, fretté de sable, accompagné de deux fers de lance d'argent, à la boutrolle d'or.

164. — Alexandre de MIREMONT, chevalier, seigneur de Berrieux, Belleval, Goudelancour, Aizelle, Montaigu et autres lieux, chevalier de l'ordre militaire de Saint-Louis :

D'azur, à un pal d'argent, fretté de sable, accosté de deux fers de lance d'argent, la boutrolle d'or.

165. — Jacques de HARDY, écuier, sieur Dyvreux (d'Yvrieux) :

De gueules, à trois glands d'or.

166. — David de PROISY, chevalier, seigneur de Gondrevel (Gondreville) :

De sable, à trois lions d'argent, lampassés et armés de gueules.

167. — Philippes MARTIN, conseiller et procureur du roy en l'élection de Laon :

De gueules, à un cerf passant d'argent, et une croix de Malte en pointe d'or.

168. — Florimond BOUCHER, écuier, sieur de la Cour Després (des Prés) :

D'azur, à trois étoiles d'or, deux et une, et un croissant d'argent en cœur.

169. — Charles de BEZANNE (Bezannes), écuier, seigneur de la Plaine et autres lieux :

D'azur, à un lion d'argent, lampassé et armé de gueules, accompagné de besans d'or sans nombre.

170. — Pierre-Paul BELLOTTE, lieutenant criminel de Laon :

De gueules, à un loup ravissant d'or, et une face d'argent brochant sur le tout.

171. — Magdelaine de SCHMITDMANNE, veuve de Jean de DAMPIERRE, écuier, capitaine au régiment de Piedmont :

D'argent, à une face de gueules, accompagnée de trois tourteaux de sable, rangés en chef.

172. — Estienne VILLETTE, conseiller honoraire au bailliage et siége présidial de Laon :

D'azur, à une ville d'argent, et trois étoiles d'or, rangées en chef.

173 *bis*. — Nicolas LE MERCIER, écuier, gentilhomme ordinaire du roy et Florimonde de CHARMOLU (Charmolue), sa femme :

De gueules, à trois croissans ancrés ou terminés en bouts d'ancres, l'un en chef montant, et les deux autres en pointe couchés et adossés d'argent; chacun des trois enfermant une rose aussi d'argent; *accolé*: de gueules, à deux lions adossés d'or.

174.— Charles de Beauregard, chanoine de Nostre Dame de Laon :

D'argent, à un chevron d'argent (il y a ici une erreur évidente; car on ne peut mettre métal sur métal), accompagné en chef de deux roses de gueules et en pointe d'un croissant de même.

175.— Claude-François de Lamet (Lameth), chevalier, seigneur de Pinon, Bauchavanne et autres lieux :

Ecartelé, au premier et quatrième de gueules, à une bande d'argent, accompagnée de six croix recroisettées et au pied fiché de même ; au second d'argent, à trois maillets de sable, et au troisième d'or, freté de gueules.

176.— Gervais Frouart, abé de Bucilly :

D'azur, à deux lions afrontés d'or, lampassés de gueules sous un chapé, chevronné de gueules et d'argent de six pièces.

CHATEAUTHIERY

SUIVANT L'ORDRE DU REGISTRE PREMIER

57.— Léonard Bertault de Rafy, avocat au parlement :

D'azur, à une face d'or, accompagné en chef de deux étoiles de même et en pointe d'une levrette courante d'argent.

58.— Marc de Baril, écuier, seigneur de Neully (Neuilly) :

D'azur, à un chevron d'or, accompagné de trois étoiles de même, deux en chef et une en pointe, celle-ci soûtenue d'un croissant d'argent.

60.— Louis Le Guivre (Givre), officier, capitaine de Bourgeoisie :

D'azur, à un chevron d'or, accompagné en chef de deux cignes et en pointe d'une hure de sanglier de même.

61.— Louis Alain, conseiller du roy et son avocat à baillage et siége présidial de Châteauthiéry :

D'or, à une rose de gueules, traversée en pal d'une flèche de sable, ferrée d'azur.

62.— François de Lescouy (Lescoux), écuier, sieur de Torcy :

De gueules, à un sautoir échiqueté d'argent et d'azur de deux traits.

63.— Louis DUHAZ (du Haz), écuier :

D'or, à trois pies au naturel, deux et une.

64.— Marie ERICART (Héricart), veuve de Jean de LA FONTAINE, gentilhomme servant de feüe madame Doüairière duchesse d'Orléans :

D'or, a trois frettes alaisées de sable, deux et une.

65.— Alexandre DEFRUGE (de Fruges), écuier, sieur de la Massonnière, ci-devant premier capitaine des grenadiers du régiment de la Chastre, à présent pensionnaire du roy à cause de ses blessures :

D'azur, à une tour d'argent, massonnée de sable, soutenuë par deux lions affrontés d'or, et posés sur une terrasse de sinople.

66.— René de MOSSERON (Mousseron), chevalier, seigneur de la Roche et de Verdelot :

D'argent, à une face de sable, accompagné en chef de trois trèffles de même, et en pointe de cinq ancres aussi de sable.

67.— Charles de LA FORTERIE, conseiller du roy, maire perpétuel de la ville de Châteauthiery :

De gueules, à une bande d'or, chargée d'une hure de sanglier de sable; une bordure d'azur, chargée d'une chaisne d'or, et un chef d'or chargé d'un aigle de sable.

70.— Jacques de LEISBURNE, écuier, gouverneur de la ville et château de Ferre (La Fère), pour monseigneur le prince de Conti :

D'or, à six lions de sable, lampassés et armés de gueules, posés trois, deux et un.

71.— Nicolas DENISET, conseiller du roy, assesseur et éleu en l'élection de Châteauthiéry :

D'azur, à un chérubin d'or, accompagné de trois étoiles de même, deux en chef et deux (une) en pointe.

72.— Marguerite PRÉVOST, veuve de Louis d'HARZILLEMONT, écuier :

De gueules, à trois pals de vair, et un chef d'or, chargé de trois merlettes de sable.

73.— L'abbaye de *Saint-Pierre* de Chézy :

D'azur, à un saint Pierre d'or, assis dans une chaise de même, vêtu pontificalement, et les bras étendus comme pour donner la bénédiction.

74.— Thomas ESCARON (Scarron), chevalier, seigneur de Marigny :

D'azur, à une bande bretessée et contre-bretessée d'or.

76.— Louis de MARGUERIE, écuier, seigneur de Torail (Toraille) :

D'azur, à trois margueriltes d'or en face.

77.— Claude de MORIENNE, écuier :

D'or, à une face d'azur, accompagnée de trois testes de mores de sable, liés d'argent.

78.— Nicolas BACHELIER, antiennement dit Le Rousselet, écuier, sieur de Montigny :

D'argent, à un chevron d'azur, accompagné de trois molettes de gueules.

79.— Gabrielle BACHELIER de Montmenjon, fille :

Porte de même.

80.— François de GRAIMBERG, chevalier, seigneur de Belleau, Fontenel(le) et du Breuil :

D'azur, à trois besans d'or.

81.— Antoine DU BOUCHER, écuier :

De gueules, semé de croisettes d'argent, à un lion de même, brochant sur le tout, lampassé et armé de sable.

82.— Elisabeth SANGUIN, veuve d'Olivier de MARGUERIE, écuier, seigneur de Courbentin :

D'azur, à une bande d'or, accompagnée en chef de trois glands d'or, deux et un, et en pointe de deux pieds de grifon et de trois demi-roses, posées en orle, le tout d'or.

83.— Elisabeth TESTART de la Guette, veuve de N..... MAILLIARD, écuier :

D'or, à un chevron de gueules, accompagné de trois merlettes de sable.

85.— Antoine BERTAULT, sous-lieutenant des chasses de Mouseau (Monceau) :

D'azur, à une face d'or, accompagnée de deux étoiles d'or en chef et d'une levrette courante d'argent en pointe.

86.— Anne de MANSECOURT, veuve de Claude MAUVAISET, avocat au parlement :

D'argent, à deux lions rampans et afrontés de sable, lampassés et armés de gueules, accompagnés de trois coquilles de sinople, deux en chef et une en pointe.

87.— Charles-Antoine de MÉRY, écuier, seigneur dudit Méry :

De gueules, à trois bandes d'or.

88.— Anne de GRAIMBERT (Graimberg), veuve de Robert de MÉRY, écuier, seigneur dudit Méry :

Porte de même :

89.— François de GRAIMBERT, écuier :

D'azur, à trois besans d'or, deux et un.

90.— Elie-Vincent de VERTUS, écuier, seigneur, de Ruechalie (Ruë-Sailly);

D'argent, à trois hures de sanglier, arrachées de sable, éclairées et deffendues d'argent, celles du chef affrontées et celles de la pointe contournées.

91.— Alexis HENRY, sieur de la Loge :

D'azur, à une croix d'or, cantonnée de quatre lozanges de même, et un chef cousu d'azur, chargé d'un lion passant d'argent, lampassé et armé de gueules.

93.— Nicolas COUSIN, écuier, sieur de Couberchy :

De gueules, à un lion d'argent.

CRESPY

SUIVANT L'ORDRE DU REGISTRE PREMIER

3 *bis*.— Jacques-Emanuel de LA GRANCHE (Grange), écuier, seigneur des Vieilles Tuilleries, conseiller du roy, président (sic) présidial et élection de Crespy en Vallois, et Marianne de GARGES, sa femme :

Ecartelé, au premier et quatrième d'or, à un chevron de sinople, fleuri de pourpre ; au deuxième et troisième de gueules, à un croissant d'argent ; *accolé :* d'or, à un lion de gueules.

4.— Claude JENIN, conseiller du roy, receveur des tailles de l'élection de Crespy en Vallois :

D'or, à une croix ancrée de gueules, cantonnée de quatre hures de sanglier de sable, affrontées et apointés en sautoir.

5.— Suzanne BARRE, veuve de Jacques de la GRANCHE, écuier, seigneur des Vielles Thuilleries et de Boury, conseiller secrétaire du roy, maison couronne de France et de ses finances, président au présidial de Crespy en Vallois :

Ecartelé, au premier et quatrième d'or, à un chardon de sinople, fleury de pourpre ; et au deuxième et troisième de gueules, à un croissant d'argent.

6.— Thomas LE DAUPHIN, écuier, sieur des Moëtiers :

De gueules, à trois quinte feuilles d'or ; coupé d'argent, à un croissant de gueules :

7.— Jaques BATAILLE, conseiller du roy, assesseur au présidial de Crespy en Vallois :

D'argent, à une face d'azur, chargée d'un croissant d'argent, et accompagnée en chef d'une hure de sanglier de sable, et en pointe d'un tronc de chesne de sinople.

8.— Louis de Guernes, conseiller du roy au présidial de Crespy en Vallois :

D'azur, à un chevron d'argent, accompagné en chef de deux trefles d'or et en pointe d'un croissant d'argent, surmonté d'une croisette d'or.

9 *bis*.— Charles de Billy, chevalier, seigneur d'Antilly et autres lieux, et Marianne Duchesne (du Chesne) de Neufville, sa femme :

Ecartelé, au premier et quatrième facé de six pièces de gueules et d'or, les faces d'or chargées de trois pièces de vair d'azur; au second et troisième d'or, à une croix alaizée d'azur; *accolé :* d'or, à deux lions de gueules, affrontés, soutenants une fleur de lis d'azur.

10.— Pierre Lambert, dit de la Roche-Lambert, écuier, seigneur de Grimaucourt, conseiller du roy, antien président au présidial de Crespy en Vallois :

Ecartelé, au premier et quatrième d'azur, à une croix d'argent; au deuxième et troisième d'azur, à un arbre arraché d'or.

11.— Joseph-Oronce Lambert, dit de Laroche-Lambert, seigneur de Grimancourt, conseiller du roy, maire perpétuel de la ville et communauté de Crespy en Vallois :

Porte de même.

12.— Claude Mutel, conseiller du roy au présidial et assesseur en la mareschaussée de Crespy en Vallois :

De gueules, à trois belettes passantes d'or.

13 *bis*.— René de Greslé, écuier, seigneur d'Ormesson, et Anne Desfossez (des Fossés), sa femme :

D'azur, à trois faces ondées d'argent, accompagnées en chef de deux molettes et en pointe d'une pensée aussi d'argent; *accolé :* d'or, à deux lions adossés de gueules, passés en sautoir.

14 *bis*.—Charles de Brion, chevalier, seigneur d'Hautefontaine, Montigny, Courtieux, Mortefontaine, Crotoy, Jau(l)sy, Alonne, Emanville et autres lieux, et Cristine Le Sirier (Cirier), sa femme :

De sable, à un lion d'argent, et un chef d'or, fretté de sable; *accolé :* d'azur, à trois licornes d'argent.

15.— Le prieuré de Pierrefonds :

D'or, à une croix ancrée de sable, soutenue par deux lions de même, lampassés et armés de gueules.

16 *bis*.— Charles de Capendu, chevalier, seigneur de Boursonne, et Jeanne-Baptiste de Gaulne de Conigy (Connigis), sa femme :

D'argent, à trois faces de gueules et trois merlettes de sable en chef; *accolé :* d'argent, à une bande de gueules, chargée de trois coquilles d'or.

17 *bis*.— Pierre Du Port, conseiller du roy et de Son Altesse Royalle, lieutenant général de Crespy en Vallois, et Anne Le Moyne, sa femme :

Palé d'argent et d'azur de six pièces, et une face de sable brochante sur le tout; *accolé* : d'argent, à un chevron d'azur, accompagné en chef de deux roses de gueules, et en pointe d'une poule de sable :

18. — Pierre Harsent, conseiller du roy, lieutenant particulier de Vallois :

De sable, à trois bandes d'or, et un chef d'azur, chargé de trois étoiles d'argent,

19. — François de Paule de Bethisy, écuier, conseiller et procureur du roy en la maréchaussée de Crespy en Vallois :

D'azur, à une face d'or, chargé d'un cœur de gueules, d'où sortent à dextre un soucy de gueules et à senestre une pensée de pourpre, tigés tous deux de sinople; et trois étoiles d'or en chef, et en pointe un croissant d'argent, et une bordure d'azur frétée d'or.

20. — Jean Texier, prestre, curé de Feigneux :

D'argent, à un croissant d'azur, surmonté d'un cœur de gueules, accostés de deux palmes affrontées de sinople et un chef d'azur, chargé de trois étoiles d'or.

21. — Louis de Lux, écuier :

D'argent, à trois mouchetures d'hermines de sable.

22. — Jacques Buisson, conseiller du roy, assesseur esleu en l'élection de Crespy-en-Vallois :

D'or, à un buisson de sinople, et un chef de gueules, chargé de trois étoiles d'argent.

23. — Henri de Garges, seigneur de Villers-Saint-Genest :

D'or, à un lion de gueules.

CLERMONT

AUSSI SUIVANT L'ORDRE DU REGISTRE

2 *bis*.— Jean-Baptiste de Pocholles, écuier, seigneur d'Huamel (du Hamel) et du Quesnel, conseiller du roy, lieutenant de MM. les maréchaux de France au bailliage de Clermont, et Catherinne de Rebergues, sa femme (On lit en marge, d'une écriture ancienne : leur fille unique a épousé N... du Bouchet, marquis de Sourches) :

De gueules, à une croix cantonnée au premier et dernier (Il faut sans doute intercaler ici les mots : d'un épervier) essorant d'or, et aux deux autres d'une licorne montante, aussi d'or; *accolé* : d'azur, à une ancre d'argent, la trabe d'or, posée en pal, et une face d'argent, brochante sur le tout, chargée d'un cœur de gueules, accostée de deux molettes de sable.

3.— Louis BOSQUILLON, seigneur de Lieuville(rs), conseiller du roy, président, lieutenant général civil et criminel au gouvernement, bailliage et comté de Clermont en Beauvoisis :

3 *bis*.— Joseph BOSQUILLON, conseiller du roy, lieutenant particulier au bailliage dudit Clermont, portent :

De gueules, à un chevron d'argent, chargé de trois roses de gueules, et accompagné de trois haches d'argent, emmanchées d'or et posées en pal, deux en chef et une en pointe.

4.— Alexis LE CLERQ, écuier, sieur de Saint-Michel :

D'argent, à un chevron d'azur, accompagné de trois roses de gueules.

5.— François de GOUY, chevalier :

D'argént, à un aigle à deux testes de sable, couronnées de même, écartelé de gueules, à une bande d'or.

6.— Louis LIMOSIN, écuier, seigneur de Canière :

D'argent, à un chevron renversé de gueules, chargé de cinq coquilles d'argent, deux de chaque côté et une à la pointe du chevron, et accompagné de trois tours d'azur, une en chef et deux en pointe mal ordonnées.

GUIZE

SUIVANT L'ORDRE DU REGISTRE PREMIER

2.— Marie-Françoise-Candide de POULLET, veuve de Charles de FAY, chevalier, seigneur de Puissieux (Puisieux), etc. :

D'argent (semé) de fleurs de lis de sable.

4.— Maistre Philippes HOURLIER, conseiller du roy, président en l'élection de Guise :

D'argent, à trois têtes d'ours, coupées de sable, deux et une.

5.— Nicolas de LETTRE, bailly général du duché et pairie de Guise :

D'argent, à un caducée posé en barre de gueules, et une lance de même posée en bande brochant sur le caducée, et un chef aussi de gueules chargé de trois trèfles d'or.

6.— Nicolas du Fay (de Fay) :

D'argent, semé de fleurs de lis de sable.

7.— Roger de Caruel, écuier, capitaine de la châtellenie de Martigny :

D'argent, à trois merlettes (molettes) de sable.

8.— Antoinette de La Chasse, veuve de Marin Duhardaz (du Hardaz), écuier, seigneur de Saint-Loup :

D'argent, à six tourteaux de gueules, posés trois, deux et un.

9.— Charles Barthelemy, écuier, seigneur de Pisieux (Puisieux) :

D'argent, à un lion contourné de gueules, entre deux pals de même.

10.— Pierre de Meaux, seigneur de Vellerzy, conseiller du roy en l'élection de Guise :

D'argent, à cinq couronnes d'épines de sable, posées deux et une (Deux, deux et une).

11.— Magdelaine de Givry, veuve de Méry de Dauzelle (Danzel), écuier, sieur Dameret (Domery?) :

D'azur, à trois quintefeuilles d'or.

RECAPITULATION

SOISSONS

Armoirie des	livres.	livres.	
Personnes	52 à 20	1040	
Abbaye	1 à 50	50	
Compagnie	1 à 25	25	
Chapitre	2 à 25	50	1240
Couvents	3 à 25	75	
	59	1240	

NOYON

Armoiries des	livres.	livres.	
Personnes	45 à 20	900	
Ville	1 à 100	100	
Abbaye	1 à 50	50	
Chapitres	1 à 50	50	1125
	1 à 25	25	
	49	1125	

LAON

Armoiries des	livres.	livres.	
Personnes	70 à 20............	1400	1525
Communautés	2 à 25............	50	
Couvents...............	2 à 25............	50	
Chapitres...............	1 à 25............	25	
	75	1525	

CHASTEAUTHIERY

Armoiries des	livres.	livres.	
Personnes.............	30 à 20............	600	650
Abaye	1 à 50............	50	
	31	650	

CRESPY

Armoiries des	livres.	livres.	
Personnes.............	26 à 20............	520	545
Prieuré................	1 à 25............	25	
	27	545	

CLERMONT

Armoiries des	livres.	livres.	
Personnes.............	7 à 20............	140	140

GUISE

Armoiries des	livres.	livres.	
Personnes.............	9 à 20............	180	180
	257		5405

Total, cinq mil quatre cens cinq livres, et les deux sols pour livre.

Présenté par le dit Vanier à nos seigneurs les commissaires généraux du Conseil, députés par Sa Majesté, à ce qu'il leur plaise recevoir les dittes armoiries et ordonner qu'elles seront registrées à l'armorial général, conformément aus dits édit et arrests rendus en conséquence. Fait à Paris, ce vingt-sixième jour de may mil-six-cens-quatre-vingt-dix-huit. Signé : Accault et De Larroc, cautions du dit Vanier.

Les commissaires généraux, députés par le roy, par arrests du Conseil des quatre decembre 1696 et 29 janvier 1697, pour l'exécution de l'édit du mois de novembre précédent sur le fait des armoiries;

Veu l'état cy dessus des armoiries envoyées ès bureaux établis dans la généralité de Soissons, en exécution du dit édit, à ce qu'il nous plaise ordonner que les armoiries expliquées au dit état seront reçues et ensuite enregistrées à l'armorial général les feuilles jointes au dit état, contenant l'empreinte ou l'explication de ces armoiries; nostre ordonnance du 28 may dernier portant que les états et les feuilles seront montrés au procureur général de Sa Majesté. Conclusions dudit sieur procureur général; ouy le rapport du sieur de Breteuil, conseiller ordinaire du roy en son conseil d'Etat, intendant des finances, l'un desdits commissaires.

Nous, commissaires susdits, en vertu du pouvoir à nous donné par Sa Majesté, avons receu et recevons les DEUX CENS CINQUANTE-SEPT armoiries mentionnées au dit état, et, en conséquence, ordonné qu'elles seront enregistrées, peintes et blazonnées à l'armorial général, et les brevets d'icelles délivrez conformément au dit édit et arrests rendus en conséquence, et à cet effet les feuilles des armoiries jointes au dit état et une expédition de la présente ordonnance seront remises au sieur d'Hozier, conseiller du roy et garde du dit armorial général, sauf à estre cy après pourveu à la réception de celles des armoiries qui se trouveront sursises par quelques articles de cet état. Fait en l'assemblée des dits sieurs et commissaires, tenue à Paris, le vendredy sixième jour de juin mil six cent quatre-vingt-dix-huit.

Nous soussignez, intéressez au traitté des armoiries, nommez par délibération de la Compagnie du 29 août 1697, pour retirer les brevets des dites armoiries, reconnaissons que M. d'Hozier nous a ce jourd'hui rémis ceux mentionnez au présent état, au nombre de deux cent cinquante-sept armoiries. La finance principalle desquelles, montant à *cinq mille quatre cens cinq livres*, prometons payer au trésor royal conformément au traitté que nous en avons fait avec Sa Majesté. Fait à Paris ce 25 juin 1698.

Signé : CARQUEVILLE.

ÉTAT DES ARMOIRIES DES PERSONNES ET COMMUNAUTEZ DÉNOMMÉES CY-APRÈS, ENVOYÉES AUX BUREAUX ÉTABLIS PAR Mᵉ ADRIEN VANIER, CHARGÉ DE L'EXÉCUTION DE L'ÉDIT DU MOIS DE NOVEMBRE 1696, POUR ESTRE PRÉSENTÉES A NOS SEIGNEURS LES COMMISSAIRES GÉNÉRAUX DU CONSEIL DÉPUTEZ PAR SA MAJESTÉ PAR ARRESTS DES QUATRE DÉCEMBRE AUDIT AN ET VINGT TROIS JANVIER MIL SIX-CENT-QUATRE VINGT DIX SEPT.

GÉNÉRALITÉ DE SOISSONS

SOISSONS

SUIVANT L'ORDRE DU REGISTRE PREMIER

162 *bis*.— Feu François PEIRONNET (Pierronnet), escuyer, seigneur de Chigny-sur-Oise, d'Ailval et de Vausaillon en partie, suivant la déclaration de Marie Françoise HÉBERT, sa veuve, portoit :

D'azur, semé de billettes d'argent, à un lion de même brochant sur le tout, lampassé et armé de gueules; *acolé*; d'azur, à deux chevrons d'argent, accompagnés de deux étoiles d'or, une en cœur entre les deux chevrons et l'autre en pointe.

164.— François LESPICIER, conseiller du roy, esleu en l'élection de Soissons, receveur au grenier à sel de Vailly :

D'azur, à un chevron d'or, surmonté d'une étoile d'argent et accompagné de trois testes de limiers de même, les deux du chef affrontés.

165— Guillaume HÉRICARD, prestre, curé de la parroisse de Saint-Quentin de Soissons :

D'or, à trois fumées d'azur, sortant d'un Ethna ou montagne à trois croupes de sinople, enflamé de flames sans nombre meslées d'or et de gueules; à un chef de gueules, chargé de trois étoiles d'argent.

166.— François de CRÉCY, escuier, seigneur de Levry :

D'argent, à un lion de sable, armé et lampassé de gueules et couronné d'or.

167.— Valerin de Crécy, escuyer, seigneur de Pargnant en partye :

Porte de même.

168.— Feu Antoine de Harlus, chevalier, seigneur de Givray, suivant la déclaration de Henriette de La Vizée, portoit :

De sable, à un lion d'argent, la crinière ou jube d'or, couronné de même, lampassé et armé de gueules.

169.— Maurice-Nicolas de Brodart, escuier, seigneur de Saint-Guilain (Guislain) :

D'azur, à trois faces d'argent, et un sautoir de gueules brochant sur le tout.

170.— Louis de Touttefer, escuier, sieur de Fontaine, l'un des chevaux légers de la garde du roy :

D'azur, à un chevron d'or, accompagné de trois trèfles de même, deux en chef et l'autre en pointe.

171.— Jean Desgret (des Grets), escuier, sieur des Filieux :

D'azur, à un chevron d'or, accompagné de trois testes d'aigrettes arrachées d'argent, deux en chef et une en pointe.

172.— François Maurice de Brodart, escuyer :

D'azur, à trois faces d'argent, et un sautoir de gueules brochant sur le tout.

173.— Anne Du Jay de Rosoy (lès Oulchy), fille :

D'azur, à trois lions passans d'argent, lampassez et armez de gueule, posez l'un sur l'autre, et séparez par deux trangles d'or.

174.— Théodore Le Roy, escuier, sieur d'Aguet (d'Acquest), sous-brigadier des chevaux légers de la garde du roy :

D'azur, à trois écussons d'argent, chargez chacun d'une croix pattée de gueules, posez deux en chef et un en pointe.

175.— N..... Naquart, prestre :

De gueules, à une face d'or, accompagnée de deux levrettes courantes d'argent, une en chef et l'autre en pointe.

176.— Feu Salomon du Bellay, (Belloy), seigneur de Soisy (Soizy) aux Bois, suivant la déclaration de Marie de Salnoue, sa veuve, portoit :

D'argent, à une bande fuzelée de gueules, accompagnée de six fleurs de lis d'azur, trois en chef, posées deux et une, et trois en pointe, mises en bande.

177.— Antoine de Chastenet de Puiségur, seigneur d'Aconin, de Ploysy et de Branege (Branges) en partie, sub délégué de Messieurs les maréchaux de France dans le Soissonnois :

D'azur, à un chevron d'argent, accompagné en pointe d'un lion léopardé d'or, et un chef de même.

178.— Hiérosme de Douvil (Douville), escuier, seigneur de Merval :

D'azur, à une face d'or, accompagnée en chef d'un lion passant de même.

179. — Jean de VASSAUX, escuier, seigneur de Vareilles, lieutenant colonel du régiment de cavallerie du duc de la Feuillade :

D'argent, à une croix de gueules, bordée, crénelée de sable, chargée de cinq coquilles d'or.

180. — Pierre CHAMBLIN, hoste du Lion d'or d'Oulchie (Oulchy) - la Ville :

Porte d'argent.

181. — Antoine MIGNOT, conseiller du roy, esleu en l'élection de Soissons :

D'argent, à une grande lettre M entrelassée d'un A de sable.

182. — Roland CRESPIN, conseiller du roy, esleu en l'élection de Soissons :

D'argent, à une R et un C de sable.

183. — Claude QUINQUET, prestre, chanoine de l'esglize cathédrale de Soissons :

D'azur, à une rose d'argent, surmontée d'une étoile d'or et soutenuë d'un croissant d'argent, le tout acosté de deux barbeaux adossez d'or; un chef d'or, chargé d'un croissant de gueules et de deux raisins de pourpre, dont les tiges de sinople feuillées de même sont mouvantes du croissant.

184. — Pierre LE FEBVRE, chanoine de l'églize cathédrale de Soissons :

D'azur, à un chevron d'or, accompagné en chef de deux glands et en pointe d'une étoile de même.

185. — Pierre VERRIER, chanoine de la catédrale de Soissons :

D'azur, à une face d'or, accompagnée en chef de trois étoiles rangées de même, et en pointe de trois merlettes d'argent, posées deux et une.

186. — Guillaume DUTOUR (du Tour), dit de NOIRFOSSE, conseiller du roy, commissaire aux reveües et logement des gens de guerre de la ville de Soissons :

D'azur, à un chevron d'or, surmonté d'un croissant d'argent, acosté de deux étoiles d'or, accompagné en pointe d'une tour d'argent, massonnée de sable, et un chef d'or chargé de deux testes de Mores de sable, liées d'argent.

187. — Nicolle de CAMBRAY, veuve de Jacob de SAINT-MAURICE, escuier, a présenté l'armoirie qui porte :

D'azur, à trois lions d'or, lampassez et armez de gueules, deux en chef et un pointe.

188. — Claude DUTOUR (du Tour), président en l'élection de Soissons :

D'azur, à un chevron d'or, accompagné en chef de deux étoiles de même, et en pointe d'une tour d'argent, massonnée de sable.

189. — Nicolas ROUSSEAU, seigneur de la Meslière :

D'azur, à un chevron d'or, accompagné en chef de deux étoiles de même et en pointe d'un cigne d'argent, nageant dans une rivière de même.

190.— Élisabeth de la Motte, damoiselle :

D'azur, à un lion d'or, lanpassé et armé de gueules, chargé d'un bâton en barre de sable, brochant sur le tout.

191.— Madelaine de la Motte, damoiselle :

Porte de même.

192.— Marie de la Motte, damoiselle :

Porte aussy de mesme.

193.— Louise de la Motte, damoiselle :

Porte de même.

194.— Jean de Cauvry, conseiller du roy, maire perpétuel de la ville de Ham :

De gueules, à un lion d'argent, et un chef d'or, chargé de trois merlettes de sable.

195.— Jacques Moutonnet, greffier en la maréchaussée de Soissons :

D'azur, à un mouton d'argent, passant sur une planche d'or posée en face abaissée.

196.— Barthélemy de la Hyre, avocat en parlement :

De gueules, à une une face d'or, chargée d'une étoile d'azur, et accompagnée de trois testes d'aigles arrachées aussy d'or, deux en chef et une en pointe.

197.— Nicolas de Nelle, avocat en parlement :

D'azur, à deux cors de chasse adossez d'or, enguichez de même, accompagnez en pointe d'une étoile d'argent.

198.— Louis de Rambour (Rambourg), escuier, seigneur de Gercy, capitaine de cavallerie au régiment de Courlandon :

D'argent, à trois faces d'azur; écartelé d'or, à dix billettes de gueules, posées quatre, trois, deux et une.

199.— François Rousseau, avocat au siége présidial de Soissons :

D'azur, à trois ruisseaux ou rivières d'argent, posées en faces, accompagnées de trois roues d'or, deux en chef et une en pointe.

201 *bis*.— Charles-Antoine de Cauchon, chevalier, seigneur de Vignieux, et Charlotte-Françoise de Sugny, son épouze :

De gueules, à un griffon d'or; *acolé;* d'azur, à un écusson d'argent, chargé d'un bâton écoté, péri en bande, alaizé d'azur.

203.— Feu Jacques Guérin, escuier, conseiller du roy, prévost provincial au bailliage et siége présidial de Soissons, suivant la déclaration d'Anne Petit, sa veuve, portoit :

D'azur, à un lion d'or.

204.— Jean-Baptiste Rousseau, avocat :

D'azur à un chevron d'or, accompagné en chef de deux étoiles de même, et en pointe d'un cigne d'argent, nageant dans une rivière de même.

205.— Etienne MORANT, conseiller du roy, lieutenant civil en l'élection de Soissons :

D'argent, à une teste de More de sable, tortillée d'argent, percée de deux flèches de sable en sautoir.

205.— Robert CROISETTE, avocat au parlement :

D'azur, à trois croisettes patées d'or, deux et une.

207.— Jean-Baptiste ATHÉNAS, seigneur en partie du fief de Doffillieux, scitué à Viler-en-Prière (Villers-en-Prayères), avocat en parlement et au présidial de Soissons :

D'azur, à la ville d'Athènes, entourée de murailles crénelées d'argent, fortifiées d'une grosse tour de même et de deux tournelles pavillonnées et girouettées aussy d'argent et massonnées de sable; la porte de la grosse tour garnie de sa herce d'or; une Pallas paroissant sur la grosse tour, ses armes d'argent enrichies d'or, et tenant de sa main dextre une lance d'argent ferrée d'or, et de la senestre un bouclier d'argent garni d'or; le tout sur une terrasse de sinople, surmonté d'une étoile d'or au côté senestre du chef.

208.— Melchior OLIVIER, greffier en l'élection de Soissons :

D'azur, à un olivier arraché d'argent, fruité de sinople, acosté en pointe d'une M et d'une L d'or à dextre, et d'un O et d'une L de même à senestre, et surmonté de trois étoiles aussy d'or, rangées en chef.

209.— Simon HÉBERT, conseiller honoraire au bailliage et siége présidial de Soissons :

D'azur, à une bande d'or, accompagnée de six bezans de même, posez en orle.

210.— La communauté des religieux de l'abbaye de VALCHRESTIEN.

D'argent, à trois fleurs de lis de gueules, deux en chef et une en pointe, et une croix coupée de même, posée en cœur, accolée d'une couronne d'épines de sinople.

211.— Nicolas de BAILLART (Bayard), escuier, seigneur de Sons :

De gueules, à un cavalier armé de toutes pièces, la visière de son casque abaissée, portant un guidon ou cornette, le tout d'argent sur une terrasse de sinople.

212.— Valérien de BAILLART (Bayard), escuier, sieur du Sart :

Porte de même.

213.— Nicolas MORANT, conseiller du roy, président au grenier à sel de Vailly :

D'argent, à une teste de nègre de sable, acolée d'argent et percée de deux dards en sautoir de sable.

214.— Michel VARLET, avocat au bailliage et siége présidial de Soissons :

D'argent, à trois roses de gueules, deux et une, tigées et feuillées de sinople.

215. — Catherine de Saint-Prival, veuve de Cézar d'Osta (Ostat), escuier, seigneur d'Augicourt, a présenté l'armoirie qui porte :

D'or, à une bande d'azur, chargée de trois molettes d'argent et acostée de trois coquilles de gueules, deux dessus et une dessous.

216. — Robert Bucquet, juré crieur à Soissons :

D'azur, à une grenade d'or, enflamée de tous côtéz de gueules, cantonnée de quatre lettres aussy d'or, une R et un B en chef, et un B et un Q en pointe.

217. — Jean Trollé, conseiller du roy, greffier conservateur des minutles et expéditionnaire des lettres et actes qui s'expédient dans la chancellerie :

D'argent, à un ruban d'or, passé en lac d'amour, accompagné en chef de deux étoiles de même, et en pointe d'un croissant d'argent.

219. — Charlotte de Belloy, fille :

D'argent, à quatre bandes de gueules.

220. — Claude Piercot, veuve de feu Antoine Herbelin, conseiller du roy, esleu en l'élection de Soissons :

D'azur, à une pierre de taille en carré d'argent, sur le centre de laquelle sont posées deux branches ou tiges de coc d'or, passées en sautoir par le haut.

221. — Jean Brayer, greffier des rolles des tailles de la parroisse de Saint-Vaast de Soissons :

D'argent, à un quatre de chifre de marchand de sable, acosté d'un J et d'un B de même.

222. — Charles Poussin, conseiller du roy au bailliage et siége présidial de Soissons :

D'azur, à un aigle d'or, surmonté de trois étoiles de même, rangées en chef.

223. — Anne Soisel, veuve de Nicolas Baillot, seigneur de Davray, a présenté l'armoirie qui porte :

D'azur, à trois piliers d'argent, deux et un, et un chef de même chargé d'un aygle éployé de sable.

224. — La communauté des religieux Feuillans :

D'azur, à une Notre-Dame d'argent, tenant sur son bras senestre un petit Jésus de même, cotoyée de deux rinceaus ou branches d'olivier d'or; et une bordure d'argent, chargée de ces deux mots en caractères de sable : Fœderis Arca.

225. — Caterine Baillon, veuve de Martin Boullet, garde de Monsieur, a présenté l'armoirie qui porte :

D'azur, à un chevron d'or, accompagné de trois boulets de même, deux en chef et un en pointe.

226. — Marie Sorien, veuve de Charles de Maux (Meaux), bourgeois de Soissons, a présenté l'armoirie qui porte :

D'azur à trois étoiles d'argent, rangées en face, accompagnées en chef d'un soleil d'or, et en pointe d'un aigle essorant de même, le vol abaissé et la teste contournée pour regarder le soleil.

228 *bis*.— Charles-Henry DE LA FONTAINE, chevalier, seigneur de Bitry, Suires et autres lieux, et Anne-Valentine de HARLUS de Givray, son épouze, portent :

Bandé d'or et d'azur de six pièces, les bandes d'or échiquetées de gueules de trois traits ; *acolé* : de sable, à un lion d'argent, lampassé et armé de gueules, et couronné d'or.

229.— Michel HEUSLIN, conseiller du roy, receveur général des finances de la généralité de Soissons :

D'argent, à deux merlettes de sable en chef, et une rose de gueules, pointée de sinople, en pointe.

230.— Pierre PETIT, notaire royal, greffier de l'officialité de l'éveschó de Soissons, bailly de Tauxtigny, Contermain, procureur fiscal des seigneuries et vicomtés de Buzancy, Cryze, Saint-Crespin, greffier alternatif des parroisses Notre-Dame des Vignes et Margival, receveur dudit Margival :

D'azur, à un chevron d'or, accompagné en chef de deux croissans d'argent et en pointe d'un cigne nageant dans une rivière de même.

231.— Marie ATHÉNAS, veuve d'Antoine QUINQUET, avocat à Soissons :

D'azur, à la ville d'Athènes, entourée de murailles d'argent, massonnées de sable, fortiffiées d'une grosse tour crénelée de six pièces, acostée de deux autres petites tours aussy d'argent, pavillonnées et girouettées de même et massonnées et ajourées de sable ; le tout sur une terrasse de sinople, et sur la grosse tour une Pallas d'argent, tenant de sa main dextre une lance et de sa senestre un bouclier de même surmonté d'une étoile d'or, posé du côté senestre du chef.

232.— Fontenette REGNAULT, veuve de Claude CHARTON (Chardon ?), conseiller du roy, receveur des tailles :

D'azur, à un chevron d'or, accompagné de trois chardons d'argent, deux en chef et un en pointe.

234.— Etienne-Guy FAVEREAU, escuier :

D'azur, à un chevron d'or, accompagné de trois coquilles d'argent, deux en chef et une en pointe.

235.— Nicolas HANISSET, conseiller du roy, contrôleur des octrois et deniers communs et patrimoniaux de la ville de Soissons :

D'argent, à un chevron d'azur, accompagné en chef de deux roses de gueules, pointées de sinople, et en pointe d'une étoile de gueules.

237.— Louis FRÉRET, docteur en médecine :

D'argent, à un chevron de gueules, accompagné en chef de deux frezes (fraises) de même, tigées et feuillées de sinople, surmontées d'une étoile de sable, et en pointe d'un croissant d'azur.

238.— Simon HUGER de Baquencourt (Bacquancourt), escuier, prestre et chanoine de l'églize de Saint-Gervais de Soissons :

D'azur, à un lion d'or, lampassé de gueules.

239.— Marc Forestier, prestre chanoine de l'églize cathédralle de Soissons :

D'azur, à un chifre d'or, composé des lettres de son nom.

241.— Suzanne de Vaux, fille :

Ecartelé d'argent et de gueules, à quatre lions affrontez de l'un en l'autre, et tous quatre lampassez et armez de sable.

242 — Antoine Bertrand, conseiller du roy, contrôleur au grenier à sel de Soissons :

D'azur, à deux gerbes d'or passées en sautoir, et un chef d'argent, chargé d'un raisin de sable tigé et feuillé de sinople.

243.— Claude Athénas, fille :

D'azur, à la ville d'Athènes entourée de murailles d'argent, massonnées de sable, fortiffiées d'une grosse tour crénelée de six pièces, acostée de deux autres petites tours aussy d'argent, pavillonnées et girouettées de même et massonnées et ajourées de sable; le tout sur une terrasse de sinople; et sur la grosse tour une Pallas d'argent, tenant de sa main dextre une lance et de sa senestre un bouclier de même, surmonté d'une étoile d'or, posée au côté senestre du chef.

244.— Louis de Héricourt, chanoine de l'églize cathédralle de Soissons :

D'argent, à une croix de gueules, chargée de cinq coquilles d'argent; écartelé d'or, à un créquier de gueules.

245.— Jean Petit, conseiller du roy, maire perpétuel du bourg d'Auchy-le-Château et procureur du roy au bailliage et siége royal dudit lieu :

D'azur, à un aigle le vol abaissé d'or, surmonté de deux étoiles de même.

246.— Claire de Grossine (Grossaine), veuve de Téodore de Bardaux, escuier, a présenté l'armoirie qui porte :

D'azur, à un chevron d'or, accompagné de trois trèfles de même, deux en chef et un en pointe.

247.— Louis de la Faux, exempt en la maréchaussée de Soissons :

D'azur, à une faux d'argent, le manche posé en bande d'or, accompagnée de trois étoiles de même, deux en chef et une en pointe.

248.— Le corps du *grenier à sel* de Soissons :

De gueules, à une face d'or, accompagnée de trois fleurs de lis d'argent, une en chef et deux en pointe; la face chargée de ces mots en caractères de sable : Grenier a sel de Soissons.

249.— Charles-François Marny, greffier au grenier à sel de Soissons :

D'azur, à un chevron d'or, accompagné en chef de deux croissans d'argent et en pointe d'une marc d'or.

250.— Henry-François Heuger, escuier, sieur du Perle, l'un des anciens chevaux légers de la garde du roy :

D'azur, à un lion d'or, lampassé et armé de gueules.

251.— Claude Martinet, prestre, chanoine de la cathédrale de Soissons :

D'argent, à trois chevrons d'azur, accompagnez de trois martinets de sable, deux en chef et un en pointe.

252. — Feu Denis DELFAUX, receveur des tailles de l'élection de Soissons, suivant la déclaration d'Antoinette DESCHARONS (des Charons), sa veuve, portoit :

D'azur, à un chevron d'or, accompagné en chef de deux roses et en pointe d'un lion de même, et un chef d'argent, chargé de trois étoiles d'azur.

253. — Charles de LOYS, escuier, sieur de Milly :

D'azur, à trois roses d'argent, deux et une.

255. — Germain ARNAUD, prestre, chanoine de l'église collégiale de Saint-Vaast de Soissons :

D'azur, à un Saint-Esprit en forme de colombe d'or.

256. — Lazarre de MENECHET, prestre, chanoine de l'église collégiale de Saint-Vaast de Soissons :

D'azur, à un chevron d'argent, accompagné de trois épis d'or, deux en chef et l'autre en pointe.

258. — Nicolas BRILLIART, conseiller du roy, grenetier au grenier à sel de Soissons :

D'or, à une hard ou branche pour lier de sinople, feuillée de même, surmontée de trois étoiles de gueules, posées deux et une.

259. — Nicolas LESPICIER, chanoine de Saint-Vaast :

De gueules, à un chevron d'or, accompagné de trois testes de limiers d'argent, deux en chef et une en pointe.

261. — Marie CHARPENTIER, veuve de Pierre CHARRÉE, conseiller du roy, receveur des décimes du dioceze de Soissons, a présenté l'armoirie qui porte :

D'azur, à un chevron d'or, accompagné en chef de deux roses tigées et feuillées d'argent, et en pointe d'un croissant de même.

263. — Christophe RAQUET, prestre, chanoine de l'église cathédrale de Soissons :

D'azur, à trois raquettes d'or, deux en chef et une en pointe.

264. — Charles GUÉRIN, prestre, chanoine de la cathédrale de Soissons :

D'azur, à un lion d'or.

265. — La Communauté des Dames religieuses du prieuré de Notre-Dame de *Braine* :

Echiqueté d'argent et de sable, chargé en cœur d'une fleur de lis d'or, l'écu bordé de gueules.

267. — Elisabeth de NEUVILLE, veuve de Claude BOUCHEL, officier de Monsieur, a présenté l'armoirie qui porte :

D'azur, à un chevron d'or, accompagné de trois estoiles de même, deux en chef et une en pointe.

268. — Henry Legrain, bourgeois de Soissons :

D'azur, à une gerbe de blé d'or, liée de gueules, posée à dextre, et un raisin d'or, tigé et feuillé de sinople posé à senestre.

270. — Nicolas Branche, bourgeois de Soissons :

D'argent, à une branche de chesne de sinople, posée en pal.

271. — Claude Branche, bourgeois de Soissons :

Porte de même.

272. — Nicolas Cordier, chanoine de l'églize cathédrale de Soissons :

D'azur, à une bande d'argent, chargée de trois lozanges de gueules, et accompagnée de six mollettes d'or, posées en orle.

273. — Jean-Baptiste Robineau, de Boerie (Bohéries), chanoine de l'églize cathédrale de Soissons :

D'azur, semé d'étoiles d'or, à un bâton noueux de même, posé en bande, brochant sur le tout.

274. — Gaspard de Collet du Quesnay, chanoine de l'églize cathédrale de Soissons :

D'azur, à une bande d'argent, chargée de trois étoiles de gueules.

275. — Barbe de Valons (Vallon) de Bucy, fille noble :

D'argent, à une bande de sinople, chargée de trois pennes (pommes) d'or.

276. — Feu Jean Bonnet, escuier, contrôleur ordinaire des guerres, suivant la déclaration de Marie Hébert, sa veuve :

D'argent, à une face d'azur, accompagnée de trois tortues de sable, lampassées et armées de gueules, deux en chef et une en pointe.

277. — Gilbert Bonnet, escuier, contrôleur ordinaire des guerres.

Porte de même.

278. — Robert Racquet, escuier, conseiller du Roy, trésorier de France en la généralité de Soissons :

D'azur, à trois racquettes d'or, deux et une.

280. — Françoise d'Irsson (Hirson), veuve de Rémond de Lizy, escuier, sieur de Beauvette, a présenté l'armoirie qui porte :

D'azur, à trois faces d'argent.

281. — Bernard de Fours (du Four), abbé de Clairefontaine :

D'azur, à une croix dentelée d'or.

282. — L'Abaye de Clairefontaine :

D'azur, à une foy d'or.

283.— Jacques-François MINOT de Mérille, abbé de l'Abaye de Saint-Yved (Ived) de Braine, ordre de Prémontré :

De gueules, à une cigogne d'argent, bequée et membrée d'or, empiétant et combatant un serpent tortillé et redoublé de même.

284.— La Communauté des Religieux de l'Abaye de Saint-Yved de Brayne :

Echiqueté d'argent et de sable, chargé en cœur d'une fleur de lis d'or, et l'écu avec une bordure de gueules.

285.— Jean-François GREVIN :

De gueules, à une teste et col de licorne, coupé d'argent et traversé d'une flèche d'or en barre, et accompagnée en chef de trois étoiles de même, mal arrangées.

288.—François POUSSIN, bourgeois de Soissons :

D'azur, à un aigle d'or, surmonté de trois étoiles de même, rangées en chef.

290 *bis*.— Louis de POLASTRON, chevalier, seigneur de Lailhière (La Hillère), brigadier des armées du roy, et Françoise de CHASTENET-PUISSÉGUR, son épouze :

D'argent, à un lion de sable, armé et lampassé de gueules; *acolé* : d'écartelé, au premier d'azur, à trois étoiles d'or, deux en chef et une en pointe; au deuxième d'or, à un lion de gueules et une bordure de sinople, chargée de sept écussons d'or; au troizième de gueules, à trois pommes de pin d'or, deux en chef et une en pointe; au quatrième de gueules, à trois dards d'or, rangez en pal; et sur le tout : d'azur, à un chevron d'argent, accompagné en pointe d'un lion passant d'or, et un chef de même.

291 *bis*.— Louis d'AUMALLE, comte du Mont-Notre-Dame, et Marie-Charlotte DOUCET, son épouze :

D'argent, à une bande de gueules, chargée de trois bezans d'or; *acolé* : de gueules; à un rencontre de bélier d'argent, écartelé de lozangé, d'argent et de sable.

292.— François VILFROID, curé de Saint-Germain :

D'azur, à un crucifix d'or.

293.— François GILLUY, prestre, chanoine de l'églize cathédrale de Soissons :

D'argent, à une rose de gueules.

297.— Louise de GROSSINE (Grossaine), fille :

D'azur, à deux épées passées en sautoir d'argent, les poignées d'or, les pointes en bas.

298.— La Communauté des M[tres] BOULANGERS et TOURTONNIERS de la ville de Soissons :

D'azur, à l'image de carnation des saints Honoré et saint Loudart, habillés pontificalement d'or.

300.— Genebaut de MARLIGNY (Martigny), chanoine de la cathédrale de Soissons :

D'argent, à un chevron d'azur, accompagné de trois roses de gueules, deux en chef et l'autre en pointe.

301.— François de METS, prestre, chanoine de l'églize cathédralle de Soissons :

D'argent, à un chesne de sinople, traversé d'un canon d'azur, monté sur un affût de même.

302.— Claude QUINQUET de Monpreux, prestre, chanoine de l'églize cathédrale de Soissons :

D'azur, à deux bars adossez d'or, surmontez d'un croissant d'argent.

303.— Simon GOSSET, notaire royal au bailliage de Soissons ;

D'azur, à deux cosses de poix pendantes d'or ; écartelé : d'azur, à une tour d'argent, maçonnée de sable.

304.— Pierre PÉPIN, prestre, chanoine de l'églize cathédrale de Soissons :

D'azur, à un chevron d'or, accompagné en chef de deux étoiles, et en pointe d'un pin de mesme.

305.— Charles COUSIN, conseiller, avocat du roy au bailliage provincial et siége présidial de Soissons :

De gueules, à une face d'argent, chargée de deux moucherons, apelez cousins, de sable.

306.— La ville de *Coucy* :

Vairé d'argent et de gueules.

307.— Françoise CAYÉ, veuve de feu Nicolas CUIRET, avocat en parlement, a présenté l'armoirie qui porte :

De vair, à un chef de gueules, chargé d'un lion naissant d'or, acosté de deux étoiles de même.

308.— La communauté des Mes *Patissiers, Traiteurs, Cuisiniers, Rôtisseurs* de la ville de Soissons :

D'azur, à une assenssion d'or.

309.— Jacques de CHASTENET, chevalier, seigneur de Puisségur, vicomte de Buzancy, quar (t)-comte de Soissons, seigneur de Bernoville, lieutenant-colonel du régiment du roi d'infanterie, brigadier et maréchal général des logis des camps et armées du roy.

Ecartelé, au premier d'azur, à trois étoiles d'or, deux et une ; au deuxième d'or, à un lion de gueules, et une bordure de sinople, chargée de sept écussons d'or ; au troisième de gueules, à trois pommes de pin d'or, les tiges en haut deux et une ; au quatrième de gueules, à trois dards d'or, rangés en pal, les pointes en bas ; et sur le tout : d'azur, à un chevron d'argent, accompagné en pointe d'un lion léopardé d'or, et un chef de même.

311.— Antoine Dollé, lieutenant-criminel en l'élection de Soissons :

D'azur, à trois couleuvres d'or, ondoyantes en face, l'une sur l'autre, accompagnées en pointe d'une molette d'argent.

312.— La communauté des *Cordonniers* en vieil de la Ville de Soissons :

D'azur, à un Saint Crespin et Saint Crespinien d'or, tenant chacun en leur main droite une palme de même.

313.— Antoine Guérin, chanoine de Saint-Pierre de Soissons :

D'azur, à un lion d'or.

314.— Pierre Galloys, conseiller du roy, maire perpétuel de la ville de Bohain et garde marteau de la maitrize des eaües et forests de Saint-Quentin, réunis à La Fère, et receveur des traites foraines ;

De gueules, à un chevron abaissé d'or, surmonté d'un croissant d'argent, et un chef cousu d'azur, chargé de trois étoiles d'argent.

315.— La ville de *Bohain* :

De gueules, à la lettre B. d'or, couronnée de même.

316.— Claude Du Chesne, chanoine de l'églize collégiale de Saint-Pierre au parvis de Soissons :

D'azur, à trois glands d'or, deux et un, et une étoile d'argent, mise en cœur.

317 *bis*.— Feu Pierre Le Boistel, escuier, seigneur d'Ecuiry, suivant la déclaration de Florimonde Bonnet, sa veuve, portoit :

D'azur, à une bande d'argent, chargée de trois merlettes de sable, et acostée de deux lions passans d'or, lampassez de gueules ; *acolé* : d'argent, à une face de gueules, accompagnée de trois tortues de sable, deux en chef et une en pointe.

318.— Hugues de Garges, chevalier, seigneur de Noroy :

D'or, à un lion de gueules.

319.— Marie-Elisabeth Du Bois, damoiselle :

D'argent, à un lion de sable, armé et lampassé de gueules.

320.— N.... de la Vernade, escuier :

De gueules, à un arbre arraché d'or, acosté de deux étoiles de même ; écartelé d'or, à un taureau passant de gueules.

321.— N.... de Pipemont (Pippemont), chevalier, seigneur de Cresy (Crécy)-au-Mont :

D'or, à deux chevrons d'azur et un chef de gueules.

322.— Jacques de Garges, chevalier, seigneur d'Arthanne (Hartennes) et autres lieux.

D'or, à un lion de gueules.

323.— Charle Darerye (Daverye), chevalier, seigneur de Coucherez (Cuchery) :

De gueules, à neuf croissans d'argent, posez 3, 3 et 3, soutenant chacun une larme de même.

325.— François Le Bon de Maizemont (Maismont), chanoine et grand archidiacre de l'églize cathédrale de Soissons :

De gueules, à un écusson échiqueté d'or et d'azur, posé en cœur, accompagné de trois cicognes d'argent, deux en chef et une en pointe.

328.— La communauté des religieux *Feuillans* :

D'azur, à une Notre Dame, tenant sur son bras senestre le petit Jésus d'or, acostée de deux palmes de même, et autour cette légende : Sig. S[ti] Bernardi de Blérencourt.

329.— La communauté des *Charcutiers* de la ville de Soissons :

D'azur, à une Vierge d'argent.

330.— Pierre Pottier, avocat à Soissons, et notaire apostolique par commission :

D'azur, à un chevron d'or.

332.— Nicolas de Chabregnac (Chabrignac) de Condé, capitaine des carabiniers du roy, brigade d'Aubeterre :

D'argent, à trois pals de gueules, et un chef aussi d'argent, chargé de deux trangles d'azur.

333.— L'abaye de *Saint Paul* lès Soissons :

D'argent, à un chevron d'azur, chargé de unze bezans d'or, posez en onde (orle).

334.— Fabio Bruslard de Sillery, évesque de Soissons, abbé des abayes du Gard, de Saint-Basle et Plice (La Plisse) :

De gueules, à une bande d'or, chargée d'une traînée ondoyante de sable, accompagnée de cinq barils de même.

336.— Alexandre Boujot, licencié ès droits, bailly de la ville de Vailly et autres lieux :

D'argent, à deux palmiers de sinople, rangez en pal, sur une terrasse de même.

339.— La ville de *Soissons* :

De gueules, à une fleur de lis d'argent.

341. — Siméon PIERRON de Bincourt, receveur des deniers patrimoniaux de la ville de Soissons :

De sinople, à un chef d'argent, soutenu d'or; parti d'écartelé, au premier et quatrième d'azur, à une croix d'or, cantonnée de douze croisettes de même, trois à chaque canton, posées deux et une; et au deuxième et troisième d'azur, à un sautoir d'or, accompagné de douze lozanges de même, trois en chef, posées deux et une, trois en pointe, posées une et deux, et trois à chaque flanc.

342. — Hubert THUILLIER, escuier, seigneur d'Auteville :

D'or, à un aigle de sable.

343. — Claudre-François LE COUVREUR, conseiller du roy, maistre des eaües et forests de Chauny :

D'azur, à trois boucliers d'or, passez en sautoir.

345. — Paul-Guillaume GARSAULAN, chanoine de l'églize cathédrale de Soissons :

Burelé d'argent et de gueules, à un chef d'or, chargé de deux lionceaux affrontez de gueules.

346. — Les correcteurs et religieux du prieuré de *Vilselve* (Villeselve), au couvent des Minimes de la ville de Chauny :

D'argent, à une Sainte-Magdeleine d'azur, tenant de sa main dextre une croix et de sa senestre une boette ou coupe couverte de même, et acostée en pointe de deux tiges d'olivier de sinople.

347. — Jean d'ARSONVAL, escuier, seigneur d'Estournelles (des Tournelles):

Tranché d'azur sur or, à une étoile à huit rais occupant tout l'écu, aussy tranché de l'un en l'autre, et chargé en cœur d'une croisette de gueules.

349. — Marie de VILTARRE (Vitard), veuve de Cézare de COURTIGNON, escuier, lieutenant au régiment de cavalerie de Calvo, a présenté l'armoirie qui porte :

De gueules, à un lion naissant d'or ; coupé d'argent.

350. — Louise-Charlotte ROUSSEAU, fille majeure :

D'azur, à trois faces ondées d'azur, accompagnées de trois roués d'or, deux en chef et une en pointe.

351. — Elisabeth ROUSSEAU, fille majeure :

Porte de même.

352. — Augustin HEUVERON, prestre, curé et doyen de Quentin-Berzy :

De gueules, à un coq d'argent.

353. — François-Annibal de BOFFLES, escuier, sieur d'Aubraine :

De sinople, à deux bandes d'or; écartelé: d'échiqueté d'argent et d'azur, de trois tires ; coupé de gueules.

354. — Claude Darzillemont (d'Harzillemont), prestre, curé de Saint-Jean de Çhacoize (Chacrise) :

De gueules, à trois pals de vair, et un chef d'or, chargé de trois merlettes de gueules.

355. — Claude Chétiveau, conseiller du roy, garde des sceaux des juridictions royalles de Soissons :

D'azur, à un cigne d'argent, embrassant avec son col une croix haussée d'or, accompagnée de trois raisins de même, deux en chef et un en pointe, et un en chef de gueules chargée d'une gerbe d'or, acostée de deux étoiles d'argent et soutenue d'or.

356. — Charles-Daniel Trudelle, prestre, curé de Saint-Loupeigne :

D'or, à un chevron d'azur, accompagné de trois merlettes de sable, rangées en chef, et d'une teste d'homme de gueules, posée de profil en pointe.

359. – Pierre Vuillaume, prieur, curé de Saint-Sulpice de Montgobert :

D'or, à un lion de sable, armé et lampassé de gueules, et un chef d'azur chargé de trois molettes d'or.

360. — Hercules-Charles de Pestivien de Cuvilly, prieur, curé de Trelond (Treloup ?) :

Vairé.

363. — Louis d'Hesselin, prestre, prieur et curé de Saint-Martin de Soucy Puiseux :

De gueules, à un lion d'or, accompagné de fleur de lis de même, posées en orle.

367. — N..... Guillaume, conseiller du roy, maire perpétuel de la ville de Chauny :

D'azur, à deux haches d'armes adossées et passées en sautoir d'argent, chacune fichée dans son faisseau de verges à la romaine d'or, liée de sable, et liées ensemble d'un cordon aussy d'or ; et un chef de même, chargé de trois merlettes de sable.

368. — Sansson Regnaut, prestre, curé de Saint-Jean-Baptiste de Muret :

D'or, à trois grapes de raisin d'azur, feuillées et tigées de sinople, posées deux et une.

369. — Noel Hamby, prestre, religieux de l'abaye de Saint-Yved (Ived) de Braine, prieur et curé de Saint-Rémy de Nully (Neuilly) :

Echiqueté d'argent et de sable, chargé en cœur d'une fleur de lis d'or ; l'écu avec une bordure de gueules.

370. — Jacques Léger, prestre, curé de Saint-Frond de Nully (Neuilly Saint Front) :

D'azur, à un chevron d'or, accompagné en chef de deux étoiles de même, et en pointe d'une croix patée d'argent ; coupé de gueules, à un aigle s'essorant d'or.

371.— Nicolas Dombras, prestre, curé de Saint-Frond de Nully et doyen du doyenné de Nully (Neuilly Saint Front) :

D'or, à une tour de gueules.

373.— Claude de Mory, receveur de la terre d'Abbecourt, proche de Chauny :

D'argent, à une face d'azur, chargée de trois molettes d'or,

374.— Charles-Antoine de Louen, prestre, curé de Saint-Laurent d'Atilly :

D'argent, à trois testes de loups arrachées de sable, deux et une.

375.— Henry Lefebvre, prestre, curé de Saint-Georges de Chaudun :

D'argent, à un chevron de gueules, surmonté d'une fleur de lis de même, chargé de trois quintes feuilles d'or.

376.— Jean Cornélius, escuier :

D'azur, à un lion d'or, issant d'une cuve de même, accompagné en chef de deux étoiles d'argent.

380.— Louis de Courtignon, escuier :

De gueules, à un lion naissant d'or ; coupé d'argent.

382.— Louis Chertemps, prieur, curé de Saint-Baudry :

D'azur, à un agneau paschal d'or.

387.— Noel-Thomas du Baril, conseiller du roy, lieutenant civil criminel en la justice royale d'Auchy :

De gueules, à trois barils d'or, posés deux en chef et l'autre en pointe, surmontez d'une étoile d'argent.

390.— Pierre le Carlier, escuier :

D'or, à un lion de sable, armé,lampassé de gueules ; parti : de sable,à une roüe d'or.

393.— Jacques Thinot, prestre, curé de Sainte-Geneviève de Cartier :

D'azur, à un chevron d'or, accompagné de deux molettes d'argent en chef et d'une tour de même en pointe.

394.— Antoine Chevalier, prestre, curé de la Croix-Berny :

Écartelé, au 1er d'argent, à un aigle de sable ; au 2e d'azur, à trois étoiles d'argent, deux et une ; au 3e d'or, à un ancre de sable, et au quatrième d'azur, à un lion d'or.

395.— Jean Lantoine, prestre, curé de Saint-Remy, Saint-Martin de Ciry, Sermoise :

D'azur, à un chevron d'or, accompagné de trois bezans de même.

398.— Pierre Coulon, prestre, curé de Saint-Martin de Jaulsy (Jaulzy) :

D'azur, à un chevron d'or.

399.— Jean Drouault, garde du roy en la prévosté de l'hostel servant pour M. l'intendant de la généralité de Soissons :

D'or, à un boucq passant de sable, ferré d'argent.

SUITTE DE SOISSONS

SUIVANT L'ORDRE DU REGISTRE DEUXIÈME

1.— N......... Debayne, prestre, curé de Seringe (Seringes et Nesle), et doyen du doyenné de Ferre :

D'or, à un massacre de cerf de gueules, et un chef de même, chargé de deux roses d'argent.

8.— Louis Godin, prestre, curé de Saint-Brice de Sergy :

Écartelé, aux premier et quatrième d'argent, à trois fusées en bande de gueules; au deuxième d'argent, à une croix potencée d'or, cantonnée de quatre croisettes de même ; et au troisième d'or, à une feuille de chesne de sinople posée en pal.

11.— Claude Houzé, prestre, curé de Saint-Remy-Chavignon :

D'azur, à une face d'argent, accompagnée en chef de trois étoiles d'or, et en pointe d'une croix ancrée de même.

12.— Nicolas de Villeronde, prestre, prieur, curé de Saint-Sulpice de Nampcelle, ordre des chanoines réguliers de Saint-Augustin, profès de l'abaye de la Victoire lès Senlis :

D'azur, à trois serpents tortillés en pal d'or, posez deux et un.

22.— Louis le Comtes, prestre, curé de Saint-Crespin de Serche :

D'azur, à un chevron d'argent, accompagné de deux croissans en chef, et de deux L en pointe adossées de même.

23.— Jean-Jacques Fouin, prestre, curé de Notre-Dame de Nouvion :

D'azur, à trois étoiles d'argent, rangées en chef, et en pointe une fouine passante d'or.

26.— Jean-Louis de Cordomoy, prestre, prieur, curé de Saint-Jacques :

Écartelé d'or et de sable, à un chevron accompagné d'un tourteau et d'un bezan en chef, et en pointe d'un bezan tourteau, le tout de l'un en l'autre.

35.— Charles de Beauvais, escuier :

D'argent, à une croix de gueules, chargée de cinq coquilles d'or; écartelé d'un échiqueté d'argent et d'azur, et d'un chef de gueules.

37.— Philbert de Calandre, escuier :

De gueules, à trois faces d'argent, chargée chacune de deux fillets de sable.

38.— François Dalmany (d'Almany), escuier :

Tranché d'argent sur azur ; l'azur chargé d'une cotice d'argent.

39.— François-Annibal de la Personne, escuier :

De sinople, à une bande d'argent, chargée de trois merlettes de gueules ; écartelé d'or : à un lion de gueules.

49.— Jacques Bannecrain, prestre, curé de Beuvarde :

D'azur, à un lion d'or, et un chef cousu de sinople, chargé d'une croisette d'or mouvant de la pointe.

43.— Antoine Dupuis, prestre, curé de Saint-George de Villeneuve-sur-Ferre (Fère) :

D'azur, à un chevron d'argent, accompagné de trois roses de même.

45.— Christophe de Cocquillette, escuier, seigneur de Saint-Aubin :

De sinople, à une bande d'or, accompagné en chef de trois coquilles posées en orle, et en pointe de trois merlettes aussy posées en orle de même.

46.— Jean Desmarque (des Marques), escuier, seigneur de Thoury :

D'argent, à un lion de sable, lampassé et armé de gueules.

55.— Louis Thomas, escuier, seigneur du Bois :

De gueules, à trois mains dextres d'argent, chacune tenant un sabre de même, deux en chef et une en pointe.

56.— Jean Desnoue (de Noue), escuier :

Echiqueté d'azur et d'argent, à un chef de gueules.

57.— Claire du Clozel, épouze de Robert de Beuvry, escuier :

D'argent, à une face de gueules, chargée de deux coquilles d'or, accompagnée de deux testes de More de sable, tortillées d'argent, posées une en chef et l'autre en pointe.

60.— Marie de Fiesnne, abbesse de l'abaye de Saint-Remy Saint-Georges, ordre de Saint-Benoist :

D'azur, à un lion d'argent.

62.— Guillain Tuargnie, commis au greffe de la maîtrize des eaux et forests de Villiers-Cotterests (Villers-Cotterêts) :

D'azur, à un chevron d'or, accompagné de trois étoiles de mesme, deux en chef et une en pointe.

63.— Nicolas GIROST, conseiller du roy et de S. A. R., prévost de Villiers-Cotterests et avocat en parlement :

De gueules, à un lion d'argent.

65.— Charlotte DUPONT, veuve de N..., seigneur du Val, capitaine d'infanterie au régiment de....., a présenté l'armoirie qui porte :

D'azur, à trois molettes d'or, deux et une; écartelé de gueules, à une roze d'argent.

68.— Suzanne de GONNELIEU, veuve de Guillaume de BEZANNES, chevalier, seigneur de Poulandon, a présenté l'armoirie qui porte :

D'or, à une bande de sable.

69.— Guillaume de BEZANNES, chevalier, seigneur de Prouvay :

D'azur, semé de bezans d'or, et un lion d'argent, lampassé et armé de gueules, brochant sur le tout.

70.— Marie-Thérèse de BEZANNES, fille noble :

Porte de même.

71.— Jean de BOFFLE, escuier :

Écartelé, au premier et quatrième de sinople, à deux bandes d'or ; au deuxième et troisième échiqueté d'argent et d'azur de trois traits, coupé de gueules.

72.— Eustache DESFOSSEZ (des Fossés), escuier, seigneur de Jouagnes :

D'or, à deux lions de gueules, adossez et passez en sautoir, leurs queues passées deux fois en sautoir de même.

NOYON

SUIVANT L'ORDRE DU REGISTRE PREMIER

54.— Marie-Madeleine LAUMOSNIER de Travecy, damoiselle :

D'or, à trois hures de sanglier de sable, deux et une.

55.— Claude-Louis de MONNET, escuier, sieur de Flamecourt (Flamicourt) :

De gueules, à un lion naissant d'argent, couronné, lampassé et armé d'or; coupé cousu d'azur, à six bezans d'argent, bordez de sable, posez trois, deux et un.

56.— Pierre BRUSLART DE GENLIS :

De gueules, à une bande d'or, chargée d'une traînée tortillée de sable, et de cinq barils de même, cerclez d'argent, posez deux dessus et trois dessous.

57. — Marie-Angélique de Pitard, veuve de Charles de Fransure, seigneur de Grécourt, a présenté l'armoirie qui porte :

D'hermine, à un lion coupé de gueules et de sable, la teste d'or et la queue de sable.

58. — Louis Lebel, escuier, seigneur de Lescafaut :

De sinople, à une face d'argent.

59. — Louis Deberlin, escuier, seigneur du Hamel :

Lozangé d'argent et de gueules.

60. — Jean de Raguerrcher, seigneur de Vauchelle, Porquiricourt (Porquéricourt) et autres lieux.

D'argent, à une face de gueules.

62. — Le couvent des religieux chartreux du *Mont-Saint-Louis*, dit Regnault (Mont-Renaud) :

D'azur, à un saint Louis tenant de sa main dextre une main de justice et de sa senestre un septre royal, le tout d'or.

63. — Louis de la Fontaine, chevalier, seigneur d'Ollezy :

De sinople, semé de mouchetures d'hermines d'argent, et une barre de gueules, brochante sur le tout, chargée de deux bezans d'argent.

64. — Philipes de Samourotte, escuier, seigneur de Saint-Lazare :

D'azur, à un cigne d'argent sur une terrasse de sinople, senestré en chef d'une étoile d'or.

65. — Jean-François Bocquet, seigneur de Cangy, conseiller du roy, lieutenant particulier, assesseur criminel et premier conseiller au civil, au bailliage de Noyon :

D'azur, à une face d'argent, accompagnée en chef de deux étoiles d'or et en pointe de trois croissans d'argent mal ordonnez.

66. — Jeanne Le Droit, veuve de Jean-Baptiste Poitevin, capitaine des portes de la ville de Ham, a présenté l'armoirie qui porte :

D'argent, à un chevron de gueules, accompagné en chef de deux étoiles d'azur et en pointe d'un raisin au naturel, tigé de sinople.

67. — Anguerand de Colnet, escuier, sous-lieutenant des chasses de S. A. R. en la forêt de Laigue :

D'argent, à une main dextre de carnation coupée, les doigts repliez suportant un faucon au naturel, le tout acosté de deux branches de fougère de sinople, chacune courbée en demy cercle.

68. — Le prieuré de Saint-Amant lès-Machemont :

D'argent, à la figure de saint Amant de carnation, sur une terrasse de sinople, vêtu en évesque d'une aube d'argent, d'une dalmatique de gueules, d'une chape pluvialle d'azur doublée de gueules, ayant sur sa teste une mitre d'azur, suportant de sa main dextre une églize avec son clocher de sable, et tenant de sa main senestre une crosse d'or.

69.— Henry-François Des Fossez, seigneur de la Tour du Grand Rouy :

D'or, à deux lions adossez, passez en sautoir de gueules.

70.— Jeanne de Flavigny, damoiselle :

Echiqueté d'argent et d'azur, chargé en cœur d'un écusson de gueules, brochant sur le tout.

71.— N..... de Sons-Barizy, escuier, seigneur de Jussy en partie :

De gueules, à trois bandes d'argent, et un franc quartier d'azur, chargé d'un anil d'argent.

72.— La communauté des chapelains de l'églize cathédrale Notre Dame de Noyon :

D'azur, à un saint Nicolas d'or.

74.— Camil de Genovigny, prestre, chanoine et chancelier de l'églize cathédrale *Notre-Dame* de Noyon :

D'azur, à une enclume d'argent, surmontée en chef d'une rose de même.

75.— Samuel-Léon de Billy, chanoine de l'églize cathédralle Notre Dame de Noyon :

D'or, à un chevron de gueules, chargé de trois bezans d'argent, accompagné en chef de deux étoiles de gueules, et en pointe d'une rencontre de bélier de sable.

76.— Antoine Picard, prestre, bachelier, trézorier de l'églize cathédrale Notre Dame de Laon :

D'azur, à un lion d'or ; écartelé : d'azur, à un chevron d'or, chargé de trois étoiles d'azur, accompagné de trois glands d'or, deux en chef et un en pointe.

78.— Louis Vaillant, prestre, docteur de la maison et société de Sorbonne, chanoine et doyen de l'églize cathédrale de Noyon :

De sable, à trois testes de mort d'or, deux et une.

80.— Joseph Percheron, chanoine de l'églize cathédrale de Noyon, prieur de Saint-André de Néauphle-le-Château :

D'or, coupé émanché de gueules de quatre pièces.

81.— La communauté des religieuses *Ursulines* de Noyon :

D'azur, à un nom de Jésus-Maria d'or, sommé d'une croix au pied fiché et soutenu des trois clouds de la passion, apointez de même.

82.— Nicolas de Lorimier, chanoine de l'églize de Noyon :

D'argent, à un chevron d'azur, accompagné de trois merlettes de sable, deux en chef et une en pointe ; écartelé : de sable, à trois roses d'argent, deux et une, surmontées d'un lambel de même.

83.— La communauté des filles de la Sainte-Famille, dites les *Nouvelles Catholiques*, établies à Noyon :

D'azur, à un nom de Jésus d'argent, enfermé dans un cercle d'or, sur lequel sont écrits ces mots en caractères de sable : VIVE JÉSUS DANS LES FAMILLES.

84.— Pierre GOYER, prestre, archidiacre de l'églize de Noyon :

De gueules, à un chevron d'or, accompagné en chef de deux roses d'argent, dont les tiges de sinople, passantes derrière le chevron, vont aboutir à un croissant d'argent, qui est en pointe ; et un chef cousu d'azur, chargé de trois étoiles d'or.

85.— Florent WIART, chanoine de l'églize de Noyon :

D'azur, à un chesne arraché d'or, acosté en chef de deux étoiles de même.

86.— Charles de THÉIS, prestre, docteur en théologie, chanoine et escolastre de l'églize de Noyon :

D'azur, à trois moulins à vent d'or, deux et un.

87.— Antoine BRICE, chanoine de l'églize de Noyon :

D'azur, à un chevron d'or, accompagné de trois gerbes de même, deux en chef et une en pointe.

86.— Joseph ROUSSEAU, prestre, chanoine de l'églize de Noyon :

D'azur, à un chevron d'or, accompagné en chef de deux étoiles de même et en pointe d'un cigne d'argent.

89.— Pierre de CHILLY, prestre, chanoine de l'églize de Noyon :

D'argent, à une fleur de pensée au naturel, tigée de sinople, sur une terrasse de même ; et un chef d'azur, chargé de trois étoiles d'or.

90.— Simon de CHILLY, prestre, chanoine de l'église de Noyon :

Porte de même.

95.— Louis TUPIGNY, greffier en chef au bailliage royal de Ham :

D'argent, à un arbre de sinople, terrassé de même, posé au côté senestre, chargé sur son feuillage d'une pie au naturel dans son nid, adextré en chef d'un soleil d'or et en pointe d'un fuzil de sable, posé en barre, tirant contre la pie.

96.— Philipes REGNAULT, escuier, seigneur de Lysladon, prévost des maréchaux de Noyon :

D'azur, à un chevron d'or, accompagné de trois coquilles d'argent, deux en chef et une en poiute.

97.— Charlotte de BLOTFIÈRE (Blottefière), veuve de Joseph de CARVOISIN, chevalier, seigneur de Buverchy, a présenté l'armoirie, qui porte :

D'or, à une bande de gueules, et un chef d'azur.

98.— Louis-François de MALOISEL, escuier, seigneur de Gauvry, lieutenant de cavallerie au régiment du Bordage :

Echiqueté d'or et d'azur de trois traits, et une champagne d'azur, chargée d'un lion passant d'or, lampassé de gueules.

99.— Jean DU ROYER de Bournonville, chevalier, seigneur de Savrienois et autres lieux :

Gironné d'or et d'azur de huit pièces, chargées d'autant d'écussons de l'un en l'autre, posez en cercle, et un grand écusson de gueules posé en cœur.

100.— Louis CUVILLIERS, prestre, chanoine de l'églize cathédrale de Noyon :

De gueules, à un chevron d'argent, accompagné de trois demi vols d'argent, deux en chef adossez, et un en pointe; et un chef cousu d'azur, chargé de trois étoiles d'or.

101.— Marie-Anne de WOLBACQ, veuve de François de BROUILLY, gentilhomme de la Chambre du roy, a présenté l'armoirie qui porte :

D'azur, à une face d'argent.

104.— Le *Séminaire* de Noyon :

D'azur, à une représentation de Notre-Seigneur d'or.

105.— Daniel VASSAT, prestre, chanoine de l'églize cathédrale Notre-Dame de Noyon :

D'azur, à trois épis de froment d'or, deux et un; et un chef cousu de gueules, chargé de trois étoiles d'argent.

107.— Le couvent de *Sainte-Croix* de Chauny :

D'azur, à une croix d'or; l'écu semé de fleurs de lis d'argent.

108.— Simon de HAGUES, conseiller du roy, avocat et procureur de Sa Majesté au bailliage et prévosté royale de Chauny :

D'azur, à une face d'argent, chargée d'un croissant de gueules, accompagnée en chef de deux étoiles d'or et en pointe d'une molette d'argent.

109.— Simon de HAGUES, conseiller du roy, lieutenant en la maîtrize des eaues et forests de Chauny :

Porte de même.

110.— Jacques BELIN, avocat en parlement, président juge des traites foraines par commission :

D'azur, à un chevron d'argent, accompagné en chef de deux étoiles d'or, et en pointe d'une gerbe de bled de même.

111.— Charlotte BIGOT de Paris, veuve de Thomas GALAND, escuier, a présenté l'armoirie qui porte :

De sable, à trois testes de léopards d'or, deux en chef et une en pointe.

112.— Valerand de PIQUET, escuier, sieur de Gumont :

D'argent, à trois cannettes de sable, deux et une.

115.— Vincent MARTIN, prestre, chanoine de l'églize de Noyon :

D'argent, à trois merlettes de sable, deux et une.

116.— La communauté des religieuses cordelières de *Sainte-Claire* de Chauny :

D'or, à une représentation de sainte Claire de sable, accompagnée de fleurs de lis sans nombre de même.

123.— Antoine de GUELDROP, escuier, sieur d'Honnecourt :

De gueules, à un lion d'argent, accompagné de sept étoiles d'or, trois de chaque côté posées en pal, et une en pointe.

125.— André SPROC, conseiller du roy, assesseur en la mairie de Ham :

D'argent, à trois lettres A. S. P. de sable.

126.— Louis BELLOT, conseiller du roy, commissaire aux reveües des troupes, et greffier de la ville de Ham :

D'argent, à quatre lettres L. L. B. B. de sable.

127.— Joseph LE LONG, greffier des rolles de la ville de Ham :

D'argent, à trois lettres J. L. L. de sable.

129.— Nicolas HARDY, prestre, chanoine et sous-chantre de l'églize de Noyon :

D'azur, à un coq d'or, posé sur un tertre de sinople, crété et barbé de gueules, regardant une étoile d'or posée au côté dextre du chef.

131.— Jacques LANGLOIS, escuyer, seigneur de Brouchy :

De gueules, à deux chevrons d'argent, accompagnez de trois trèfles d'or, deux en chef et une en pointe.

132.— Jean SÉZILLE, seigneur du Buhat, conseiller du roy au bailliage de Noyon, garde de scel d'iceluy et des contracts des actes des notaires :

D'azur, à un chevron d'or, accompagné en chef de deux roses d'argent, et en pointe d'une coquille de même.

133.— Philipes SÉZILLE, prestre, chanoine de l'églize cathédrale Notre-Dame de Noyon :

Porte de même.

134 *bis*.— Louis de MONGUYOT, chevalier, seigneur de Cambronne et autres lieux, et Catherine AUBÉ, son épouze :

D'azur, à une palme d'argent posée en pal, accostée de deux clefs confrontées d'argent, accompagnée en pointe de trois coquilles d'or; *acolé :* de gueules, à huit lozanges d'argent posées en croix.

138.— Charles Garde, l'aisné, avocat en parlement :

D'azur, à un chevron d'or, chargé de trois molettes de sable, accompagné en chef d'un croissant d'argent, acosté de deux testes de lion arrachées et affrontées de même, et en pointe d'un poignard aussy d'argent, acosté de deux palmes confrontées de même.

142.— François du Passage, chevalier, seigneur de Caillouel en partye, de Crespigny et Bethencourt de Vaux :

De sable, à trois faces ondées d'or.

155.— François-Saincterre Vernay de Montjournal, prestre, chanoine de l'églize de Noyon :

D'azur, à un chevron d'argent, accompagné de trois vers à soie passans d'or, deux en chef et un en pointe; et un chef aussy d'or, chargé d'une étoile de sable; écartelé d'or, à un lion de sable, couronné de même, lampassé et armé de gueules.

LAON

SUIVANT L'ORDRE DU REGISTRE PREMIER

177.— Gabriel du Fay d'Athy (d'Athies), chevalier, seigneur de Bray, conseiller du roy, maître des eaues et forests de la maîtrize de Coucy :

D'argent, semé de fleurs de lis de sable ; écartelé de sable, semé de fleurs de lis d'or, à un lion naissant de même ; et sur le tout : d'azur, à trois faces d'argent, et une bande de gueules, brochante sur le tout.

178.— Jean-Louis, chevalier, comte de Joyeuse, seigneur de Vaupé (Grandpré ?) et autres lieux :

Palé d'or et d'azur, de six pièces, à un chef de gueules, chargé de trois hidres d'or; écartelé d'azur, un lion d'or et à une bordure de gueules, chargée de fleurs de lis d'or.

179.— Marie-Anne Vaillant, épouze de Bonnaventure Le Clerc, président et lieutenant général au bailliage et siége présidial de Laon :

D'argent, à trois testes de mores de sable, chacune, acolée d'argent, deux et une.

180.— Feu Charles du Fay d'Athy, escuyer, seigneur de Bray et autres lieux, suivant la déclaration de Claude de Fère, sa veuve, portoit :

D'argent, semé de fleurs de lis de sable; écartelé de sable, semé de fleurs de lis d'or, et un lion naissant de même; et sur le tout : d'azur, à trois faces d'argent et une bande de gueules brochante par dessus.

181.— François PETRÉ, escuier, seigneur de Viney (Vinets), gentilhomme ordinaire de Monsieur :

D'argent, à cinq mouchetures d'hermines de sable, posées trois et deux.

183.— Annibal-Alexandre de HÉRICOURT, escuier, seigneur de Beaurepas :

D'argent, à une croix de gueules, chargée de cinq coquilles d'argent.

184.— Bernard de HEURTEBIZE, escuier, seigneur de Rogécourt :

D'argent, à trois faces de gueules, chacune suportant trois loups passans de sable.

185.— Marie-Françoize BRANCHE, épouze de Jean-Antoine LE CARLIER, escuier :

D'azur, à un chevron d'or, accompagné de deux coquilles d'argent, et en pointe d'un croissant de même.

187.— Marie DANYE, veuve de Claude de FROIDEUR (Froidour), escuier, procureur du roy au bailliage et à la maîtrize des eaues et forests de la Ferre (Fère), a présenté l'armoirie qui porte :

D'azur, à trois lions d'or, deux et un.

188.— Le couvent des religieux de l'abaye de *Bucelly* :

D'azur, à deux clefs d'argent, adossées et passées en sautoir, accompagnées de deux fleurs de lis de même, une en chef et l'autre en pointe, et de deux moitiées de fleurs de lis, posées une à chaque flanc, aussy d'argent.

189.— Jacques de FLAHAULT, escuier, sieur de Cardonnault :

D'argent, à trois molettes (merlettes) de sable, deux en chef et une en pointe.

190.— Armand-Charles d'ANGLEBERMER, chevalier, seigneur de Lagny :

D'azur, freté d'or.

191.— La ville de *La Fère* :

Facé de six pièces, trois de vair et trois d'or.

192.— Louis DENIS, escuier, prestre, doyen du chapitre de Rozoy-en-Thiérache :

D'or, à une face de gueules.

193.— Adam GRAVADEL, conseiller du roy, receveur des tailles de l'élection de Laon :

De sinople, à trois faces d'argent; un écusson aussy d'argent brochant sur les faces, chargé d'une croix ancrée de gueules, cantonnée de quatre étoiles de sinople.

194 *bis*.— Charles de Bezannes, chevalier, seigneur de Prouvay, de Nesle et du Mesnil, et Clémence Marquette, son épouze :

D'azur, semé de bezans d'or, à un lion d'argent, lampassé et armé de gueules brochant sur le tout; *accolé* : d'argent, à trois cannettes de sable, deux et une, et chacune posée sur un tertre de sinople; et un chef de gueules, chargé d'un cigne d'argent.

195 *bis*.— Michel-Raymond d'Hervilly, chevalier, seigneur de Sons, Houssel, Dury, Sommet et Lavenne, et Catherine de Ronty, son épouze :

De sable, semé de fleurs de lis d'or; *acolé* : d'argent, à une bande de gueules, chargée de trois bezans d'or.

196.— Charles Du Chesne, chevalier, seigneur de Charmes et de Verpelley (Verpillière), maître des eaux et forests de La Ferre :

D'or, à une fleur de lis d'azur, suportée par deux lions affrontez de gueules, posez chacun sur une terrasse de sinople.

197.— Jean-Baptiste Denis, cadet au régiment de Toulouze :

D'or, à une face de gueules.

198.— Benjamin de Chartogne, escuier, seigneur d'Arsonville :

De gueules, à cinq annelets d'or posez en sautoir.

199.— Charles Delaire (de Laire), escuier, sieur de Bugny :

D'azur, à un aigle, le vol abaissé d'or, cotoyé de deux croix haussées d'argent.

200.— Marie-Françoise de Forestier, veuve de François de Gorgias, escuier, seigneur d'Espourdon, a présenté l'armoirie qui porte :

De gueules, à trois champignons d'or, deux en chef et l'autre en pointe.

201.— Emanuel de Proisy, chevalier, marquis de Marfontaine, seigneur dudit lieu, Rogeoy (Rozoy), La Capelle par indivis avec Sa Majesté et autres lieux :

De sable, à trois lions d'argent, armez et lampassez de gueules, deux en chef et l'autre en pointe.

202.— Daniel Coulon, conseiller du Roy et son procureur au grenier à sel de Cormicy :

D'azur à une colombe d'argent, et un chef d'or, chargé de trois bombes de gueules enflammées de même.

203.— Gabriel de La Fontaine, escuier, seigneur de Lislet :

De gueules, à une face d'or, brizée en chef d'un lambel d'argent.

204 *bis*.— Louis de Hanoque de Givry, chevalier, seigneur d'Anisy, et Madelaine-Dianne de Rouvroy, son épouze :

D'argent, à trois loups cerviers, rompans de sable, deux en chef affrontez et un en pointe; *acolé* : de sable, à une croix d'argent, chargée de cinq coquilles de gueules.

205.— Madeleine DESFOSSEZ (des Fossés), épouze de Gabriel-Dominique de LA SIMONNE, escuier, seigneur de Saint-Pierre :

De sinople, à deux lions adossez et passez en sautoir d'argent, lampassez et et armez de gueules.

206.— Claude-Louise de CAUREL, veuve de Philipes de GRANDMONT, (Grammont), seigneur d'Erlon, a présenté l'armoirie qui porte :

D'azur, à trois bustes de reines d'argent, couronnées à l'antique d'or, et posées deux et une.

207.— Armand LE MERCIER, prestre, chanoine de Rozoy :

D'or, à trois croissans armez et renversez d'azur, mal ordonnez, un en chef et deux en pointe; chacun enfermant une rose de gueules boutonnées d'or.

208.— Ferdinand de LAGE, escuier, sieur de Vaidresse :

De sinople, à une épée d'or posée en pal, traversant un croissant de même en chef, et acostée en face de deux molettes aussy d'or.

210.— Jean de PASTOUREAU, escuyer, seigneur de Lambercy :

D'azur, à un chevron d'argent, accompagné en chef de deux étoiles d'or, et en pointe d'une coquille de même.

211.— Philipes-François de MONJOT, escuier, seigneur de Cambronne :

D'azur, à trois trefles d'argent, deux en chef et un en pointe.

212.— Bernard-Gabriel de PASTOUR, chevalier, seigneur de Sernay (Servais) :

D'azur, à trois cloches d'or, bataillées de même, deux et une.

213.— Michel d'ABANCOURT, espouze de François-Annibal du MERLE :

D'azur, à un aigle d'or, le vol abaissé, langué et onglé de sable.

215.— Jean-Charles MARQUETTE, conseiller et avocat du roy au bailliage et siége présidial de Laon :

D'azur, à une face d'argent, accompagnée en chef d'une étoile d'or et en pointe de trois merlettes de même, posées deux et une.

216.— Claude-Bernard de RIVÉ, escuier, seigneur de Blanchecourt :

De gueules, à une croix ancrée d'argent.

217.— Charles de LA LOERE, bachelier en Sorbonne, chanoine de l'églize de Laon, et chapelain de Madame la Dauphine :

D'or, à un chevron d'azur, accompagné de trois tréfles de même, deux en chef et l'autre en pointe.

218.— Madelaine de LA BERQUERIE, veuve de Louis de CUGNIÈRE, a présenté l'armoirie qui porte :

D'azur, à trois étoiles d'or, deux en chef et une en pointe.

219. — Claude de MAILLY, veuve de Louis de ROUCY, chevalier, seigneur de Soissonne (Sissonne) :

D'or, à trois maillets de sinople, deux et un.

220. — Jean de MUSSAN, escuier :

D'azur, à trois faces d'or, et une hache d'arme de même, mise en bande, brochante sur le tout.

221. — Jean du QUESNET (Quennet), escuier, sieur d'Avez :

D'or, à une hache de sable, accompagnée en chef de deux molettes de même.

222. — Raymond DU CHESNE, prestre, chanoine de Notre-Dame de Laon :

D'argent, à un chevron haussé de gueules, accompagné en pointe d'un chesne de sinople sur une terrasse de même.

223. — François DUSART (du Sart), chevalier, seigneur de Chaumont et autres lieux :

De gueules, à une bande vivrée d'argent.

224. — Feu Jean GÉRAULT, bourgeois de Laon, suivant la déclaration de Marie-Françoise CROCHART, sa veuve :

D'argent, à un hidre (hydre) de sinople.

225. — Jean-Baptiste HUGO, notaire royal :

D'azur, à une flèche posée en pal la pointe en bas d'argent, empennée de gueules, entourée d'un serpent d'or, lampassé de gueules.

227. — Claude BUGNATRE, conseiller du roy au bailliage et siége présidial de Laon :

De gueules, à deux roses d'argent posées en chef, et un cœur d'or en pointe.

228. — Jean-Baptiste-Cosme ROUSSEAU, escuier, chanoine de Notre-Dame de Laon :

D'azur, à une face ondée d'argent, accompagnée de trois rouës de même, deux en chef et une en pointe.

229. — Nicolas JOUET, prestre, chanoine de Notre-Dame de Laon :

D'azur, à un bras de carnation, mouvant de l'angle dextre de la pointe, tenant une épée d'argent, acostée en chef de deux dauphins adossez d'or.

230. — Feu Jean MERELESSART, escuier, seigneur de Missy, suivant la déclaration de Françoise-Elisabeth LE CARLIER, sa veuve, portoit :

D'or, à trois bandes d'azur ; écartelé : d'or, à trois molettes de gueules.

231. — Antoine DAGNEAU, conseiller du roy au bailliage et siége présidial de Laon :

D'azur, à deux lions affrontez d'or en chef, et un agneau de même, passant en pointe.

232.— Pierre Chevalier, conseiller du roy, lieutenant assesseur au bailliage et siége présidial de Laon :

D'azur, à une teste et et col de licorne coupée d'argent, et un chef cousu d'azur, chargé de deux palmes d'or, passées en sautoir.

233.— Feu André Le Leu, avocat en parlement, suivant la déclaration de Marie-Claude Gérault, sa veuve :

D'azur, à un aigle s'essorant d'or, tenant en son bec un rameau d'olivier de sinople, et regardant trois rayons de soleil d'or, mouvants de l'angle dextre du chef.

234.— Claude Le Leu, docteur de Sorbonne, chanoine de Notre-Dame de Laon :

Porte de même.

235.— Simon Le Leu, avocat en Parlement :

Porte de même.

236.— Antoine Le Leu, bachelier en théologie, chanoine de Notre-Dame de Laon :

Porte de même.

237.— André-Remy Le Leu, prestre, curé de la Neuville sous Laon :

Porte aussy de même.

238.— Jacques Bailleu, conseiller du roy au bailliage et siége présidial de Laon :

D'azur, à un chevron d'or, accompagné de deux étoiles en chef et d'un croissant de même en pointe.

239.— Feu Louis Vauquet, président en l'élection de Laon, suivant la déclaration de Jeanne Marquette, sa veuve, portoit :

D'azur, à un chevron d'or, accompagné de trois croissans d'argent, deux en chef et un en pointe.

240.— Louis Vauquet, prestre, chanoine de l'églize collégiale de Saint-Pierre de Laon :

Porte de même.

241.— Estienne-Nicolas Villette, prestre, docteur de Sorbonne, chanoine de Notre-Dame de Laon :

D'azur, à une ville d'argent, surmontée de trois étoiles d'or, rangées en chef.

242.— Jacques du Testu, escuier, seigneur de Cury (Cuiry) en partye :

D'azur, à une face en devise d'argent, accompagnée en chef de trois étoiles rangées, surmontées d'un croissant, et en pointe de trois fleur de lis au pied noury, posées deux et une, le tout d'argent.

243.— Jean Blondel, chanoine de Laon :

D'argent, à une bande de sable, accompagnée d'une queue de poisson de gueules, mouvante du chef à senestre, et en pointe de trois fers de lance de même rangez en pal.

244.— Nicolas Aubert, conseiller du roy, receveur du grenier à sel de Laon :

D'azur, à deux abeilles d'or rangées en chef, et en pointe un croissant de même.

245.— Feu Claude de Flavigny, escuier, sieur de Ribauville, suivant la déclaration d'Anne de Mauprime (Mauprivé ?), sa veuve :

Échiqueté d'argent et d'azur.

246.— Jean le Doulx, prestre, chanoine de Notre-Dame de Laon :

Échiqueté d'argent et de gueules.

247.— Feu Claude Le Clerc, conseiller du roy, président et lieutenant général au baillage et présidial de Laon, suivant la déclaration de..... Tronchot, sa veuve, portoit :

D'azur, à une ancre d'argent, embrassée ou accollée d'une givre ou serpent d'or, lampassé de même.

248.— Philipes de Fama, prestre, chanoine de l'églize cathédrale de Notre-Dame de Laon :

D'azur, à un vol d'argent, surmonté de trois étoiles d'or.

249.— Claude Gallien, prestre, chanoine de Notre Dame de Laon :

D'azur, à un gallion d'argent.

250.— Charles Cotte, prestre, chanoine de Notre Dame de Laon :

De sable, à une cotte d'armes d'argent, accompagnée de deux roses, et en pointe d'un croissant de même ; parti : d'argent, à une cannette de sable.

251.— Charles-Antoine Le Carlier, prestre, doyen de l'églize collégiale de Saint-Pierre-au Marché de Laon :

D'azur, à un chevron d'or, accompagné de trois roses d'argent, deux en chef et l'autre en pointe.

252.— Claude Blanchart, prestre, chanoine de l'églize collégiale de Saint-Pierre de Laon et chapelain de l'églize cathédrale de Notre Dame de Laon :

D'azur, à un calice d'or.

253.— Louis Varlet, prestre, chanoine de Notre Dame de Laon :

D'azur, à un chevron d'or, accompagné en chef de deux trefles de même, et en pointe d'un croissant d'argent qui est surmonté d'une croix d'or ; et un chef de même chargé de trois étoiles de gueules et soutenu d'argent.

254. — Jean-Louis VARLET, chanoine de Notre Dame de Laon :

Porte de même.

255. — Jacques MAUCLERC, prestre, chanoine de Notre-Dame de Laon :

D'azur, à une face d'argent, accompagnée de trois treffles de même, deux en chef et l'autre en pointe.

256. — Charles BARILLY, prestre, chanoine de l'églize cathédrale de Laon :

De gueules, à un griffon d'or.

257. — Nicolas CUVIER, bachelier en théologie et chanoine de Notre Dame de Laon.

D'azur, à un chifre d'argent, accompagné en chef de festons et en pointe de deux palmes en sautoir de même.

258. — Nicolas PHILIPES, chanoine de Notre Dame de Laon :

D'azur, à un chifre de lettres entrelassées d'or, accompagné en pointe de deux palmes de même passées en sautoir.

259. — Madeleine de RONTY, épouse de François de NOUX (Noue), escuier, seigneur de Brisset (Brissy ou Brissay) :

D'argent, à une bande de gueules, chargée de trois bezans d'or.

260. — Paul BOSCHET, prestre, chanoine de l'églize cathédrale de Laon :

D'argent, à un cerf de sable, passant devant un arbre arraché de sinople, posé en pal.

261. — Le corps des officiers du *Bailliage* et siége présidial de Laon :

D'azur, à un soleil d'or.

262. — Pierre Antoine BUGNIATRE, prestre, chanoine de l'églize cathédrale de Laon :

De gueules, à deux roses d'argent rangées en chef et un cœur d'or en pointe.

263. — HAGUENIN, prestre, chanoine de Notre Dame de Laon :

D'azur, à trois bezans d'or, deux et un.

264. — Jean LEFEBVRE, prestre, chanoine de Notre Dame de Laon :

D'azur, à une face d'argent, accompagnée en chef de trois étoiles d'or, et en pointe de trois cosses de fèves de même apointées.

265. — Adrien MIGNOT, prestre, doyen de l'églize cathédrale Notre Dame de Laon :

D'azur, à une croix patée d'or.

266.— Zacharie Lefebvre, prestre, curé et chanoine de Saint-Julien de Laon :

D'azur, à une face haussée d'argent, accompagnée en chef de trois étoiles rangées, et en pointe de trois cosses de fèves de même, apointées et mouvantes de la pointe.

267.— Ely Devriencour (Driencourt ?), conseiller du roy, contrôleur au grenier à sel de Laon :

D'azur, à un chevron d'or, accompagné de trois étoiles de même, deux en chef et une en pointe.

268.— Antoine Pellerin, prestre, chanoine de Saint-Julien et Sainte-Geneviève et chapelain de Notre Dame de Laon :

D'azur, à un chevron d'or, accompagné en chef de étoiles de même, et en pointe d'une coquille d'argent.

270.— Louis-François Camus, président, lieutenant général civil et criminel au bailliage de La Fère et comté de Marle :

D'argent, à deux colombiers de gueules, pavillonnez de même, sur une terrasse de sinople, entre lesquels est posé un échiquier d'azur et d'argent, surmonté d'un chevron d'azur ; le chevron accompagné de trois merlettes de sable, deux dessus et une dessous.

271.— Robert Beffroy, conseiller et avocat du roy au bailliage de La Fère :

De sable, à un lion d'argent, lampassé et armé de gueules.

272.— François Pioche, conseiller et procureur du roy au bailliage de La Fère :

D'azur, à un chevron d'or, surmonté d'une croisette de même et accompagné en chef de deux étoiles d'argent et en pointe d'un croissant de même.

273.— Louis Tilorier, prestre, chanoina de Notre-Dame de Laon :

D'argent, à un chevron de gueules, sommé d'une croisette de même, et accompagné de trois branches de laurier de sinople, posées en pal, deux en chef et une en pointe.

275.— Pierre Guiart, prestre, chanoine de Notre-Dame de Laon :

D'azur, à un agneau pascal d'argent, portant une croix d'or.

276.— Nicolas Lefebvre, conseiller du roy en la prévosté de Laon :

D'azur, à une face haussée d'argent, accompagnée en chef de trois étoiles d'or, et en pointe de trois cosses de fèves apointées et mouvantes de la pointe de l'écu de même.

277.— Adrian Bugniatre, escuier, conseiller du roy au bailliage et siége présidial de Laon et assesseur en la maréchaussée dudit Laon :

De gueules, à deux roses d'argent en chef, et un cœur d'or, posé en pointe.

278. — Cézar Le Carlier, escuier, seigneur de Pargnan :

D'or, à un lion de sable, lampassé et armé de gueules; parti : de sable à une roue d'or.

279.— Marc-Antoine Rasset, commissaire en la maréchaussée de Laon :

De gueules, à un chifre composé des lettres R. A. S. E. T., posées en face et chargées d'une S à contresens brochant sur les autres lettres d'argent, accompagné d'une rose de même, acostée de deux étoiles d'or, et en pointe de deux palmes de même, posées en sautoir.

280.— Jean Liénart, chanoine de l'églize cathédrale Notre-Dame de Laon :

D'azur, à un chevron d'or, accompagné en chef d'un croissant renversé d'argent, et en pointe d'une étoile de même.

281.— François Jourdieu, greffier en chef du bailliage de La Fère et comté de Marles, de la maitrize des eaues et forests desdits lieux et de Saint-Quentin :

D'azur, à un chevron d'or, accompagné de trois merlettes, deux en chef et une en pointe de même.

282.— Claude de Labre, avocat en parlement et greffier des eaues et forests de Laon :

D'argent, à un chesne de sinople, sur une terrasse de même, accompagné en chef de deux étoiles de gueules.

283.— Nicolas de Lettre, chanoine de Notre-Dame de Laon :

D'argent, à deux palmes de sinople, passées en sautoir.

284.— Jean-Richard d'Assonville, prestre, chanoine de Notre-Dame de Laon :

De sable, à un chevron haussé d'or, accompagné en chef de deux étoiles de même, et en pointe d'une ville d'argent.

285.— Pierre Marchand, prestre, chanoine de Notre-Dame de Laon :

D'azur, à une face d'argent.

286.— Jean-Baptiste de Louen (Louan?), escuier, sous-diacre et chanoine de l'églize cathédrale de Notre-Dame de Laon :

D'argent, à trois testes de loups arrachées de sable, lampassées de gueules, deux et une.

287.— Antoine de La Campagne, contrôleur en la maréchaussée de Laon :

D'azur, à un chevron d'or, accompagné en chef de deux étoiles d'argent, et en pointe d'un croissant de même, qui est soutenu d'une riviére aussy d'argent, sur une terrasse de sinople.

288. — Ived Aubert, prestre, chanoine de Notre Dame de Laon :

De sable, à un chien rampant d'argent, acolé de gueules.

289. — Louis Maynon, prestre, chanoine de Notre-Dame de Laon :

D'argent, à un arbre de sinople.

290 — Henry Maynon, chanoine de Notre Dame de Laon :

Porte de même.

291. — Louis Lespicier, prestre, chanoine et chantre de l'églize cathédrale Notre-Dame de Laon :

D'azur, à un chevron d'or, accompagné en chef de deux étoiles et en pointe d'une rose de même.

292. — . . . . Goujart, prestre, chanoine de Notre Dame de Laon :

D'or, à un chevron d'azur, chargé de trois étoiles d'argent, surmonté de deux tourterelles affrontées de sable, et accompagné en pointe d'une rose de gueules, tigée de même.

293. — Noel de May, prestre, chapelain de l'église cathédrale Notre Dame de Laon :

D'argent, à un may ou pin arraché de sinople, fruité de quatre de ses pommes d'or.

294. — Jean Lespicier, prestre, chanoine de Notre Dame de Laon :

D'azur, à un chevron d'or, accompagné en chef de deux étoiles et en pointe d'une rose de même.

295. — Charles de Bechon, escuier, seigneur de Bussu, capitaine de grenadiers du régiment de Mouchy :

D'azur, à un bras senestre d'or, sortant d'une nuée d'argent, mouvante du flanc dextre, tenant une épée d'argent, périe en pal, adextré en chef d'une étoile d'or et senestré en pointe d'un lion de même, lampassé et armé de gueules.

296. — Estienne Godaut, conseiller du roy et son procureur en l'hostel de ville de La Fère :

D'or, à un quatre de chifre d'azur, le pied ouvert en chevron, entrelassé avec un V aussi d'azur, et acosté des deux lettres E et G de même.

297. — Estienne Le Clerc, conseiller du roy, président au siége présidial de Laon :

D'azur, à une ancre d'argent, acolée d'un serpent d'or.

298 — Nicolas Pioche, conseiller du roy, lieutenant général en la Maîtrize des eaues et forest, de la Fère, Marle et Saint-Quentin :

D'argent, à un chevron de gueules, chargé sur la pointe d'une roze d'or et accompagné de trois canettes de sable, alumées et membrées de gueules, posées deux en chef et une en pointe ; le tout surmonté d'une aiguille de boussolle de gueules, couchée en chef.

299.— Antoine GÉRAULT, prestre, chanoine de Notre-Dame de Laon :

D'argent, à un hidre (hydre)de sinople.

300.— Antoine VINCENT, distributeur en titre du papier et parchemin timbré de Laon :

D'argent, à deux cœurs de gueules, liez ensemble d'un lien de sable et soutenus d'une foy de carnation.

301.— Rénée-Louize de GUISLAIN de la Barre :

D'azur, à un chevron d'or, accompagné en chef de deux molettes et en pointe d'une merlette de même.

302.— Jean-François de NOUE, escuier, seigneur de Villers-en-Prières :

Echiqueté d'argent et de gueules.

303.— Joseph de NOUE, escuier, seigneur de Villers-en-Prières (Prayeres):

Porte de même.

304.— François LE CLERC, contrôleur des deniers patrimoniaux de la Ville de Laon :

De gueules, à trois croissans d'argent, deux en face adossez, et un en pointe le tout surmonté d'une étoile d'or posée au milieu du chef.

305.— Jacques CHARPENTIER, chanoine de Notre Dame de Laon :

D'argent, à une hache de sable, posée en pal.

306.— Remy DANY (Danye), conseiller du roy, maire perpétuel de la ville de La Fère :

D'azur, à un chevron d'or, accompagné en chef de deux croissans d'argent et en pointe d'une rose de même.

307.— Hubert AUGER, prestre, chanoine de Notre Dame de Laon :

Bandé d'or et de sinople de quatre pièces.

308.— François TAVERNIER, conseiller du roy, assesseur en la ville et communauté de La Fère :

D'azur, à un épi de bled d'or, acosté de deux gerbes de même, sur une terrasse de sinople ; chaque gerbe surmontée d'une étoile d'or.

309.— Lambert DE LATRE, conseiller du roy, assesseur de la ville et communauté de La Fère :

D'argent, à trois merlettes de sable, deux et une, et un chef d'azur, chargé de trois étoiles d'or.

310.— Claude Carré, conseiller du roy, assesseur de la ville et communauté de la Fère :

D'or, à un vaze d'azur, garni de fleurs au naturel, et un chef d'azur, chargé de trois étoiles d'argent.

311.— Jean-François Dorigny (d'Origny), greffier de l'hostel de ville de La Fère :

D'azur, à un chevron d'or, accompagné de trois chandeliers de table d'argent, deux en chef et un en pointe, celuy-ci soutenu d'une cannette de même; et un chef cousu de gueules, chargé de trois étoiles d'argent.

312.— Philipes de Gomont, prestre, chanoine de Notre Dame de Laon :

D'azur, à un chevron d'or, accompagné en chef de deux trèfles, et en pointe d'une rose de même.

313.— Charles Bailleu, bourgeois de Laon :

D'azur, à un chevron d'or, accompagné en chef de deux étoiles, et en pointe d'un croissant de même.

314.— Jean-Baptiste Bailleu, prestre, chanoine de Notre Dame de Laon :

Porte de même.

315.— Nicolas Charlier, prestre, chanoine de Notre Dame de Laon :

D'argent, à trois clouds de la passion de gueules, posez en pal, deux et un.

316.— Antoine le Voirier, prestre, chanoine de Notre-Dame de Laon :

D'azur, à un chevron d'or, accompagné en chef de deux roses, tigées de même, et en pointe d'un lion contourné d'argent, lampassé de gueules.

317.— Estienne le Voirier, prestre, chanoine de Notre Dame de Laon :

Porte de même.

318.— Félix Monseignat, prestre, chanoine de Notre Dame de Laon et secrétaire de Monsieur l'évesque et duc de Laon :

D'azur, à un cigne d'argent, sur une motte de même, surmonté de trois étoiles d'or, rangées en chef.

319.— Jean Viellard, chanoine de Notre Dame de Laon :

D'argent, à un chevron d'azur, surmonté d'une croix de Loraine de sinople, accompagné en chef de deux palmes et en pointe d'un lion de même.

321.— Pierre de Launay, escuier, seigneur du Valloir (Valloires) :

De gueules, à trois coquilles d'or, deux et une.

322.— Feu Henry-Jacob de Conflans, chevalier, seigneur de Fay, suivant la déclaration de Charlotte Petré, sa veuve :

D'azur, semé de billettes d'or, à un lion de même brochant sur le tout.

323.— Jean de LA FAYOLLE, chanoine de Notre Dame de Laon :

D'azur, à un pal d'or.

324.— Jean-Charles LAURENT, chanoine de l'églize Notre-Dame de Laon :

D'argent, à une main de carnation, mouvante du bas du flanc dextre, tenant trois roses de gueules, tigées et feuillées de sinople.

325.— Nicolas BERTRAND, prestre, chanoine de l'églize cathédrale de Notre Dame de Laon :

D'azur, à la barre d'or, cotoyée en chef d'un croissant, et en pointe d'une givre de même.

326.— Nicolas de FRANCE, prestre, chanoine de Notre Dame de Laon :

D'azur, aux trois mots de JESUS, MARIA, JOSEPH, escrits en lettres d'or, l'un sur l'autre, enfermez dans une couronne d'épines de même.

327.— Raoul de FRANCE, prestre, chanoine de l'églize cathédrale de Laon :

D'azur, aux trois mots de JESUS, MARIA, JOSEPH, écrits en lettres d'or, l'un sur l'autre, enfermez dans une couronne d'épines de même.

328.— Laurent MARTEAU, chanoine de l'église de Notre Dame de Laon :

De gueules, à une face d'argent, chargée de trois merlettes de sable.

329.— Louis PHILIPES, procureur du roy des traites foraines de cette ville :

D'or, à un chevron de gueules, chargé sur la pointe d'un croissant d'argent, et accompagné de trois glands de sinople, tigez de même, deux en chef et un en pointe ; chaque gland senestré d'une olive de même, avec laquelle il est lié d'un neud de gueules ; et un chef d'azur, chargé de trois étoiles d'or.

330.— Le chapitre de *Saint Montain* de La Fère :

D'argent, à un Saint-Antoine de carnation, vêtu de sable, sur une terrasse de sinople, tenant de sa main dextre un livre ouvert d'argent, écrit de sable et de sa main senestre un chapelet d'or.

331.— Le couvent de la Chartreuze du *Val Saint Pierre* :

De gueules, à un tabernacle soutenu de trois colonnes d'or, dans lequel est la figure de la sainte Vierge à dextre d'argent et de saint Pierre de même à senestre, accompagnez en pointe de deux clefs adossées et passées en sautoir d'argent, surmontez d'une fleur de lis d'or ; et une bordure de même, chargé de ces mots en caractères de sable : SIGILLUM MAGNUM CARTUSIÆ VALLIS SANCTI PETRI.

332.— Marie-Simonne LE CARLIER, veuve d'Antoine de LAMER, conseiller du roy, lieutenant particulier au bailliage et siége présidial de Laon, a présenté l'armoirie qui porte :

D'azur, à un chevron d'or, accompagné en chef de deux étoiles de même, et en pointe d'un croissant d'argent.

333. — René Gerbault, sieur de Boislechel, bourgeois de Laon :

D'argent, à un chef-pal d'azur, le pal chargé de trois molettes d'or.

334. — Claude de Signier, seigneur de Marly :

D'argent, à six testes d'aigles arrachées de sable, le bec ouvert, posées trois, deux et une.

335. — Daniel Roger, maire perpétuel de la ville de Marle :

D'azur, à un chevron d'argent, accompagné de trois poissons apelez rougets de même, posez en face, deux en chef et un en pointe.

336. — Anne Colnet, veuve de Félix de Grenot, escuier, sieur de Flin, a présenté l'armoirie qui porte :

D'azur, à une main dextre de carnation, sortant d'une nuée mouvante du flanc senestre de la pointe, tenant une plante de blé de trois épis d'or, et une allouette posée sur l'épy du milieu et le becquetant, acostée de deux étoiles, le tout d'or.

337. — Charles-André d'Espinoy, escuier :

D'azur, à trois bezans d'or, posez en bande.

338. — Catherine Rasset, veuve de Claude Aubin, conseiller au présidial de Laon, a présenté l'armoirie qui porte :

D'azur, à un chifre d'or.

339. — Charles Emanuel de Mandy, grand bailly de Coucy, et capitaine des chasses de Folambray :

D'argent, à quatre pals de gueules.

340. — Desmont, chanoine de Notre Dame de Laon :

D'azur, à un chevron d'or, accompagné de trois croissans d'argent, deux en chef et l'autre en pointe.

342. — Jean-Laurent Le Clerc, chanoine de Notre Dame de Laon :

D'azur, à une ancre d'argent, tortillée d'un givre d'or, la teste en bas, languée de gueules.

343. — François Bevière :

D'azur, à un chevron d'argent, accompagné en chef de deux trefles, et en pointe d'un mouton passant de même.

346. — Jean de May, chanoine de l'églize collégiale de Saint-Jean-au-Bourg de la ville de Laon :

D'argent, à un cœur enflammé de gueules, et un chef d'azur, chargé de trois étoiles d'or.

347. — Nicolas Vauquet, prestre, curé d'Aulnay

D'azur, à un chevron d'or, accompagné de trois croissans d'argent, deux en chef et l'autre en pointe.

348.— Charles-Antoine BAILLEU, chanoine de Notre Dame Laon :

D'azur, à un chevron d'or, accompagné en chef de deux étoiles, et en pointe d'un croissant de même.

350.— Charles MAINON (Maynon), bourgeois de Laon :

D'argent, à un arbre de sinople, cotoyé de deux palmes de même.

351.— Philipes de MARQUETTE, chanoine de Saint Jean de Laon :

D'argent, à trois merlettes de sable, deux et une, accompagnées en pointe d'une rivière d'azur.

352.— Jean-Baptiste TALLENDIER, chanoine de Notre Dame de Laon :

D'azur, à un chevron d'argent, surmonté d'un croissant de même, et accompagné de trois glands d'or, deux en chef et l'autre en pointe.

353.— N..... VOLLET, chanoine de Notre Dame de Laon :

D'azur, à une colombe s'essorant d'argent, sur un mont d'or, becquée et membrée de gueules, portant en son bec un rinceau d'olivier de sinople, fruité de gueules.

354.— Claude GAUREL (Gavrel ?), chanoine de Saint-Jean :

D'azur, à un chevron d'or, accompagné en chef de deux étoiles d'argent, et en pointe d'une rose de même.

355.— François MARTIN, chanoine de Saint-Jean-au-Bourg de Laon et curé de Saint-Michel :

D'azur, à une épée posée en pal d'argent, garnie d'une poignée d'or, acostée de deux cerfs affrontez de même.

356.— Feu Nicolas MARTIN, conseiller au présidial de Laon, suivant la déclaration d'Antoinette HUBIGNEAU, sa veuve :

Portoit de même.

357.— Henry CANELLE, chanoine de Notre Dame de Laon :

D'azur, à un chevron d'or, accompagné en chef de deux étoiles d'argent, et en pointe de trois maillets d'or, mal ordonnez.

358.— Jean BEFFROY, procureur au bailliage et siége présidial de Laon, et greffier de l'escritoire desdites jurisdictions :

De sable, à un lion d'argent.

359.— Cezar-Antoine CONSTANS, chanoine de Sainte-Geneviève de Laon :

D'azur, à deux cœurs d'or entrelassez.

360.— Jacques BOULANGER, doyen et chanoine de Saint Jean au Bourg de Laon :

D'argent, à deux faces de gueules.

361.— Nicolas-Charles Aguet, prestre, curé de Saint-Remy à la porte de Laon :

D'azur, à deux dauphins d'or, entrelassez en double sautoir.

362.— Pierre Sureau, greffier en la maréchaussée de Laon :

D'argent, à trois roses de gueules, deux en chef et une en pointe, celle-ci posant sur des ondes d'azur.

363.— Charles de La Mer, bourgeois de Laon :

D'azur, à un dauphin d'or, couronné de même, nageant sur une mer d'argent, surmonté de trois étoiles aussy d'argent, rangez en chef.

364.— Jean-François Mainon (Maynon), chanoine de Saint-Pierre de Laon :

D'argent, à un arbre de sinople, sur une terrasse de même.

365.— François Marquette, chanoine de Saint-Pierre-au-Marché de Laon :

D'argent, à trois merlettes de sable, deux et une, soutenues en pointe d'une rivière d'azur, et un chef cousu d'argent, chargé de trois étoiles de gueules, surmontées d'un croissant de même.

366.— Jean de Balmane, escuier, sieur de Montigny :

Ecartelé, au premier d'argent, à une main dextre apaumée de gueules ; au second d'azur, à cinq flambeaux ardens d'or, rangez en pal ; au troisième d'azur, à cinq cotices d'or, et au quatrième d'azur, à trois chevrons d'or.

367.— Marie-Charlotte Baillieu, veuve de Jean Guiche, avocat du roy au présidial de Laon :

D'azur, à un chevron d'or, accompagné en chef de deux étoiles, et en pointe d'un croissant de même.

368.— Jacques-François Vairon, chanoine de l'églize collégiale de Saint Jean au Bourg de Laon :

D'azur, à trois poissons d'argent, posez en face l'un sur l'autre, celuy du milieu contourné, surmontez d'un lambel de même.

369.— Charlotte Vairon, fille.

Porte de même.

370.— Nicolas Mainon (Maynon), bourgeois de Laon :

D'argent, à un arbre de sinople, cotoyé de deux palmes de même.

371.— Nicolas Lorain, médecin des cent suisses du roy :

D'azur, à un chevron d'or, sommé d'une hache d'armes de sable, emmanchée d'or, accompagné en chef de deux croix de Loraine d'argent, et en pointe d'un aigle s'essorant d'or, langué et onglé de gueules, la teste contournée regardant un soleil aussy d'or, qui est posé au-dessus de trois étoiles rangées en face d'argent.

372.— Jean LEFEBVRE, curé de Gizy :

De gueules, à trois cosses de fèves d'or, apointées, mouvantes de la pointe.

374.— Louis HENNEQUIN, prestre, curé de Coucy :

Vairé ; à un chef d'azur, chargé d'une colombe d'argent, bequée et membrée de gueules, tenant en son bec un rinceau d'olivier de sinople, fruité de gueules.

375*bis*.— David de PROISY, chevalier, seigneur chastelain d'Aippe(Eppes), et Elisabeth DUGLAS, son épouze :

De sable, à trois lions d'argent, lampassez et armez de gueules, deux en chef et un en pointe; *acolé* : d'azur, à un château composé de trois tours d'argent pavillonnées et girouettées de même, massonné et ajouré de sable, chargé en cœur d'un écusson ; d'argent, à un cœur de gueules, couronné d'une couronne à l'antique d'or, et un chef d'azur, chargé de trois étoiles d'argent.

376.— Claude LIÉNART, chanoine de Saint-Jean de Laon :

D'azur, à un chevron brizé d'or, sommé d'un croissant renversé d'argent et accompagné en pointe de deux étoiles rangées d'or.

377.— Feu Pierre DANY (Danye), bourgeois de Laon, suivant la déclaration de Barbe de LAMER, sa veuve :

D'azur, à un chevron d'or, accompagné en chef de deux croissans d'argent, et en pointe d'une molette de même.

378.— Jean JONGLEUR, bourgeois de Laon :

D'azur, à un cœur d'or, fleury de cinq fleurs de même, et soutenu de deux palmes d'argent passées en sautoir.

379.— Jacques MOISAN, prestre, chanoine de Notre Dame de Laon :

D'azur, à un nom de Jésus d'or, soutenu d'un cœur de même, percé de trois flèches d'argent en pal et en sautoir, le tout enfermé dans une couronne d'épines d'or.

380.— François Le CLERC, bourgeois de Laon :

Coupé d'argent et d'or par une face ondée d'azur, à trois roses de gueules rangées sur l'argent, et trois croissans de gueules posez deux et un sur l'or.

381.— Jean BARBIER, prestre, chanoine de l'églize cathédrale Notre Dame de Laon :

D'azur, à un faisseau de flèches d'or, lié de même et posé en pal.

382.— Charles-Hannibal COTTIN, l'un des chevaux légers de la garde, et capitaine de Crespy en Laonnois :

D'argent, à un chevron d'azur, accompagné de trois hures de sanglier arrachées de sable, deux en chef et une en pointe.

383.— Charles-Antoine MARQUETTE, bourgeois de Laon :

D'argent, à trois cannettes de sable, deux et une, et un chef d'azur, chargé d'un cigne d'argent, bequé de sable, ayant en son col une couronne de gueules.

384.— Louis-François Droyerer, prestre, curé de Brifourdrain (Brie et Fourdrain) :

D'azur, à trois cannettes d'argent, deux et une.

385.— Jean-Antoine Bottée, chanoine de l'église collégiale Saint-Jean au Bourg de Laon :]

D'argent, à un saul(e) botté de sable et un cerf au naturel buvant à un jet d'eau de sinople.

386.— Louis de Foucault, escuier, seigneur de Veslud :

D'or, à une croix ancrée de sable, soutenue de deux lions affrontez de même.

387.— Pinchart, chanoine de Notre-Dame de Laon :

D'azur, à une face vivrée d'or.

388.— Jean Poussin, bourgeois de Laon, et cy-devant lieutenant en l'élection dudit lieu :

De gueules, à une arbaleste posée en pal d'or, acostée en pointe de deux cors de même.

390.— Gilbert Liénart, prestre, curé de Versigny :

D'azur, à un chevron brisé d'or, surmonté d'un croissant renversé d'argent et accompagné en pointe d'une étoile à six rais de même.

391.— Adrien Dagneau, docteur de Sorbonne, curé et chanoine de Saint-Montain de La Fère, doyen du détroit dudit La Fère :

D'azur, à deux lions affrontez d'or, accompagnez en pointe d'un agneau passant d'argent.

392.— Claude Cadot, chanoine de Saint-Montain, en la ville de La Fère :

De sable, à une licorne passante d'argent, et un chef échiqueté d'argent et d'azur de trois traits.

393.— Pierre Bottée, chanoine de Saint-Louis au château de La Fère :

D'azur, à un soleil d'or, accompagné de trois cœurs de même, deux en chef et un en pointe.

394.— Charles Pelletier, chanoine de Saint-Louis au château de La Fère :

D'azur, à un soleil d'or en chef, trois étoiles d'argent rangées en face et une plaine lune de même en pointe.

396.— Bonnaventure Regnault, prestre, curé de Deuillet, Sernay (Servais), et chanoine de Saint-Louis de La Fère :

Ecartelé en sautoir, au premier d'or, à un bâton pastoral d'azur ; au second d'hermines ; au troisième d'azur, à un livre d'or, et au quatrième de gueules, à un gonfanon d'or frangé d'argent.

397. — Antoine Bruslart, prestre, curé à Jumigny :

De gueules, à une bande d'or, chargée d'une traînée ondoyante de sable, et de cinq barillets de même, deux dessus et trois dessous.

398. — David Poussin, bourgeois de Laon :

De gueules, à une arbaleste posée en pal d'or, acostée en pointe de deux cors de même.

400. — Claude Mignot, bourgeois de Laon :

D'azur, à une croix patée d'or.

SUITTE DE LAON

SUIVANT L'ORDRE DU REGISTRE DEUXIÈME

401. — Elisabeth Petré, femme de..... Rinsart, dame de Thiernu, près Marle :

D'azur, à cinq mouchetures d'hermines d'argent, trois en chef et deux en pointe.

402. — Feu Nicolas Dagneau, esleu en l'élection de Laon, suivant la déclaration de Madeleine Chauvaut (Chauveau), sa veuve :

D'azur, à deux lions affrontez d'or, accompagnez d'un mouton d'argent passant en pointe.

403. — Michel de Renty, escuier, capitaine de milice :

D'argent, à trois doloires de gueules, les deux du chef adossées.

404. — Marie de Raison, veuve de (François-Annibal) de Malorty (Malortie, gouverneur du Laonnois), a présenté l'armoirie qui porte :

D'azur, à trois quintes-feuilles d'or, deux et une.

405. — Nicolas-François de Lamer, chanoine de l'églize cathédrale de Laon, et trézorier de la chapelle de Notre Dame de Liesse :

D'azur, à un dauphin d'or, couronné de même, posé sur des ondes d'argent et surmonté de trois étoiles de même, rangées en chef.

406. — François-Antoine Parmentier, avocat en parlement :

D'argent, à deux lions affrontez de gueules, rampans contre une palme de sinople posée en pal.

408.— Pierre MAQUELIN, prestre, curé de Chamouille et Pancy :

D'argent, à un chevron d'azur, accompagné en chef de deux mouches de gueules, et en pointe d'une rose de même, tigée et feuillée de sinople.

409.— Jacques VARLET, chanoine de Saint-Montain de la Fère :

D'azur, à un chevron d'or, accompagné en chef de deux trèfles d'argent, et en pointe d'une croisette d'or, soutenue d'un croissant d'argent; et un chef cousu de gueules, chargé de trois étoiles d'or.

410.— Jacques WARIMEL, prestre, curé de Marle :

D'azur, à une grande lettre T d'or, accompagné de trois marguerites d'argent, tigées et feuillées de même, marquetées de gueules et boutonnées d'or, posées une en chef et deux en pointe.

411.— Louis de MARLE, chevalier, seigneur de Sainte-Preuve :

D'argent, à une bande de sable, chargée de trois molettes d'argent à cinq pointes.

412.— Catherine de LA CHAPELLE, veuve de Jean de PROISY, chevalier, seigneur de Morgny, a présenté l'armoirie qui porte :

De sable, à trois lions d'argent, lampassez et armez de gueules, deux en chef et un en pointe.

414.— Jean de LA ROCHE, escuyer :

D'azur, à trois roches d'argent, deux en chef et un en pointe.

415.— Margueritte MARQUETTE, veuve de Charles-François d'ORIGNY, conseiller du roy au bailliage et siége présidial de Laon, a présenté l'armoirie qui porte :

D'azur, à deux barbeaux adossez d'or, et un chef d'argent chargé de trois merlettes de sable; écartelé : d'argent à trois merlettes de sable, deux et une, et un chef de gueules chargé de deux roses d'argent.

416.— Nicolas TRISTRAND, chanoine de Notre Dame de Laon :

D'argent, à une hidre de sinople, accostée de deux palmes de même, passées en sautoir vers la pointe.

417.— (Henri de la Motte ?) sieur de MERCY (Mercin ?) :

D'azur, à une croix d'or.

418.— Antoine NIAY, prestre, curé de Voyenne :

D'azur, à trois roses tigées et feuillées d'argent, posées deux et une, celle de la pointe soutenue d'une croix patée aussy d'argent.

419.— André de VASSAUX, escuier, seigneur de Parfondreux (Parfondru), capitaine au régiment du roy :

D'argent, à une croix de gueules, dentelée de sable, chargée de cinq coquilles d'or.

420.— Pierre de MARLE, escuier, seigneur de Coucy-lès-Aissieu (Eppes) :

D'argent, à une bande de sable, chargée de trois molettes à cinq pointes d'argent.

CHATEAUTHIERY

SUIVANT L'ORDRE DU REGISTRE PREMIER

94. — Michel de Gourdeneau, chevalier, seigneur de la Parmier (Pargny?), et d'Arsonge (Artonges) :

D'azur, à une demie levrette passante et coupée d'argent, acolée de même et accompagnée en pointe d'un croissant aussy d'argent.

95. — Jean-Baptiste du Hal (Hald), escuier, seigneur de Treugny :

D'or, à trois pies au naturel, deux et une.

96. — Bertellemy Lesguisé, escuier, seigneur du Rocq :

D'azur, à trois testes de léopards arrachées d'or, lampassées de gueules, deux en chef et une en pointe.

97. — Claude Doutrelo, prestre, curé de Saint-Jean-Goult (Gengoulph) :

D'azur, à une ancre d'argent et un chef de même, chargée d'une coquille de sable, acostée de deux étoiles d'azur.

98. — Louis Linage, escuier, sieur de Grammont :

De gueules, à un sautoir d'or, accompagné de quatre fleurs de lis de même.

99 *bis*. — Feu Bertellemy de Ganne, chevalier, seigneur de Counegy (Connigis) et autres lieux, suivant la déclaration de Jeanne-Baptiste Du Roux, sa veuve, portoit :

D'argent, à une bande de gueules, chargée de trois coquilles d'or; *accolé* : d'azur, à trois testes de léopards arrachées d'or, lampassées de gueules, deux en chef et une en pointe.

100 *bis*. — Feu . . . . . . Du Roux de Cheveries (Chevrières), chevalier, seigneur de Cigy, Vilneuve-sur-Cher (Fère), Cochel-le-Franc et autres lieux, suivant la déclaration de Françoise Mascrany, sa veuve, portoit :

D'azur, à trois testes de léopards arrachées d'or, lampassées de gueules, deux en chef et une en pointe; *acolé* : de gueules, à trois faces virées d'argent.

101 *bis*. — Paul Du Roux de Cheveries, chevalier, seigneur de Villeneuve-sur-Cher (Fère) et autres lieux, et Gabrielle-Marie-Anne de Ganne, son épouze :

D'azur, à trois testes de léopards arrachées d'or, lampassées de gueules, deux en chef et une en pointe ; *acolé* : d'argent, à une bande de gueules, chargée de trois coquilles d'or.

102.— Jean-Baptiste de CAMBESORT (Cambefort), prestre, curé de Montreuil-aux-Lions :

De gueules, à un levrier courant d'argent, accompagné de trois étoiles de même, deux en chef et une en pointe.

103.— Jeanne VASSAUX, espouze de Louis FAVRE, escuier, seigneur de Saint-Jean-Goult (Gengoulph) :

D'argent, à une croix dentelée de gueules, chargée de cinq coquilles d'or.

104.— François MANSCOURTS (Mansecourt), conseiller, bailly de Fer (Fère) en Tardenois :

D'or, à une face de gueules, chargée de trois glands couchez d'or, et accompagnée de trois merlettes de sable, deux en chef et une en pointe.

105.— Joseph d'AUVILLER, curé de Fer (La Fère) en Tardenois :

D'azur, à un chevron d'or, accompagné en chef de deux lions affrontez, soutenans une étoile de même et en pointe d'une tourterelle d'argent.

106.— Louis GODART, conseiller du roy et président au grenier à sel de Ferre en Tardenois :

D'or, à un chevron de gueules.

107.— Nicolas DUPUIS, conseiller du roy et receveur du grenier à sel de Ferre (La Fère) en Tardenois :

D'azur, à un chevron d'or, accompagné en chef de deux étoiles d'argent, et en pointe d'une rose d'or.

110.— Louis LEGUER, conseiller du roy et d'honneur au bailliage et siége présidial de Chêteauthiéry :

D'argent, à une hure de sanglier, arrachée de sable, surmontée de deux merlettes de même.

111.— Hubert PAYEN, hostelier de la Sirenne à Châteauthiéry :

D'azur, à une sirenne d'argent, tenant à la main un peigne d'or, acosté de deux lettres H et P de même.

112.— Madelaine de PIQUET de Saultour, fille noble :

D'azur, à un pal d'or, et un chef cousu d'azur, chargé de trois roses d'argent.

113.— Charles DU HOUZÉ (Houx), escuier, seigneur de Cierges :

De gueules, à trois bandes d'argent, accompagnées de quatre annelets d'or en barre.

114.— Charles DU HOUZÉ, escuier, seigneur de Cierge (s) :

Porte de même.

115.— Françoise de NICOLAREDORE (Nicolardot) de Toupigne (Loupeigne), fille :

D'azur, à un chevron d'argent, accompagné en chef de deux trèfles, et en pointe d'un coq de même, crêté et barbelé de gueules, béqué et membré d'or.

116.— Françoise de CHAMPGRAND, fille :

D'azur, à une vache passante d'or, surmontée d'une étoile d'argent, et accompagnée en pointe d'un croissant de même.

119.— Françoise MARCHAND, chanoine régulier et prieur et curé de Saint-Martin Momirail (Montmirail) :

D'azur, à un baston pastoral, posé en pal d'or, adextré d'un agneau pascal d'argent, et senestré d'un cœur enflamé de même.

120.— Sinet POITIER, prieur de Saint-Jean-Baptiste de Vendeville (Vendeuil) sou(s) Montmirail :

D'argent, à un vaze de fleurs de gueules, surmonté de trois étoiles d'azur, rangées en chef, et acosté en pointe de deux cœurs enflamez de gueules.

122.— Adam POILLOU, prestre, curé de Saint-Jean-Baptiste de Villers-sur-Fère :

De gueules, à un chevron d'argent.

124.— Charles DUBOURG Saint-Pierre, prestre, prieur curé de Passy-sur-Marne, Saint-Eloy :

D'azur, à nn chevron d'or, accompagné en chef de deux étoiles de même et en pointe d'un croissant d'argent.

126.— Antoine BLÉREAU, prestre, chânoine régulier de Saint-Augustin, prieur, curé de Saint-Médard d'Espied :

D'azur, à un agneau pascal d'or.

127.— Nicolas GENCÉ, prestre, curé de Notre-Dame de Thiéry :

De gueules, à un chevron d'argent, accompagné en chef de deux étoiles d'or, et en pointe d'une levrette courante d'argent.

128.— Antoine COPINEAU, prestre, curé de Saint-Quentin de Bra(s)le :

D'azur, à un chevron d'or, accompagné en chef de deux étoiles de même et en pointe d'un croissant d'argent.

133.— Bricette de CHAMPGRAND de Siergy (Sergy), fille noble :

D'azur, à une vache passante d'or, surmontée d'une étoile d'argent et accompagnée en pointe d'un croissant de même.

CRESPY

SUIVANT L'ORDRE DU REGISTRE PREMIER

24.— Louis LEFEBVRE, conseiller du roy, esleu en l'élection et grenetier au grenier à sel de Crespy en Valois :

D'azur, à un chevron d'or, accompagné en chef de deux fleurs de pensées affrontées, tigées et feuillées aussy d'or, et en pointe d'un soucy tigé et feuillé de même.

25.— Gilles LE GRAIN, conseiller du roy, lieutenant en l'élection de Crespy en Valois :

D'azur, à un cœur d'or, broché sur une plume à écrire d'argent et sur un épy de bled d'or, passez en sautoir derrière le cœur ; surmonté d'un raisin d'argent, tigé et feuillé d'or.

26.— Jean PETIT, huissier du cabinet de Madame la duchesse d'Orléans :

D'azur, à une face d'or, chargée d'une hure de sanglier de sable et accompagnée de trois trèfles d'argent, deux en chef et un en pointe.

27.— Antoine de BÉTHIZY (Béthisy), secrétaire, greffier en chef de l'hostel de ville de Crespy en Valois :

D'azur, freté d'or, à un écusson brochant sur le tout ; d'azur, chargé d'une face d'or, surchargé d'un cœur de gueules, duquel sortent un souci de gueules à dextre, tigé de sinople, et une pensée de pourpre à senestre, aussi tigée de sinople, accompagnée en chef de trois étoiles d'or et en pointe d'un croissant d'argent.

29 *bis*.— Garlache de VILLELONGUE, bailly d'épée du Rételois, et Roberte d'AMBLY, son épouze :

D'or, à un loup passant de sable, écartelé d'azur à une gerbe d'or ; *acolé* : d'argent, à trois lions de sable, lampassez et armez de gueules, deux en chef et un en pointe.

30.— Agathe MARIAGE, veuve de Charles de ROZE, escuier, sieur de Pondront, a présenté l'armoirie qui porte :

Palé d'azur et d'argent de quatre pièces ; parti d'azur, à une face d'argent, engoulée d'une hure de sanglier de sable et accompagnée de deux rozettes d'or, l'une en chef et l'autre en pointe.

31.— Elisabeth de BOULOUCHE, veuve d'Adrien VUAREL (Warel), escuier, brigadier des chevaux-légers de la garde du roy :

D'azur, à un chevron haussé de gueules, accompagné en chef de trois étoiles et en pointe d'un lion de même.

32.— Philipes Harsent, escuier, conseiller du roy, prévost de MM. les maréchaux de France :

De sable, à trois bandes d'or, et un chef d'azur, chargé de trois étoiles d'argent.

33.— Urbain Charpentier, conseiller du roy, commissaire aux revues et logements des gens de guerre de la ville de Crespy :

D'azur, à un chevron d'or, accompagné en chef de deux croissans d'argent, et en pointe d'une rose de même.

34.— Civien Lequoy (Le Quoy), conseiller du roy, receveur au grenier à sel de Crespy et premier eschevin de la dite ville :

D'azur, à un cœur enflamé d'or, acosté de deux palmes affrontées de même.

35.— Feu François Desfossez (des Fossés), escuier, sieur des Marchais, suivant la déclaration de Hiéronime Waral, sa veuve, portoit :

D'or, à deux lions de gueules, adossez et passez en sautoir.

36.— Clément Le Long, conseiller du roy au bailliage et siége présidial de Crespy en Valois, et docteur en médecine :

D'argent, à une cigogne de sable, bequée et membrée de gueules, tenant dans son bec un rameau d'olivier de sable.

39.— Henry-François de Hesselin, escuier, sieur d'Hauteville (Audeville?) :

Ecartelé d'or et de gueules, à un lion de l'un en l'autre, et une bordure fleurdelizée aussy de l'un en l'autre.

41.— Antoinette Greffin des Fourneaux :

D'or, à trois raquettes de sable, deux et une.

43.— Jacques Hennequin, conseiller du roy, esleu en l'élection de Crespy en Vallois :

Vairé d'or et d'azur, à un chef de gueules, chargé d'un lion léopardé d'argent.

44.— Cornille Le Moyne, marchand privilégié à Jeresme :

D'azur, à un chevron d'argent, accompagné de deux étoiles d'or en chef, et d'une poule d'argent en pointe.

45.— Louis Le Moyne, porte arquebuse de Sa Majesté :

Porte de même.

46 *bis*. — Bernard-Antoine de Garges, seigneur d'Ormoy et Villers, et Marie-Gabrielle de Barenton, son épouze :

D'or, à un lion de gueules ; *acolé* : d'azur, à trois bandes d'or.

48 *bis*. — Claude RACINE, escuier, et Antoinette de BILLY, son espouze :

De gueules, à une croix d'argent, chargée de cinq roses de gueules; *acolé* : d'azur, à un cigne contourné d'argent.

49. — Jean de DONON, escuier, seigneur de Chavres :

D'or, à trois hures de sanglier arrachées de sable, deffendues d'argent, posées deux et une.

50 *bis*. — Louis DALES (d'Alès), chevalier, seigneur de Corbet, lieutenant colonel du régiment de Lisle, et Alexandrine-Robertine d'ARCHIES, dame de Retheuil, son épouze :

De gueules, à une face d'argent, accompagnée de trois merlettes de même ; *acolé* : de gueules, à six cotices d'or ; écartelé d'échiqueté d'or et de gueules de quatre traits.

51. — Le prieuré de *Saint-Arnoult* de Crespy :

De gueules, à une épée d'argent, mise en pal, chargée de deux clefs de même, passées en sautoir.

54. — Louis de GUERNES, prestre du dioceze de Senlis :

D'azur, à un chevron d'or, accompagné en chef de deux trèfles de même, et en pointe d'un croissant d'argent, surmonté d'nne croisette d'or.

55. — Catherine MIOLLE, veuve de Henry de MAZENCOURT, escuier, seigneur de Viviers, a présenté l'armoirie qui porte :

D'azur, a un chevron d'or, accompagné de trois coquilles de même, deux en chef et une en pointe.

58. — Joseph de MARGERIS, prestre, curé de Thoisy (Choisy ?) :

D'azur, à une face d'argent, chargée de trois roses de gueules, tigées de sinople.

59. — Jacques de BOFFLE, escuier, seigneur d'Ambrenne :

Ecartelé au premier et quatrième de gueule, à un chef échiqueté d'argent et d'azur de trois traits ; au second d'azur, à deux bandes d'or, et au troisième d'argent, à cinq lozanges de gueules.

61. — Joseph-Alexandre de BEAUVAIS, escuier :

D'argent, à une croix de gueules, chargée de cinq coquilles d'argent ; écartelé d'échiqueté d'argent et d'azur, à un chef de gueules.

62. — Louis BRULLART, conseiller du roy, contrôleur des deniers communs, patrimoniaux et d'octroys de la Ferté Millon :

D'azur, à un chevron d'or, accompagné en chef d'une étoile de même à dextre et d'une rose d'argent à senestre, et en pointe d'un cœur de lion enflamé ou brulant de même.

63. — Nicolas DROUIN, conseiller du roy et son procureur de ville de la Ferté Millon :

D'argent, à un olivier de sinople, acosté de deux sauvages de carnation, tenant chacun une massue d'or, sur laquelle ils s'apuyent.

64. — Louis HÉRICART, conseiller du roy et de S. A. R. Monsieur, lieutenant général au bailliage et châtellenie de la Ferté Milon, et maire perpétuel de ladite ville :

D'or, à une montagne de trois croupes de sinople, mouvante de la pointe de l'écu, ardente de flames d'or et de gueules sans nombre, et surmontée de trois fumées d'azur, mouvantes de ses trois croupes; et un chef de gueules, chargé de trois étoiles d'argent.

65. — Jacques-Louis de RANGUEIL, conseiller du roy et de S. A. R. Monsieur, et leur procureur au bailliage et châtellenie de la Ferté Milon :

D'azur, à un aigle le vol abaissé d'or, regardant une étoile posée au milieu du chef, et qui est acostée de deux gerbes, le tout d'or.

66. — Jean DUJAY (du Jay), escuier :

Facé d'azur et d'or de six pièces, les faces d'azur, chargées chacune d'un lion passant d'argent.

67. — Louis de DONON, escuier :

D'or, à trois hures de sanglier arrachées de sable, deux et une; écartelé de gueules, à trois bandes de vair, accompagnées d'un croissant d'argent, posé au côté senestre du chef.

69. — Jean des GUYOT, escuier :

D'azur, à trois chevrons d'argent et un chef d'or, chargé de trois merlettes de sable.

74. — Michel de GAILLARD, escuier, sieur du Breuil :

D'or, à deux perroquets affrontez de sinople, bequez de gueules, accompagnez de six trèfles de sable, trois en chef mal ordonnez; et deux tafs de gueules, posez un à chaque côté du chef.

76. — Estienne MAGNY, prestre, curé de Bargny :

D'azur, à trois faces d'argent; écartelé de sable, à une bande d'or, acostée en chef d'une étoile de même.

79. — Jacques de LAPLACE (La Place), chantre en dignité et chanoine de Saint-Thomas de Crespy :

D'azur, à un navire d'or sur une mer d'argent, les voiles enflées d'argent, atachées à des antennes d'or; le mât du milieu sommé d'un petit génie d'argent, souflé d'un vent d'or, mouvant de l'angle senestre du chef; le vaisseau arrêté par un cable d'or à un aneau de sable, ataché contre un rocher d'argent, mouvant du côté dextre de la pointe.

80. — Claude LEQUOY (Le Quoy), prestre, curé de Duny (Bugny) :

D'azur, à deux étoiles d'or en chef, et en pointe une rivière d'argent, adextrée d'un rocher de même.

85.— Jacques LE GIVRE, conseiller du roy, commissaire aux reveues particulières de la ville de la Ferté Millon :

D'argent, à un chevron de gueules, accompagné en chef de deux merlettes de sable, et en pointe d'une hure de sanglier arrachée de même :

86.— Pierre LE GIVRE, conseiller du roy, assesseur de la ville de la Ferté Millon :

Porte de même.

87.— François VERON, contrôleur au grenier à sel de la Ferté Millon :

D'azur, à une tour crénelée de quatre pièces d'argent, ajourée de deux fenestres de sable et massonnée de même.

92.— Pierre NOBLIN, vétéran des gardes du roy :

D'azur, à un chevron d'or, accompagné de trois molettes de même, deux en chef et une en pointe, et un chef cousu de gueules, chargé d'un levrier naissant d'argent.

93.— Louis-André MENGIN, conseiller du roy, esleu en l'élection de Crépy-en-Vallois :

D'azur, à un chevron d'or, surmonté d'une gerbe, acostée de deux coqs affrontez de même, et accompagnez en pointe d'un croissant de même.

94.— Antoine POULTIER, prestre, chanoine de Saint-Thomas de Crépy

De gueules, à trois poules d'or, deux et une.

95.— Henry de LA VIGNE, escuier, brigadier des gardes du roy :

D'azur, à un chevron d'argent, accompagné en chef de deux étoiles, et en pointe d'une rose de même.

96.— Charles de LA VIGNE, brigadier de l'arrière-ban :

Porte de même :

98.— Joseph DARZILLEMONT (d'Harzillemont), chevalier, seigneur de Brange(s), et Barbe FAURE, son épouze :

De gueules, à trois pals de vair, et un chef d'or, chargé de trois merlettes de gueules; *acolé* : d'écartelé au premier et quatrième d'azur, à une bande d'argent, enfilée de trois couronnes de même, la bande massonnée de sable ; au second de gueules, à trois huchets d'or, liés de même, posez deux et un, et un chef d'argent; et au troisième de gueules, à un chevron d'or, accompagné de trois grenades renversées, tigées et feuillées d'or, posées deux et une, et un chef d'argent.

99.— Françoise RANGUEIL, veuve d'Henry JOSSE, contrôleur au grenier à sel de la Ferté Millon, a présenté l'armoirie qui porte :

D'azur, à trois chardons cardés d'or, mouvans d'une terrasse de sinople, surmontés d'un lion passant d'argent.

100.— Henry de LA GROUE, secrétaire greffier en chef de l'hostel de ville de la Ferté Millon :

D'or, à un chevron d'azur, accompagné de trois étourneaux de sable, deux en chef et un en pointe.

101.— Urbain-Jean-Baptiste LE ROY, sieur de Mont-Robert, conseiller du roi et son procureur au bailliage et siége présidial de Crespy :

D'azur, à un bellier passant d'or, accolé de gueules, clariné d'argent et accompagné de trois croissans d'or, deux en chef et un en pointe.

103.— Antoine RIVIÈRE, conseiller du roy, grenetier au grenier à sel de la Ferté Millon :

D'azur, à un cigne d'argent, marchant dans une rivière de même, et surmonté d'un chérubin aussy d'argent.

104.— François-Olivier LE NORMAND, prestre, curé de Marouil-la-Ferté, dioceze de Meaux :

D'azur, à un chevron d'argent, accompagné de deux glands d'or, et en pointe d'une belette passante de même.

107.— Eustache DESFOSSEZ (des Fossés), escuier, sieur des Marchais, capitaine du château et des chasses de Nantheuil-le-Houdoin (Haudouin) :

D'or, à deux lions de gueules, adossez et passez en sautoir.

110.— Le chapitre de l'églize collégiale de Saint-Thomas de Crespy-en-Vallois :

D'argent, à un Saint-Thomas, archevesque de Cantorbéry, martir de carnation, vêtu d'argent, revêtu d'une chape pluvialle d'or, sa teste fendue par un sabre d'argent, la garde et la poignée d'or, tenant de sa main dextre une longue croix d'or, et de sa senestre une mitre de même, le tout sur une terrasse de sinople.

112.— Pierre GUÉRIN, prestre, curé de Néry :

Ecartelé, au premier d'or, à trois briques de gueules, posées en pal, deux et une; au second d'azur, à trois testes de colombes arrachées d'argent, deux et une; au troisième d'or, à trois roses de gueules, deux et une; au quatrième d'azur, à trois trèfles d'or, deux et un; et sur le tout de gueules, à une croix pommetée d'argent.

113.— Emanuel BOURDIN, chevalier, seigneur d'Assy (Acy), châtelain de Santo-Aigremont, Presles, Maizières, le Fort Moireau, Château-Fraguier et autres lieux :

D'azur, à trois testes de cerf d'or, posées de profil, deux en chef et une en pointe.

114.— Nicolas GUILLIOT, conseiller du roy et de S. A. R., et leur avocat au bailliage et siége présidial de Crespy-en-Valois :

D'azur, à un chevron d'argent, surmonté d'un croissant de même, et accompagné en chef de deux étoiles d'or et en pointe d'un chesne arraché même.

115.— Louis-Annebert Guilliot, conseiller du roy, son procureur aux eaux et forests et chasses du duché de Valois :

Porte de même.

116.— Michel de Colnet, escuier, sieur de La Loge :

D'azur, à deux croissans, l'un tourné et l'autre contourné et entrelassez d'or, accompagnez de trois étoiles d'argent, deux en chef et une en pointe.

119.— Jacques Huot, prestre, curé de Retheuil :

D'azur, à un cœur d'argent, sommé d'une croisette haussée d'or, et acosté de deux palmes confrontées de même.

123.— Feu Eustache Desfossez (des Fossés), sieur de Jaine, suivant la déclaration de Jeanne Guibora, sa veuve :

D'or, à deux lions de gueules, adossez et passez en sautoir.

125.— Antoine Gilles le Sueur, prestre, curé d'Ormoy le Daim (Davien):

De gueules, à trois grenades de guerre d'argent, enflamées de même, posées deux et une.

127.— Charles de Blandin, escuier, sieur de Besne (Beine) et de Vassan (Vassens) :

D'azur, à deux épées d'argent, passées en sautoir, garnies d'or.

130.— François-Alexis de Beauvais, chevalier, seigneur de Voultie (Vouty), Faveroles en partie et autres lieux :

D'argent, à une croix de gueules, chargée de cinq coquilles d'or ; écartelé de cinq points d'azur, équipolez à quatre d'argent ; et un chef de gueules.

132.— Louis Harlet, prestre, curé d'Ormoy et Villers :

De sable, à trois membres de griffon d'or, deux et un ; parti d'argent fretté d'azur, et un chef d'or brochant sur le parti, chargé de trois roses de gueules.

138.— Denis le Roy, escuier, sieur d'Aquet (Acquest) et de Noüe :

D azur, à trois escussons d'argent, posez deux et un, chargez chacun d'une croix pattée et alaizée de gueules.

140.— Henry de Caquerelle, escuier, sieur des Fourneaux :

D'argent, à deux lions affrontez de sable, et un chef d'azur, chargé de deux chevrons alaisez d'or, posez à costé l'un de l'autre, et soutenus chacun d'une fleur de lis d'argent.

141.— Feu Louis Noblin, escuier, gendarme du roy et cornette de l'escadron de l'Isle de France, suivant la déclaration de Catherine de Vitry, son épouze :

D'azur, à un chevron d'or, accompagné de trois molettes de même, deux en chef et une en pointe ; et un chef cousu de gueules, chargé d'un levrier naissant d'argent.

142.— Gilles CHARTON de Beaumont :

De gueules, à un lion d'argent, ayant face humaine.

143.— Pierre LAVOISIER, conseiller du roy, notaire secrétaire en la chancellerie présidiale de Crespy :

D'azur, à une face d'or, chargée d'une hure de sanglier de sable, deffendue d'argent; et accompagnée en chef d'un chien couché d'argent, et en pointe d'une roche d'argent, posée sur une mer de même.

144.— Elisabeth de LIGNY, veuve d'André-Nicolas du BOULLET, escuier, seigneur de Séry, a présenté l'armoirie qui porte :

D'or, à un écusson de gueules.

150.— Le prieuré de *Saint-Michel* de Crespy en Valois :

D'argent, à un saint Michel d'or, terrassant un démon de même.

157.— Marie de BUSSY, veuve de Louis de SIRIER (Le Cirier), escuier, seigneur de Neufchelle (Neuchelles) et autres lieux, a présenté l'armoirie qui porte :

D'azur, à trois licornes d'or, saillantes, deux en chef et une en pointe.

159.— Barbe LE FEVRE, veuve de Laurent des CROISETTES, escuier, sieur de Miremont, capitaine au régiment du Plessis-Pra(s)lin et commandant à la citadelle de La Ferre :

D'azur, à une teste de léopard d'or, surmontée d'un lambel d'argent.

160.— Pierre des CROISETTES, escuier, seigneur de Miremont :

D'azur, à une face d'argent, chargée de trois merlettes de sable, et accompagnée de seize croisettes d'or, huit en chef, posées trois, deux et trois, et huit en pointe posées de même.

CLERMONT

SUIVANT L'ORDRE DU REGISTRE PREMIER

8.— Louis BOSQUILLON de Maignelers (Maignelay), conseiller et procureur du roy en l'élection de Clermont :

D'argent, à un chevron de sable, accompagné en chef de deux étoiles à six rais, et en pointe d'une tour de même,

10 *bis*.— François-de-Sales VOLLANT, chevalier, seigneur de Lesglan-

tier (Léglantiers), Argibaye, et chevalier d'honneur au conseil souverain d'Artois, et Marie-Joseph Palizot, son espouze :

D'argent, à une face d'azur, chargée de trois croisettes potencées d'or, et accompagnées de trois merlettes de sable, deux en chef et une en pointe ; *acolé* : d'azur, à un chevron d'or, accompagué en chef de deux fleurs de pensées, tigées et feuillées, et en pointe d'une autre fleur apelée Impérialle de même.

11.— Pierre Cressent, maitre de la poste de Gournay :

D'azur, à un croissant d'or, surmonté d'un huchet ou cor de postillon de même.

13.— Feu Louis de Paillart, chevalier, seigneur d'Hardivillier, suivant la déclaration de Madelaine de Cornoailles, sa veuve, portoit :

D'argent, à une croix de sable, fretté d'or.

14.— Claude-Estienne Hébert, seigneur de Cressonsacq, conseiller du roy, commissaire des guerres.

D'azur, à une bande d'or, accompagné de six boules de même, posées en orle.

15.— Le prieuré de Notre Dame de *Wariville* (Variville), ordre de Fonteneau :

D'argent, à une croix de calvaire de sable, acostée d'une M à dextre, d'un J à senestre, accompagnée en pointe d'un B ; le tout de sable.

16.— Nicolas Dodieu, sieur de la Borde, prestre, curé de Saint-Remy-en-l'Eau :

D'azur, à une bande d'argent, acostée de deux lions de mesme.

17.— Antoine Damiette, chevalier, seigneur de Béthencourt, Lespinoy et Saint-Remy-en-l'Eau, en partie.

D'argent, à un chevron de gueules, accompagné en pointe d'une épée de même, posée en pal.

18 *bis*. Louis Guillebon, escuier, seigneur de Wavignie (Wargnies), et Angélique de Moré, son espouze

D'azur, à une bande d'or, accompagnée de trois bezans de même, deux en chef et un en pointe ; *acolé* ; d'azur, à trois bourdons d'argent rangez en pal.

19.— Catherine de Lancry, veuve de François le Vasseur, escuier, sieur de Monterlet (Montrelet), a présenté l'armoirie qui porte :

De sable, à un face d'argent, accompagnée en chef d'un lion naissant, et en pointe de trois croissans de même, posés deux et un.

20.— Jacques de Monchy, escuier, seigneur de Blain (Blin) :

D'azur, à deux testes de licornes coupées d'argent, posées en chef, et une rose d'or en pointe.

21 *bis*.— Thomas-Albert Preudhomme d'Ailly, escuier, seigneur de Ver-

quinieul (Verquigneul) et d'Erquery, et Anne de SAINT-SAUFLIEU d'Erquery, son épouze :

De sinople, à un aigle d'or, bequé et onglé de gueules; *acolé* : d'azur, à une croix d'or, cantonnée de quatorze croisettes de même, quatre à chaque canton du chef, posées deux et deux, et trois à chacun des autres cantons, posées deux et une.

22.— Jean-Baptiste de VILLE-CHASTEL (Vielchastel), Montalan (Montallant), chevalier, seigneur d'Hémevillé (Hennevillers) :

D'azur, à trois lions d'or, lampassez de gueules, deux et un.

23.— Paul MAILLART, conseiller du roy, receveur des tailles de l'élection de Clermont :

D'argent, à deux mails, passez en sautoir de gueules, accompagnez en pointe d'une flame de même.

24.— Philipes-Eloy TAVERNIER, sieur de Boulogne, conseiller du roy, receveur des tailles de l'élection de Clermont :

D'or, à trois raisins tigez et feuillez au naturel, rangez la tige en hault; coupé : d'azur, à une tour d'argent.

25.— Claude de VERNY, escuier, sieur de Fav(e)rolles, Trois-Etaux et autres lieux :

D'azur, à un lion d'argent, lampassé et armé d'or.

26.— Joseph Dominique de LONGUEVAL d'Haraucourt, escuier :

Bandé de vair et de gueules de six pièces.

27.— Pierre de MOMAS, prestre, curé de Saron (Sarron) :

D'or, à un chef de Jésus-Crist de carnation, couronné d'épines au naturel.

28.— Mathieu de LA GRANGE, prestre, curé de Bazicourt :

D'azur, à un ange d'argent, tenant un livre de l'Evangile ouvert d'or :

29.— Le couvent des religieux de *Sainte-Ursule* de Clermont

D'azur, à un nom de Jésus d'or, sommé d'une croix et soutenu d'un cœur enflamé, percé de deux flèches en sautoir de même; le tout entouré d'un rayonné en ovale aussy d'or.

31.— Alphonse-Antoine de GOUY, chevalier, sieur d'Arcy :

D'argent, à un aigle à deux testes le vol abaissé de sable; écartelé de gueules, à une bande d'or.

32.— Jacques George de NELLE, escuyer, sieur du MAY :

De gueules, à deux dauphins adossez d'or, l'écu semé de trèfles de même.

33 *bis*.— Louis de la VIEFVILLE, chevalier, seigneur de Rouvillé (Rouvillers), et Marie du FAYET, son épouze :

Facé d'or et d'azur de huit pièces, et trois annelets de gueules brochans sur les deux premières faces ; *acolé* : d'azur, à un chevron d'or, chargé de trois trèfles de gueules, et accompagné en chef de trois casques de front d'argent, et en pointe d'un aigle éployé de même.

37.— Antoine de MONCHY, chevalier, seigneur de Noroy, Bizancour et autres lieux, capitaine de dragons au régiment de Sailly :

De gueules, à trois maillets d'or, deux et un.

39.— Philipes BOULANC, conseiller du roy, premier esleu en l'élection de Clermont :

D'azur, à une face d'or, chargée de trois roses de gueules, et accompagnée de trois épis de bled d'or, deux en chef et un en pointe.

40.— Pierre BOULANC, garde de la connétablie et maréchaussée de France :

Porte de même.

42.— François de REBERGUES, conseiller du roy, esleu en l'élection de Clermont en Beauvoisis :

De gueules, à une balance d'argent.

43.— Charles de CULLEMBOURG, conseiller du roy, et son procureur en la mairie de Clermont en Beauvoisis :

D'argent, à un pélican de sable, ensanglanté de gueules, dans son aire de sinople.

44.— Jean GUÉRIN, conseiller du roy et lieutenant en l'élection de Clermont :

D'azur, à trois bezans d'or, deux et un, et un chef d'argent, chargé d'une merlette de sable.

50.— Philipes FONTAINE, conseiller du roy, maire perpétuel de la ville et communauté de Clermont :

De gueules, à trois chevrons d'or, accompagnez de trois étoiles de même, posées deux en chef et une en pointe.

59.— Charles LE GRAS, avocat en parlement :

D'argent, à trois merlettes de sable, posées en pal l'une sur l'autre.

60.— François GROSLIER, conseiller du roy au bailliage et comté de Clermont :

De gueules, semé de grelots d'argent, et une tour crénelée de gueules, brochant sur le tout, donjonnée de trois tourelles de même et massonnée de sable.

GUISE

SUIVANT L'ORDRE DU REGISTRE PREMIER

12.— Armand de CARUEL, escuier, sieur du Grand-Agny (Magny) :

D'argent, à trois merlettes (alias molettes) de sable, deux et une.

13.— Jean-Baptiste LAMIRAULT, escuier, sieur de la Lande, maître des eaux et forests du duché de Guise :

D'or, à une rose de gueules, et un chef de même.

14.— André-Thomas DESFORGES, escuier, conseiller du roy et son procureur en l'élection et grenier à sel de Guise, procureur général fiscal dudit duché et pairie de Guise :

De sinople, à six bezans d'argent, posez trois, deux et un.

16.— Nicolas-André CARPEAU, lieutenant en l'élection de Guize :

D'azur, à deux faces ondées d'or, accompagnées de six étoiles de même, posées trois, deux et une.

18*bis*. — Jacques d'ESCAJEUL, chevalier, seigneur du Val et d'Hoguignant, lieutenant du roy des villes et château de Guise, et Marie-Lucie-Anne de MAURAGE, son épouze :

D'azur, à cinq cotices d'argent ; *acolé* : d'argent, à un chevron de sable, accompagné de trois roses de gueules, deux en chef et une en pointe.

21.— Toussaint GRAVADEL, receveur du grenier à sel d'Aubenton :

D'argent, à une croix potencée d'or, cantonnée de quatre croissans de même.

22.— Nicolas WARNET, avocat et procureur du roy de Ville :

De gueules, à trois verres d'argent, posez deux et un, surmontez d'un croissant de même, et un chef d'or, chargé de cinq tourteaux de gueules, posez trois et deux.

24 *bis*.— Feu . . . . . de BOIVILLE, suivant la déclaration de . . . . . LE FEVRE de l'Estang, sa veuve, portoit :

D'azur, à trois lozanges d'argent, deux et une ; et un chef d'or, chargé d'un lion léopardé de gueules ; *acolé* : d'azur, à une molette d'or, surmontée en chef d'un lambel d'argent.

25 *bis*.— Feu Eustache LE FEVRE de Lestang, suivant la déclaration de Françoise PÉTRÉ, sa veuve :

D'azur, à une molette d'or, surmontée en chef d'un lambel d'argent ; *acolé* : d'azur, à cinq mouchetures d'hermines d'or, posées trois et deux.

27.— Jean Dormai, conseiller du roy, lieutenant général à Aubenton :

D'azur, à une tour crénelée de quatre pièces d'or, massonnée de sinople.

28.— Eustache Dey (d'Y), escuyer, seigneur de Seboncourt :

D'azur, à trois chevrons d'or.

33.— L'abaye *Saint-Michel* de Thiérarche :

D'azur, à un Saint-Michel de carnation, armé d'une cuirasse d'or, ses brodequins de même, et drapé de sinople, ailé d'argent, tenant de sa main senestre un bouclier en ovale d'argent, croisé de gueules, et de sa main dextre une croix haussée et fleuronnée d'or, avec laquelle il frape et précipite, dans des flammes de gueules, un diable de carnation, ailé de sable, lampassé et onglé de gueules; le tout surmonté d'une lumière d'or, mouvante du chef.

RECAPITULATION

SOISSONS

Armoirie des	livres.	livres.	
Personnes	200 à 20	4000	4700
Communautez	6 à 25	150	
Corps	1 à	50	
Abbayes	2 à 50	100	
Communautez	4 à 50	200	
Villes	2 à 50	100	
Ville	1 à	100	

NOYON

Armoiries des	livres.	livres.	
Personnes	55 à 20	1100	1325
Prieuré	1 à 25	25	
Communauté	1 à 50	50	
Communautez	3 à 25	75	
Séminaire	1 à	25	
Couvents	2 à 25	50	

LAON

Armoiries des	livres.	livres.	
Personnes	225 à 20	4500	4675
Couvens	2 à 25	50	
Ville	1 à	50	
Corps	1 à	50	
Chapitre	1 à	25	

CHATEAUTHIERY

Armoiries des	livres.	livres.	
Personnes.............	32 à 20............	640	640

CRESPY

Armoiries des	livres.	livres.	
Personnes.............	77 à 20............	1540	1615
Prieurez...............	2 à 25............	50	
Chapitre...............	1 à	25	

CLERMONT

Armoiries des	livres.	livres.	
Personnes.............	34 à 20............	680	730
Prieuré................	1 à	25	
Couvent...............	1 à	25	

GUISE

Armoiries des	livres.	livres.	
Personnes.............	14 à 20............	280	330
Abbayes...............	1 à	50	
	672 armoiries.		14,015 livres

Total, quatorze mille quinze livres, et les deux sols pour livre.

Présenté par le dit Vanier à nos seigneurs les commissaires généraux du Conseil, à ce qu'il leur plaise recevoir les dites armoiries et ordonner qu'elles seront registrées à l'armorial général, conformément au dit édit et arrests rendus en conséquence.

Fait à Paris, ce premier jour de septembre mil-six-cens-quatre-vingt-dix-huit.

Signé : DELARROC et ACCAULT.

Les commissaires généraux, députez par le roy, par arrests du Conseil des 4 décembre 1696 et 29 janvier 1697, pour l'exécution de l'édit du mois de novembre précédent sur le fait des armoiries.

Veu l'état cy dessus des armoiries envoyées ès bureaux établis dans la généralité de Soissons, en exécution de l'édit du mois de novembre 1696, à nous présenté par Me Adrien Vanier, chargé de l'exécution du dit édit, à ce qu'il nous plaise ordonner que les armoiries expliquées, au dit état, seront reçues et ensuite enregistrées à l'armorial général; les feuilles jointes au dit état, contenant l'empreinte ou l'explication des dites armoiries; notre ordonnance du deux septembre 1698 portant que le dit état et les feuilles seroient montrées au procureur général de Sa Majesté;

Conclusions dudit sieur procureur général;

Ouy le rapport du sieur de Breteuil, conseiller ordinaire du roy en son conseil d'Etat, intendant des finances, l'un des dits commissaires.

Nous, commissaires susdits, en vertu du pouvoir à nous donné par Sa Majesté, avons receu et recevons les SIX CENT-SOIXANTE-DOUZE armoiries mentionnées au dit état, et, en conséquence, ordonné qu'elles seront enregistrées, peintes et blasonnées à l'armorial général, et les brevets d'icelles délivrées conformément au dit édit et arrests rendus en conséquence, et à cet effet les feuilles des armoiries jointes au dit état et une expédition de la présente ordonnance seront remises au sieur d'Hozier, conseiller du roy et garde du dit armorial général, sauf à estre cy après pourveu à la réception de celles des armoiries qui se trouve surcises par quelques articles de cet état.

Fait en l'assemblée des dits sieurs commissaires, tenüe à *Paris* ce vingt sixième jour de septembre 1698.

Nous soussignez, intéressez au traitté des armoiries, nommez par délibération de la Compagnie du 29 août 1697, pour retirer les brevets des dites armoiries, reconnaissons que M. d'Hozier nous a ce jourd'hui remis celles mentionnez au présent état, au nombre de SIX CENT SOIXANTE DOUZE.

La finance principale desquelles, montant à quatorze mil quinze livres, prometons payer au trésor royal, conformément au traitté que nous avons en fait avec Sa Majesté.

Fait à Paris, ce cinquiesme jour de décembre 1698.

Signé : CARQUEVILLE.

ETAT DES ARMOIRIES DES PERSONNES ET COMMUNAUTEZ DÉNOMÉES CY-APRÈS, ENVOIÉES EZ BUREAUX ÉTABLIS PAR Me ADRIEN VANIER, CHARGÉ DE L'EXÉCUTION DE L'ÉDIT DU MOIS DE NOVEMBRE 1696, POUR ESTRE PRÉSENTÉES A NOS SEIGNEURS LES COMMISSAIRES GÉNÉRAUX DU CONSEIL DÉPUTEZ PAR SA MAJESTÉ PAR ARRESTS DES QUATRE DÉCEMBRE AUDIT AN ET VINGT TROIS JANVIER MIL SIX-CENT-QUATRE VINGT DIX SEPT.

GÉNÉRALITÉ DE SOISSONS

SOISSONS

SUIVANT L'ORDRE DU REGISTRE DEUXIÈME

74.— François LE ROUX, prestre, chanoine de l'église catédralle de Soissons :

D'azur, à un chevron d'or, accompagné de trois étoiles d'argent, deux en chef et une en pointe.

77.— La communauté des *Tisserans* et *Murquiniers* de Soissons :

D'azur, à une vierge d'argent, acostée de deux navettes de même.

79.— Marie LEVESQUE, femme de Julien D'HÉRICOURT, écuier, conseiller du roy au baillage et siége présidial de Soissons :

D'azur, à une gerbe d'or ; écartelé d'or, à un raisin d'azur, tigé et feuillé de sinople.

81.—.François du CARIN, marchand et antien consul de Soissons :

D'argent, à une face d'azur, chargée de trois pièces de monnoye appellées ducats d'or, accompagnée en chef d'un duc de sable, ayant la queüe de renard, et en pointe d'un buste de reine de gueules, couronnée d'une couronne à l'antique d'or.

84.— Georges Baudouïn, docteur de Sorbonne, chanoine de la catédralle de Soissons, prieur de Saint-Lubin de Flacey, diocèse de Chartres :

D'azur, à un chevron d'or, accompagné en chef de de deux molettes de même, et en pointe d'un cœur sommé d'une croix d'argent et soutenu d'un croissant de même.

87.— Gabrielle de Hangest d'Argenlieu, fille noble :

D'argent, à une croix de gueules, chargée de cinq coquilles d'or.

89.— La communauté des marchands *Bonnetiers* de la ville de Soissons :

D'azur, à une vierge d'or.

94.— La communauté des *Maçons* de la ville de Soissons :

D'azur, à une Sainte Trinité d'argent.

98.— Michel-Robert Jourland, major et commandant pour le roy en la ville de Soissons :

D'azur, à un lion d'or; party aussi d'azur, à un croissant d'or, surmonté d'une étoile de même.

100.— La communauté des *Peintres*, *Sculpteurs*, *Vitriers*, maîtres de dance, de la ville de Soissons :

D'azur, à trois écussons d'argent, deux et un, et une fleur de lis d'or, mise en cœur.

102.— La communauté des marchands maîtres *Chapeliers* de la ville de Soissons :

D'azur, à une sainte Barbe d'or.

LAON

SUIVANT L'ORDRE DU REGISTRE DEUXIÈME

21.— Marie de Lizine, veuve de Jacques de Flavigny, écuier, seigneur de Chambry, a présenté l'armoirie qui porte :

Party, au premier échiqueté d'argent et d'azur ; au second d'azur, à une moitié de croix fleuronnée à l'antique d'or, mouvante du party; et sur le tout un écusson de gueules, brochant sur le party.

22 *bis*.— Michel-Nicolas Marquette, avocat en parlement, et Apoline Bellotte, sa femme, portent :

D'argent, à trois canettes de sable deux et une; *acolé* : de gueules, à une belette d'or, et une face de sable brochante sur le tout.

25.— Jacques MONSEIGNAT, bourgeois :

D'azur, à un cigne d'argent, bequé de sable, posé sur un terrain de sinople, et surmonté de trois étoiles d'or rangées en chef.

26.— Charles-Antoine-François BELLOTTE, conseiller au présidial de Laon :

De gueules, à un loup rampant d'or, lampassé et armé d'argent, et une face de sable brochant sur le tout.

27.— Louis TURPIN, avocat en parlement :

D'argent, à un épy de bled de Turquie de gueules, tigé et feuillé de sinople, sur une terrasse de même.

28.— Marie DANIE (Danye), fille :

De gueules, à trois poissons appelés verons d'argent, l'un sur l'autre, celuy du milieu contourné.

29.— Feu Jean LE CARLIER, conseiller du roy, lieutenant assesseur au baillage et siége présidial de Laon, suivant la déclaration de Claude RAVAUX, sa veuve :

D'azur, à un chevron d'or, accompagné de trois roses d'argent, deux en chef et une en pointe.

30.— François PATOILLIATE, prestre, curé doyen de Ribemont :

D'azur, à un lion d'or, traversé d'une épée de même en barre, la pointe en bas.

31.— Elisabeth POUSSIN, femme de Claude Buignatre, conseiller du roy au baillage et siége présidial de Laon :

De gueules, à une arbalettre d'or, posée en pal, et acostée en face de deux cors de chasse de même.

32.— N..... DU FOUR, prestre, curé de Nouvion-le-Comte :

D'azur, à trois etoiles d'or rangées en chef, et en pointe un four d'argent, massonné de sable.

33 *bis*.— Jean-Charles VAIRON, conseiller au présidial de Laon, et Marie-Agathe BELLOTTE, sa femme :

De gueules, à trois poissons apelez vérons d'argent, posez en face, l'un sur l'autre, celuy du milieu contourné ; *acolé* : comme cy-devant, article 26.

34.— Marie POUSSIN, femme de Pierre CHEVALLIER, conseiller du roy, lieutenant assesseur au présidial de Laon :

Porte comme cy-devant, article 31.

35.— Guillaume VUIRY, prestre, curé de Dohis :

D'azur, à une bande d'argent.

36.— Jean-Louis Rebout, prestre, curé d'Agnicourt, Sechelle (s) et Moranzy :

De gueules, à sept lozanges d'argent, acolées, trois trois et une.

37.— Charles-François Mainon, prestre, chanoine de Saint-Pierre de Laon :

D'azur, à un aigle d'argent, la tête contournée, langué et onglé de gueules, surmonté d'un croissant d'argent, acosté de de deux étoiles de même.

38.— Henry Berthoult, bourgeois de Marle :

D'azur, à trois têtes de loup arrachées d'argent, rangées en chef, et trois bezans de même, rangez en pointe.

39.— François Dauret, prestre, curé de Saint-Jean de Laon :

Party, au premier d'azur, à une palme d'argent posée en pal; au second d'argent, à un arbre arraché de sinople; et un chef de gueules brochant sur le party, chargé d'une flèche couchée d'argent.

40.— Claude Plongeron, prestre, curé de Crécy :

D'argent, à trois plongeons de sable, sur des eaux d'azur ; celuy du milieu se plongeant; et un chef d'azur, chargé de trois étoiles d'or.

41.— Cet article ne sert icy que de mémoire, attendu que c'est un double employ à l'article 361 du registre 1er.

42.— Noël Hennequin, prestre, curé de Vaux, chanoine de Saint-Julien :

Vairé d'azur et d'argent, à un chef d'azur, chargé d'une colombe s'essorant d'argent, bequée et membrée de gueules, tenant en son bec un rainceau d'olivier de sinople, fruité de gueules.

43.— Cet article ne sert icy que de mémoire, attendu que c'est un double employ à l'article 344 du registre 1er.

44.— Pierre Hardy, prestre, curé de Chaourse :

D'azur, à un chesne arraché d'or, soutenu de deux lions affrontez d'argent lampassez et armez de gueules.

45.— Georges Barbier, prestre, chanoine de Saint-Jean de Laon :

D'azur, à un faisseau de flèches d'argent posé en pal.

46.— Feu Etienne Le Carlier, maistre des eaux et forests de Laon, suivant la déclaration de Marie-Madeleine Crochart, sa veuve :

Portoit comme cy-devant article 29.

47.— Luce du Flos, veuve d'Abraham Lamer, bourgeois de Laon, a présenté l'armoirie qui porte :

D'azur, à un chevron d'azur, accompagné en chef de deux étoiles, et en pointe d'un daufin sur des ondes de même.

48.— Guillaume-Albert Le Febvre, prestre, curé d'Aippes (Eppes) :

D'azur, à deux auiles ou fers de moulins, posez en chef d'argent, et une canne de même en pointe, nageant sur une onde aussy d'argent.

49.— Charlotte Branche, femme de François Marquette, conseiller au présidial de Laon :

D'azur, à un chevron d'or, accompagné en chef de deux coquilles d'argent, et en pointe d'un croissant de même.

50.— Marie-Françoise Gossart, femme de Jean-Charles Marquette, antien avocat du roy au bailliage de Laon :

D'azur, à une face haussée d'argent, accompagnée en chef d'une étoile d'or, et en pointe de trois canettes d'argent, posées deux et une.

L'abbaye de Sauvoy sous Laon (le Sauvoir) :

D'azur, à une Notre Dame d'argent, et une bordure de même, sur laquelle sont écrits, en caractères de sable ces mots : Scel du convent de l'abbaye de Sauvoy sous Laon.

52.— Henry Regnart, fourier de la petite écurie du roy :

D'azur, à une face en devise haussée d'argent, surmontée de trois molettes d'or rangées en chef, et accompagnée en pointe d'un renard courant de même.

53.— Anne-Gabrielle Le Carlier, femme de Charles Canvel (Caruel) Bugnatre du Moncel, conseiller au présidial de Laon :

Porte comme cy-devant, article 29.

54.— Francois Poussin, bourgeois de Laon :

Porte comme cy-devant, article 31.

55.— Caterine Marquette, fille :

Porte comme cy-devant, article 50 ; l'écusson en lozange.

56.— N. . . . . Pottier, prestre, curé d'Assy (Acy) :

D'azur, à deux pots confrontez d'argent.

57.— Marguerite Mahieu, veuve d'Estienne Le Vent, bourgeois de Laon, a présenté l'armoirie qui porte :

De gueules, à un chevron d'or, surmonté d'un cœur de même, et acompagné de trois aigles, le vol abaissé, aussy d'or, deux en chef et un en pointe.

58.— Jaques-Michel Hubert, prestre, curé de Fessieux :

D'azur, à un chevron d'or, accompagné en chef de deux coquilles d'argent, et en pointe d'un cerf passant de même.

59.— Marguerite Deffié, femme de Jean Turpin, conseiller au présidial de Laon :

D'azur, à tour d'argent, massonnée de sable.

60. — Marguerite d'Hiarville, femme de César d'Amerval, chevalier, seigneur de Richemont et de Dervilly en partie :

De sable, à un aigle à deux têtes d'argent, bequé et onglé de gueules, chargé sur son estomac d'un écusson aussi de gueules, surchargé d'un chevron d'or, accompagné de trois trèfles d'argent, deux en chef et une en pointe.

61. — Marie du Drot, femme d'Adam Gravadel, conseiller du roy, receveur des tailles à Laon :

D'argent, à trois arbres de sinople, rangez sur une terrasse de même, et un chef d'azur, chargé de trois étoiles d'or.

62. — Charles de Blois, conseiller du roy, maistre particulier des eaux et forests de Laon.

D'azur, à une tour d'argent, massonnée de sable, et un chef cousu de gueules, chargé de trois étoiles d'or.

63. — Jeanne Marquette, veuve de Claude Tucien, bourgeois de Laon :

D'argent, à une bande de sinople, accompagnée de deux merlettes de sable.

64. — Elisabeth Bugnatre, veuve de Louis Marquette, bourgeois de Laon, a présenté l'armoirie qui porte :

D'argent, à trois canettes de sable deux et une.

65. — François Deswardes (des Wardes), bourgeois de Laon :

D'azur, à une étoile à six rais d'or.

66. — Anne Hennuyer, veuve de Bertrand Agnet, bourgeois de Laon, a présenté l'armoirie qui porte :

D'argent, à un dauphin d'azur.

67. — Claude Fournier, bourgeois de Laon :

D'argent, à un cœur de gueules, enflamé de même, percé de deux flèches d'or, passées en sautoir.

68. — Charles Vauquet, bourgeois de Laon :

D'azur, à un chevron d'argent accompagné de trois croissans de même, deux en chef et un en pointe.

69. — Jean-Baptiste de Lalin, bourgeois de Laon :

D'azur, à un échiquier d'or et de gueules, posé en cœur.

70. — Pierre Fournier, bourgeois de Laon :

D'azur, à un cœur d'argent, chargé d'une croix haussée de gueules.

71. — Louis Hoste, bourgeois de Laon :

D'azur, à une croix alaisée d'argent.

72.— Jean DAGNEAU, marchand à Laon :

D'or, à deux lions affrontez de sable, lampassez et armez de gueules, et un chef d'azur, chargé d'un agneau passant d'argent.

73.— Françoise HENNUYER, fille :

D'argent, à un dauphin d'azur.

74.— Antoine DAGNEAU, avocat à Laon :

D'azur, à deux lions affrontez d'or, lampassez et armez de gueules en chef, et un agneau d'argent passant en pointe.

75.— Richard DOÜAN, docteur en médecine à Laon :

D'azur, à une fleur printanière d'or, boutonnée, tigée et feuillée de même, mouvante d'une terrasse de la pointe, surmontée d'un soleil naissant du chef, et accompagnée de deux étoiles posées en face, le tout d'or.

76.— Marie-Marguerite BELLOTTE, femme de Fortunat LE CARLIER, écuier :

De gueules, à un loup ravissant d'or, et une face de sable brochante sur le tout.

77.— Antoine JONGLEUR, bourgeois de Laon :

De gueules, à un cœur d'argent, de la bouche duquel sont mouvantes trois roses avec leurs tiges de même.

78.— Marie REGNART, veuve de Claude LAMY, bourgeois de Laon :

D'azur, à une face haussée d'argent, surmontée de deux étoiles d'or, et accompagnée en pointe d'un renard passant de même, lampassé et armé de gueules.

79.— La Communauté des marchands *Joalliers* et *Clincailliers* de la ville de Laon :

D'azur, à un ange d'or, ailé d'argent, couvert d'une écharpe de gueules, tenant de sa main dextre une balance d'argent, les pendans ou cordons d'or, et accompagné de six étoiles d'argent, deux en chef, deux en face et deux en pointe.

81.— Pierre BERCHE, bourgeois de Laon :

D'azur, à une gerbe d'or.

81.— Jean de LEDDE, bourgeois de Laon :

D'azur, à un chevron d'or, accompagné en chef de deux étoiles, et en pointe d'une grue de même.

82.— François DAGNEAU, bourgeois de Laon :

D'azur, à deux lions affrontez d'or en chef, et un agneau de même passant en pointe.

83.— Jean MAILLART, bourgeois de Laon :

D'azur, à trois mails d'or, ferrez de sable, les manches apointez et mouvantes de la pointe, et acostez de deux étoiles d'or.

84. — Nicolas de LABRE, bourgeois de Laon :

D'azur, à un chesne d'argent, acompagné en chef de deux étoilles et en pointe d'un renard de même, passant devant le pied de l'arbre.

85. — Nicolas TOURTIER, notaire royal à Laon :

De gueules, à une tour d'or massonnée de sable.

86. — Charles MARQUETTE, bourgeois de Laon :

D'argent, à une face de gueules, surmontée d'une étoile de même, et accompagnée de trois merlettes de sable, deux en chef et une en pointe.

87. — Cir de DRIANCOURT, bourgeois de Laon :

D'azur, à un chevron d'argent, accompagné de trois étoiles d'or, deux en chef et une en pointe.

88. — Marguerite CROCHART, veuve de Jean de LA CAMPAGNE controlleur en la maréchaussée de Laon, a présenté l'armoirie, qui porte :

D'azur, à un chevron d'or, accompagné en chef de deux étoiles d'argent, et en pointe d'un croissant de même, soutenue d'une onde aussy d'argent sur une terrasse de sinople.

89. — Claude LE CLERC, bourgeois de Laon :

De gueules, à une croix ondée d'or, cantonnée au premier de trois étoiles de même, deux et une ; au second de trois trèffles d'argent, deux et un ; au troisième de trois besans de même, aussi posez deux et un ; au quatrième de trois molettes d'or, deux et une.

90. — Anne de LETTRE, fille :

D'argent, à une teste de mort de sable, enfermée dans une couronne d'épines de sinople.

91. — Feu Claude MARQUETTE, bourgeois de Laon, suivant la déclaration d'Isabeau du PEUTY, sa veuve, portoit :

D'argent, à trois canettes de sable, deux en chef et une en pointe, celles-cy (celle-ci) sur des ondez (ondes) d'azur.

92. — Marie-Madeleine RASSET, fille :

D'azur, à un pal d'or.

93. — Cet article ne sert icy que de mémoire, attendu que c'est un double employ à l'article 226 du registre 1er.

94. — Guillaume CORDIER, bourgeois de Laon :

D'argent, aux deux lettres G. et C. de sable.

95. — L'abbaye de *Saint-Vincent* de Laon :

De gueules, à trois fleurs de lis d'argent, deux et une, et une crosse de même, posée en pal, le pied apuyé sur la fleur de lis de la pointe.

96. — Marie de Lancy, fille :

De gueules, à trois lances d'argent, posées en pal et en sautoir.

97. — Anne-Madeleine Vignon, fille :

De gueules, à un cœur d'or, sur un buisson d'argent, adextré d'une belette contournée aussy d'argent, s'élançant sur le cœur, et un rayon de même mouvant en barre du côté senestre du chef.

98. — Antoinette Vignon, fille :

Porte de même.

99. — François Lallouette, bourgeois de Laon :

D'azur, à un chifre d'or, composé des lettres de son nom entrelassées, et un chef aussy d'azur, chargé d'une alouette d'or, adextrée d'une gerbe et la bequetant de même.

100. — Marie Boulanger, veuve de François Muyau, bourgeois de Laon, a présenté l'armoirie qui porte :

D'azur, à un aigle s'essorant d'or, langué et onglé de gueules, regardant un soleil d'or, mouvant du chef, et accompagné de trois étoiles d'argent, deux en chef et une en cœur.

101. — Feu Hierosme Bertoult, conseiller du roy, lieutenant général du baillage de Marle, suivant la déclaration de Luce Watelet, sa veuve :

D'argent, à trois testes de loup arrachées de sable, deux et une ; et un chef d'azur, chargé de trois besans d'or, aussi posez deux et un.

102. — Jean-Antoine Maynon, bourgeois de la ville de Marle :

D'argent, à un chesne de sinople, sur une terrasse de même.

103. — Charles Dagneau, bourgeois de Laon :

Porte comme cy devant, article 82.

104. — Claude Douan, bourgeois de Laon :

Porte comme cy devant, article 75.

105. — Feu Claude Douan, bourgeois de Laon, suivant la déclaration de Caterine Cotte, sa veuve :

Portoit de même.

106. — Claude de Lamer, bourgeois de Laon :

D'azur, à un dauphin d'or, couronné de même, sur des ondes d'argent, et un chef cousu de gueules, chargé de trois molettes d'argent.

107. — La communauté des marchands *Drapiers* et *Chaussetiers* de la ville de Laon :

D'azur, à une sainte Madeleine contourné de carnation, vêtüe d'argent et de gueules, sur une terrasse de sinople ; tenant de sa main dextre une aune d'or marquée de sable, et de sa senestre une boette d'or; la sainte senestrée en chef d'un chifre de marchand d'argent, composé d'un 4 de chifre, dont le pied est terminé en anneau de clef et croisé à double traverse.

108.— Marguerite BEVIÈRE, veuve de Claude CAPPE, avocat, a présenté l'armoirie qui porte :

D'azur, à un chevron d'argent, accompagné de trois casques de même, posez de profil, deux en chef et un en pointe.

109.— Jeanne COURTIER, fille :

D'azur, à un chevron d'or, surmonté d'une croisette d'argent, accompagné en chef de deux palmes posées en pal, et en pointe d'un lion aussy d'argent.

110.— Françoise BUVELE, veuve de N... ROLLAND, conseiller au présidial de Reims, a présenté l'armoirie qui porte :

D'azur, à un beuf passant d'or, sur une terrasse de sinople, acolé de gueules, acorné et clariné d'argent.

111.— Claude CUVIER, docteur en médecine :

D'argent, à un chevron de gueules, accompagné en chef de deux étoiles de même, et en pointe d'un ancre de sable.

112.— Jacques-Baptiste CAGNARD, marchand mercier à Laon :

D'argent, aux trois lettres J. B. C. de sable, rangées en face, et un chef de gueules, chargé de trois étoiles d'argent.

113.— Louis FROMAGE, avocat au baillage et siége présidial de Laon :

D'azur, à un dauphin d'or, acompagné de trois étoiles d'argent, une en chef et deux en face.

114.— Nicolas MARQUETTE :

D'argent, à une face haussée de gueules, et accompagnée en chef d'une étoile de même, et en pointe de trois merlettes de sable, posées deux et une.

115.— Le couvent de la congrégation *Notre-Dame* de Laon :

D'azur, à une Notre-Dame couronnée, tenant l'enfant Jésus sur son bras senestre, et ayant sous ses pieds un croissant, le tout d'or.

116. — Charles-Antoine de LAMER, avocat au bailliage et siége présidial de Laon :

Porte comme cy devant, article 106.

117.— François BEUZART, prestre, curé de Maurguye (Mauregny)-en-Haye :

D'azur, à un chevron d'or, accompagné en chef de la lettre F à dextre et de la lettre B à senestre d'argent, et en pointe d'un agneau de même.

118.— Marie-Elizabeth de LETTRES, femme de Charles-François LE

Vent, conseiller du roy au baillage de Vermandois, siége présidial de Laon :

D'argent, à un caducé(e) et une lance de gueules, posez en chevron, et un chef aussi de gueules, chargé de trois treffles d'or.

119.— Mathieu Serrurier, docteur en médecine à Laon :

D'argent, à un rateau de sable, le manche en bas, accosté de deux sautoirs alaisez de gueules, et un chef d'azur, chargé de trois bandes d'or.

120.— Jean Rotisset, marchand drapier à Laon :

D'azur, à un chesne d'or, terrassé de même.

121.— Marie-Elisabeth Poussin, veuve de N... de Signy, chevalier, seigneur de Rougny :

Porte comme cy devant, article 31.

122.— Claude Preudhomme, marchand mercier à Laon :

D'azur, à un chevron d'argent, acompagné de trois étoiles d'or, deux en chef et une en pointe.

123.— La communauté des chapelains de la congrégation de *Sainte-Marie-Madelène*, fondée en l'église catédralle Notre Dame de Laon :

D'azur, à une Madelène de carnation, habillée d'or et de gueules, tenant de sa main dextre une croisette haussée d'or, et posant sa senestre sur sa poitrine, senestrée en pointe d'une boette couverte d'or.

124.— François Gallien, bourgeois de Laon :

D'azur, à une galiote d'or, les voiles d'argent, voguant sur des ondes de même.

125.— François Hubigneau, marchand drapier à Laon :

D'azur, à un dauphin d'or, accompagné en chef de deux étoiles de même.

126.— La communauté des *Cordonniers, Tailleurs* et *Ganticrs* de la ville de Ribemont :

D'azur, à un bouquet de trois roses d'argent, tigées et feuillées, mouvantes de la pointe, surmonté de trois étoiles aussy d'or, rangées en chef.

127.— Jean-Baptiste du Peuty, bourgeois de Laon :

D'azur, à une bande d'argent.

128.— François Gossart, bourgeois de la ville de Bruyère :

D'argent, à une face en devise et haussée de gueules, surmontée de trois étoiles d'azur, rangées en chef, et accompagnée en pointe de trois merlettes de sable, deux et une.

129.— La communauté des *Bonnetiers* de la ville de Vervins :

D'azur, à une paire de ciseaux à tondre d'argent, garnis de gueules, acostez de deux broches doubles d'argent, garnies et chardonnées d'or, le manche de chacune garny de gueules ; le tout posé en pal et chaque broche surmontée d'une étoile d'or.

130.— La communauté des *Cordonniers*, *Savetiers*, *Taneurs* et *Corroieurs* de la ville de Vervins :

D'azur, à un couteau à pied d'argent, emmanché d'or, posé en pal, surmonté de deux étoiles de même, et acosté de deux alcines d'argent, emmanchées d'or et posées en pal.

131.— Françoise LE MERCIER, femme de François d'OUGNY (Ongnies), chevalier, seigneur dudit lieu et autres, grand bailly du Soissonnois :

De gueules, à trois croissans, les pointes ancrées d'argent, posez un en chef et deux en pointe, ceux de la pointe adossez, tous les trois enfermans chacun une rose de même.

132.— Claude FORESTIER, avocat en parlement :

De gueules, à un *éléfant d'or*, portant sur son dos une tour de même, massonnée de sable.

133.— Le chapitre de *Saint-Louis*, du château de La Fère :

D'azur, à un Saint Louis d'or, revêtu d'un manteau royal parsemé de fleurs de lis de même.

134.— La communauté des *Charpentiers* et *Maçons* de la ville de Marle :

D'azur, à une règle de maçon d'argent, posée en pal et terminée par haut en équierre de même, adextrée d'une truelle et d'une hache aussy d'argent, emmanchées d'or, rangées en pal et senestrée d'un marteau d'argent, emmanché d'or, posé en pal.

135.— Françoise FAILLY, femme de N....... de BIENVENU, écuier :

D'azur, à une face d'argent, acompagnée de trois haches d'armes couchées de même, une en chef, deux en pointe.

136.— Claude VERZEAU, conseiller du roy, maire héréditaire de la ville de Vervins :

D'azur, à un chevron d'or, accompagné en chef de deux têtes de coq, arrachées et confrontées d'argent, crêtées, béquées et barbées de gueules, et en pointe d'un ancre d'argent, suportant deux palmes d'or, brochantes sur le chevron jusques vers le chef.

137.— La communauté des marchands *Drapiers*, *Merciers*, *Ciriers* et marchands de vin en gros de la ville de Marle :

D'argent, à un élican avec sa piété de gueules.

138.— Jeanne MARQUETTE, fille :

D'argent, à trois merlettes de sable, deux et une.

139.— Feu Daniel BEFFROY, avocat en parlement, suivant la déclaration de N....... MARQUETTE, sa veuve :

D'azur, à un beffroy d'or.

140. — Antoine HENNEQUIN, prestre, chapelain de Notre Dame, et curé du faubourg de Semilly :

Party, au premier d'azur, à une face en devise haussée d'argent, acompagnée en chef de deux pommes de pin d'or, et en pointe de trois croissans de même, posez deux et un ; et au second de gueules, à un chevron d'argent, chargé d'une rose de gueules, et accompagné en chef de deux demi-vols d'argent, et en pointe d'un aigle, le vol abaissé de même.

141. — Le chapître de Saint-Pierre et Saint-Paul de *Mouy :*

D'azur, à un Saint Pierre d'or posé à dextre, et une croix de Loraine de même à senestre.

142. — Margueritte LE VENT, femme d'Antoine DAGNEAU, conseiller au baillage et siége présidial de Laon :

D'azur, à trois étoilles d'or, deux et une, et un chef de gueules, chargé d'un soleil naissant d'or et soutenu d'argent.

143. — La communauté des *Cordiers*, *Bourliers* et *Cordonniers* de Marle :

D'azur, aux outils de cordiers et cordonniers d'argent.

145. — Elisabeth de RIVES, fille noble :

De gueules, à une croix ancrée d'argent.

144. — La communauté des Mes *Apotiquaires*, *Ciriers* et *Épiciers* de la ville de Laon :

D'azur, à une flèche ou dard posé en pal d'or, la pointe en bas, acolé d'une givre de même, la tête en bas.

146. — Madelaine DAGNEAU, veuve de Jean CANDEUVRE, conseiller au présidial de Laon :

D'azur, à deux lions rampans et affrontez en chef d'argent, et un agneau de même passant en pointe.

147. — L'abbaye de *Saint-Martin* de Laon :

De gueules, à trois fleurs de lis d'or, deux en chef et une en pointe, et une rouë de même, posée en abîme.

148. — Louis REGNART, bourgeois de Laon :

Porte comme cy devant, article 78.

149. — Claude GAMBART, bourgeois de Laon :

D'argent, à un chevron d'azur, acompagné en chef de deux étoiles de même, et en pointe d'un croissant de gueules.

150. — Charles COEURDEROY, lieutenant en la maîtrise de La Fère :

De gueules, à un cœur d'or.

151. — Jacques CRONIER, bourgeois et premier échevin de la ville de La Fère :

D'azur, à une face d'or, chargée de trois étoiles à plusieurs rais de gueules, et surmontée d'un soleil d'or.

152. — Thomas Martin, marchand à La Fère :

D'azur, à un chevron d'or, chargé sur la pointe d'une rose de gueules, et accompagné de trois étoiles d'or, deux en chef et une en pointe; le tout surmonté d'une flèche ou dard de même, couché le long du chef.

153. — La communauté des *Marchands* de La Fère :

D'azur, à un Saint Marcoul d'or.

154. — Henry-Frédéric Barras, écuier :

De gueules, à trois barils d'or, couchez deux en chef et un en pointe.

155 *bis*. — Pierre Parat, écuier, seigneur de Chevillevet (Chailvet), Rayaveau (Royaucourt ?) et Bas-Chaillevois, et Marie Rousseau, sa femme :

Facé contre facé d'argent et de gueules de quatre pièces ; *acolé* : d'azur, à une face ondée d'argent, accompagnée de trois rouës de même, deux en chef et l'autre en pointe.

156. — Madelaine du Canet, femme de Charles de Lisy, écuier, sieur de Boffemont (Bouffémont ?) :

D'or, à une hache d'armes de gueules, posée en pal et accompagnée en chef de deux molettes d'azur.

157. — La communauté des *Boulangers* et *Bouchers* de la ville de Marle :

D'azur, à une paile (pelle) de four d'argent, chargée de trois pains de gueules, posez en pal, et acostée en pointe de deux couteaux d'argent.

158. — Françoise Martin, femme de Jean-François de Martigny, écuier, conseiller du roy au présidial de Laon :

De gueules, à un cerf passant d'argent, accompagné en pointe d'une croix de Malte d'or.

159. — Feu Nicolas Rasset, commissaire en la maréchaussée de Laon, suivant la déclaration de Caterine Derlon (d'Erlon), sa veuve :

De gueules, à un chiffre composé des lettres R, A, S, E, T et N, entrelassées d'or, accompagnées en chef d'une rose acostée de deux étoiles de même, et en pointe de deux palmes d'argent, passées en sautoir.

160. — Anne-Elisabeth Gérault, femme de Jean-Claude Martin, conseiller, avocat du roy au présidial de Laon :

D'argent, à une hidre (hydre) de sinople.

161. — La communauté des *Chirurgiens* et *Apotiquaires* de la ville de La Fère :

Party, au premier d'azur, à deux lancettes ouvertes posées en chef, trois boettes couvertes en face, et une tête de mort soutenüe de deux os passez en sautoir en pointe, le tout d'argent ; au deuxième d'argent à trois roses de gueules, rangées en chef, une vipère de sinople, languée de gueules, rampante en face, et un rocher de sable en pointe.

162. — La communauté des *Maréchaux*, *Serruriers* et *Taillandiers* de la ville de Marle :

De gueules, à une enclume d'argent, accompagnée en chef d'une clef à dextre, et d'un marteau à senestre aussy d'argent, et en pointe d'un fer de cheval de même.

163. — Louis Brisard, garde d'artillerie au magazin de La Fère :

D'argent, à un chevron de gueules, accompagné de trois bombes de sable, enflammées de gueules, deux en chef et une en pointe.

164. — Marguerite de Cuisy, veuve d'Antoine de Vive, bourgeois de Laon, a présenté l'armoirie qui porte :

D'azur, à une fontaine à trois bassins d'or, jalissante son eau d'argent.

165. — Noël Bellotte, chanoine de Notre Dame de Laon :

De gueules, à un loup rampant d'or, lampassé et armé de sable ; à une face d'argent, brochante sur le tout.

166. — N......, veuve de Jaques Cadot, avocat à La Fère, a présenté l'armoirie qui porte :

D'argent, à un cœur de gueules, environné de douze flèches d'azur, empennées d'or et apointées vers le cœur, avec cette devise en caractères de sable : Rien ne me touche.

167. — Louis Desmont, bourgeois de Laon :

D'azur, à un chevron d'or, acompagné de trois croissans d'argent, deux en chef et un en pointe.

168. — Françoise Maynon, veuve de Charles Dauneau, avocat en parlement :

D'azur, à un aigle s'essorant d'argent, langué et onglé de sable, posé sur une branche de sinople, mouvante d'une terrasse de même, et regardant un rayon d'or mouvant de l'angle dextre ; à un chef d'argent, chargé de trois étoiles d'azur.

169. — Jean Gambart, seigneur de Monceau, docteur en médecine et juré de Laon :

D'azur, à un aigle s'essorant d'argent, langué et onglé de sable, posant ses pieds sur un mont de sinople.

170. — Le corps des officiers des *Eaux et Forests* de la ville de La Fère :

D'argent, à un chesne de sinople, sur une terrasse de même.

171. — Mathieu le Doulx, greffier des appeaux du siége présidial de Laon :

Echiqueté d'argent et de gueules.

172. — Feu Nicolas Maillart, conseiller au siége présidial de Laon, suivant la déclaration de Marie-Madelaine Candeuvre, sa veuve :

De gueules, à un chevron d'or, accompagné en chef de deux étoiles d'argent, et en pointe d'un ancre de même.

174.— La communauté des *Paticiers, Boulangers, Bouchers* et *Brasseurs* de la ville de La Fère :

D'argent à un Saint-Michel de carnation, habillé à la romaine d'azur et de gueules, ailé de même, tenant de sa main dextre une épée flamboiante de gueules et de sa senestre une chaisne de sable, à laquelle est attaché un diable de même, lampassé et armé de gueules, terrassé et renversé sous ses pieds sur une montagne de sinople, et une cuve d'or, cerclée de sinople et remplie de sable, posée en pointe, brochante sur la terrasse et sur le diable ; le tout acosté à dextre d'une paile à four de sable, chargée de trois pains d'or, et à senestre d'un couperet de sable, emmanché d'or.

175.— La communauté des *Selliers, Bourliers* et *Cordiers* de la ville de La Fère :

D'azur à deux marteaux de sellier d'argent en chef, emmanchez de gueules, et en pointe d'un rouet de cordier, dont les suports sont d'or, la roüe de gueules et le mandre de sable, sur une terrasse de sinople.

176.— Jaques Maillart, notaire royal à Laon :

D'azur, à un chevron d'or, acompagné en chef de deux étoiles de même, et en pointe d'un ancre d'argent.

177.— Louis Crochart, notaire royal à Laon :

D'azur, à un chevron d'argent, accompagné en chef de deux crochets, et en pointe d'un croissant de même.

178.— Charles de la Campagne, notaire royal à Laon :

D'azur, à trois mains d'or, deux en chef et une en pointe.

179.— Jean-Antoine Lescuyer, notaire, gardenotte du roy au baillage de Vermandois :

D'azur, à une face d'argent, chargée de trois étoiles de gueules, et accompagnée de trois trois trefles d'or, deux en chef et l'autre en pointe.

180.— Jean-Antoine Bottée, notaire royal de Laon :

D'azur, à un cœur d'argent, percé de deux flèches d'or, passées en sautoir les pointes en haut, accompagné de quatre marteaux d'argent, deux en chef, et deux en pointe.

183.— Claude Mignot, notaire royal à Laon :

D'azur, à une croix pattée d'or.

182.— Nicolas-Béat Le Voirier, notaire royal à Laon :

D'argent, à un chevron de gueules, acompagné de trois étoiles d'azur, deux en chef et une en abime, et en pointe d'un lion de sable lampassé et armé de gueules.

183.— Jean Gruge, bourgeois de la Fère :

D'azur, à une tour d'or, pavillonnée de même, girouetée d'argent, sur une terrasse de sable, surmontée d'une gruë contournée et s'essorante d'or, tenant dans ses serres une palme de même, posée en barre.

185. — La communauté des *Chapeliers*, *Bonnetiers*, *Chaussetiers*, *Gantiers* et *Tailleurs* de la Fère :

D'argent, à une paire de ciseaux de tailleurs d'azur, ouverts en sautoir, acostez de deux autres paires de ciseaux de gantiers aussy d'azur, accompagnez en chef d'un chapeau de sable.

186. — Marie-Clermonde de Lalain, femme de Robert de Foucault, écuier, seigneur de Touly :

De gueules, à dix lozanges d'argent acolées, trois, trois et une.

187. —Anne-Élisabeth Mainon, femme de Charles de Fay d'Athy (Athies), écuier, seigneur de Guidelaucout (Goudelancourt) :

D'argent, à un chesne de sinople, sur une terrasse de même, sommé d'un perroquet de gueules.

188. — La communauté des maîtres *Orfevres*, *Pottiers d'estain*, *Chaudronniers*, *Serruriers*, *Taillandiers* et *Maréchaux* de la ville de la Fère :

D'azur, à deux clefs passées en sautoir, accompagnées en chef d'un calice, et aux flancs d'une aiguière à dextre et d'un chaudron à senestre, et en pointe de peux faucilles passées en sautoir et soutenües d'un fer de cheval renversé, le tout d'argent.

189. — Marthe Vauquet, femme de Josué Duvez (du Vez), écuier, seigneur de Villers :

D'azur, à un chevron d'or, acompagné de trois croissans d'argent, deux en chef et un en pointe.

190. — Pierre Fouquet, notaire et procureur en la ville de la Fère :

De sable, à une fontaine d'argent, jallissante par la gueule d'un dauphin de même, acostée de deux aigles s'essorants et affrontez d'or, apuians un de leurs pieds sur le bord d'un bassin de la fontaine.

191. — Charlotte de Gomont, femme de Charles de Bezanne, écuier :

D'or, à un chevron de gueules, acompagné en chef de deux treffles de sable, et en pointe d'une rose de gueules.

192. — César Le Maire, marchand à Vervins :

D'azur, à un chevron d'or, accompagné en chef de deux étoiles de même, et en pointe d'une canette d'argent.

193. — N. . . . . . . veuve de M. . . . . . . Des Hayes, marchand à Vervins, a présenté l'armoirie qui porte :

D'azur, à une navette d'or, enfilée de sable et mise en barre.

194. — La communauté des *Vanniers* et *Tourneurs* de la ville de la Fère :

D'argent, à un fer à clorre de sable et un poinson de même, passez en sautoir, entrelassez avec une plane d'argent, emmanchée de gueules, posée en face; le tout soutenu d'un couteau de sable, emmanché d'or, couché en pointe.

195.— Jean de Cuisy, bourgeois de la Fère :

D'argent, à un chevron d'azur, acompagné en chef de deux treffles de gueules, et en pointe d'une rose de gueules, boutonnée d'or.

196.— François Gallien, notaire royal à Laon :

D'azur, à un galion équipé d'argent, voguant sur des ondes de même.

197.— Laurent Blanchet, notaire royal à Laon :

De gueules, à un chevron, acompagné en chef de deux roses tigées et feuillées et en pointe d'un daufin, le tout d'or.

198.— Claude de Marle, notaire royal à Laon :

Party, au premier d'argent, à un chesne de sinople sur une terrasse de même, sommé d'une merlette de sable, et au second échiqueté d'argent et de gueules.

199.— Jean-Nicolas de La Campagne, notaire royal à Laon :

D'azur, à trois mains senestres apaumées d'argent, deux et une.

200.— Adrien Mignot, notaire royal à Laon :

D'azur, à une croix pattée d'or.

201.— Philibert Dorigny (d'Origny), notaire royal à Laon :

De sable, à trois chandeliers d'église d'argent, deux et un.

202.— La communauté des *Cordiers*, *Selliers* et *Tonneliers* de la ville de Vervin :

D'azur, à deux marteaux de selliers d'argent, emmanchez de gueules, rangez en chef, et en pointe un rouët de cordier, dont les suports sont d'or et la roüe de gueules, posé sur une terrasse de sinople.

203.— La communauté des *Menuisiers*, *Charons*, *Tourneurs*, *Mandeliers* et *Chanveliers* de la ville de Vervin :

D'azur, à une varlope d'or, ferrée de sable, une douloire d'argent emmanchée de gueules, une hache d'argent emmanchée par un bout de sinople et par l'autre de gueules ; ces quatre pièces rangées en face l'une sur l'autre, accompagnées en pointe d'un fer à clore d'argent, passé en sautoir avec un poinson de sable.

204.— La communauté des *Chirurgiens* et *Apotiquaires* de la ville de Vervin :

D'or, à un Saint Cosme et un Saint-Damian de carnation, vêtus d'azur et de gueules sur une terrasse de sinople ; le premier tenant de la main dextre élevée une boette couverte de gueules, et apuyant sa senestre sur une épée d'argent, la pointe en bas ; et l'autre tenant de sa main dextre abaissée une épée de même, et de sa senestre élevée une fiolle aussy d'argent.

205.— La communauté des *Boulangers* de la ville de Vervin(s) :

D'azur, à un mortier avec son pilon d'or en pal, adextré d'une paile à four d'argent, posée en pal et chargée de trois tourteaux de gueules, posez un et deux ; senestré d'un rouleau aussi d'argent, posé en pal ; le tout surmonté de trois tartières d'or, rangées en chef.

206. — Nicolas Constant, notaire royal à Vervin(s) :

D'azur, à deux ancres d'argent, passées en sautoir; une colonne aussi d'argent posée en pal, brochante sur le tout, surmontée d'une étoile d'or.

207. — Caterine de Saporta, femme d'Annibal de Poullet, écuier, seigneur de Vesleu (Veslud) :

D'azur, à une porte cochère d'argent, massonnée de sable, fermée de gueules et sommée d'un lion passant d'or.

208. — La communauté des *Murquiniers* et *Tisserans* de la ville de la Fère :

De gueules, à une navette de tisserand posée en face, surmontée d'un peson posé de même et soutenüe d'un peigne couché en pointe, le tout d'or.

209. — Adrien Verzeau, médecin à Vervin :

D'azur, au signe du Verseau d'argent, représenté par un homme tenant une cruche versant de l'eau de même et surmonté de trois étoiles d'or mal ordonnées.

210. — Feu Martin Verzeau, bourgeois de Vervin, suivant la déclaration de Geneviève Houzé, sa veuve :

Portoit de même.

211. — Charles d'Ambertrand, commissaire des reveues à la Fère :

D'azur, à une chesne d'or, sommé d'un faisan de même, le chesne posé sur une terrasse de sinople et accompagné en chef de deux étoiles d'argent et en pointe d'un croissan de même, posé sur la milieu de la terrasse.

212. — Philippes Edouart, commissaire des poudres à la Fère :

D'argent, à trois roseaux de sinople, rangez en pal.

213. — Louis d'Ambertrand, bailly de la Châtellenie de Vendeuil en Picardie :

D'azur, à un château d'argent, composé d'un entremur crénelé et de deux tours quarrées, crénelées, pavillonnées et girouetées de même, massonné de sable; la porte du château ouverte et garnie de sa herce ou coulisse d'or, et surmontée d'un échiquier dont les carreaux sont de sable et d'or.

NOYON

SUIVANT L'ORDRE DU REGISTRE PREMIER

174. — Gotebert de La Porte, prestre curé de Babeuf (Babœuf) :

D'or, à un chevron de gueules, surmonté d'une étoile de même, et acompagné de trois croissans d'azur, deux en chef et un en pointe; le chevron chargé de deux clefs d'argent posées dans le sens du chevron, les penetons confrontez.

CHATEAUTHIERRY

SUIVANT L'ORDRE DU REGISTRE PREMIER

138.— Henry de LYONS, chevalier, seigneur des Paux (d'Epaux) et autres lieux :

D'azur, à une tète de léopard d'or, lampasée de gueules.

139.— La ville de *Châteauthierry* :

D'azur, à un château composé de cinq tours d'argent, pavillonnées et girouetées de même, posé en face, accompagné de trois fleurs de lis d'or, posées deux en chef et une en pointe.

146.— Louis de LA FONTAINE, prestre habitué de l'église de Saint Crépin de Châteauthierry :

D'azur, à fontaine d'or, à quatre jets d'argent, sommée d'un arbre d'or et acostée de deux étoiles de même.

147.— François de LA FONTAINE, prestre habitué de l'église Saint Crépin de Châteauthierry :

Porte de même.

148.— Nicolas le GAUDIER, conseiller du roy et son procureur en l'hôtel de ville de Châteauthierry :

D'azur, à un chevron d'argent, acompagné en chef d'une étoile d'or et en pointe d'un cœur de même, percé de deux flèches de sable, passées en sautoir.

149.— La communauté des *Boulangers* de la ville de Châteauthierry :

De gueules, à un Saint Honoré de carnation, vêtu pontificalement d'or, crossé et mitré de même, et senestré d'une paile de fer et d'un fourgon passez en sautoir d'argent.

157.— La communauté des *Charpentiers* de la ville de Châteauthierry :

De sinople, à un Saint-Joseph d'or, senestré d'un Jésus, qu'il tient par la main de même, Saint-Joseph tenant de sa main dextre une hache d'argent, emmanchée d'or.

159.— La communauté des *Rotisseurs* et *Paticiers* de la ville de Châteauthierry :

De gueules, à un Saint-Laurent d'argent, tenant un gril de sable à la main.

162.— La communauté des *Serruriers, Cloutiers* et *Armuriers* de la ville de Châteauthierry :

D'azur, à un Saint-Eloy, vêtu en évêque, crossé et mitré, tenant à la main senestre un marteau, le tout d'or.

165. — La communauté des *Cordonniers* de la ville de Châteauthierry :

D'azur, à un Saint-Crespin taillant des souliers, le tout d'or.

167. — La communauté des *Tonneliers* de la ville de Châteauthierry :

D'azur, à une Madeleine de carnation, vêtüe d'or et tenant à sa main une boette de même.

170. — La communauté des *Chapeliers* de la ville de Châteauthierry :

D'azur, à une Sainte Barbe, tenant une tour sommée d'un chapeau, le tout d'argent.

171. — Nicolas Le Givre, marchand à Châteauthierry :

D'or, à un chevron rompu et abaissé de sinople, sommé d'un arbre de même ayant le tronc acolé d'une givre aussi de sinople.

172. — La communauté des *Vinaigriers* de la ville de Châteauthiery :

De gueules, à un Saint Vincent de carnation, vêtu en diacre d'or, tenant un sep de vigne de même.

173. — Marie Vitart, veuve de Mathieu Le Clerc, conseiller du roy, éleu en l'élection de Châteauthierry :

De gueules, à un chevron d'argent, accompagné en chef de deux roses d'or et en pointe d'un lion de même.

177. — Louis Bouresche, conseiller du Roy, grenetier au grenier à sel de Fère :

De gueules, à trois trufles (trèfles) d'or, deux en chef et une en pointe, et une feuille de bourache au naturel posée en abime.

179. — Anne Vitart, veuve de Claude Gallien, procureur du roy au grenier à sel de Châteauthierry :

De gueules, à un chevron d'argent, acompagné en chef d'une étoile d'or, acostée de deux fers de pique de même, et en pointe d'un cor de chasse d'argent.

180. — Nicolas de Nelle, antien éleu et capitaine de bourgeoisie de la ville de Châteauthierry :

De gueules, à deux cors de chasse adossez d'or, accompagnez en chef d'une étoile et en pointe d'un lion de même.

182. — N. . . . . . . de Coupigny, veuve de Jacques Vaillant, chevalier, seigneur de Charnenloup, dame de Buverde, a présenté l'armoirie qui porte :

D'azur, à deux étoiles d'or en chef et un croissant d'argent en pointe.

184. — François du Four, greffier et secrétaire de la ville et communauté de Châteauthierry :

D'azur, à un chevron d'argent, acompagné en chef de deux croissans de même, et en pointe d'une étoile d'or.

CRESPY

SUIVANT L'ORDRE DU REGISTRE PREMIER

163. — Catherine de MARTIN, veuve de Vincent de la SAINTE-GAYS (La Saintegais), chevalier, seigneur de la Salle, a présenté l'armoirie qui porte :

D'azur, à une face d'argent, chargée d'une rose de gueules, et acompagnée de trois molettes d'or deux en chef et une en pointe.

179. — Marc-Antoine de SERIZER Massigny, écuier ordinaire du roy et son mousquetaire :

D'azur, à trois croissans d'or, deux en chef et un en pointe.

180. — Le prieuré de *Nanteuil* :

De gueules, à deux clefs d'argent, passées en sautoir, les pennetons en dedans, et une épée en pal brochante entre les deux clefs de même, la garde et la poignée d'or.

181. — François ROGER, chevalier, seigneur de Bétancourt et subdélégué de Mrs les maréchaux de France :

D'argent, à trois léopards de sable, deux et un, et un chef d'azur, chargé de trois roses d'argent ; l'écu bordé de gueules.

182. — Le prieuré des Dames de *Longpré* :

D'argent, à une Notre Dame à demy corps, tenant sur son bras senestre l'Enfant Jésus, les visages et les mains de carnation, l'Enfant Jésus vêtu d'une robe de pourpre et la vierge vêtue d'une robe de gueules et d'un manteau d'azur.

220. — Etienne FOURURE, sieur de Cramail (Cramaille), rachasseur (rechasseur) de la forest de Villers-Cotterets :

Vaîré d'azur et d'argent, à une bande d'or, semée de moucheturos d'hermines de sable.

CLERMONT

SUIVANT L'ORDRE DU REGISTRE PREMIER

70.— Léopold de Béthune, prévost d'Angicourt et religieux de l'Abbaye de Saint-Vaast-d'Arras :

D'or, à une croix ancrée de gueules.

73.—François-Rolland de Pertuis, écuier, seigneur du fief Sarazin :

D'azur, à une croix ancrée et vuidée d'argent.

GUISE

SUIVANT L'ORDRE DU REGISTRE PREMIER

34.— Joseph David, conseiller du roy, receveur antien des tailles de l'élection de Guise :

D'argent à une grue de sable ; écartelé de cinq points d'argent équipolez à quatre d'azur.

35.— Louis Ferrand, conseiller du roy, receveur des deniers patrimoniaux de la ville de Guise :

D'azur, à un chevron d'argent, accompagné de trois croissans d'or, deux en chef et un en pointe ; et un chef d'azur, chargé de trois étoiles d'or et soutenu de même.

36.— La communauté des religieux de l'abbaye de *Foigny* :

D'argent, à trois roses de gueules, deux et un.

Ignace-Quentin Tabary, de la Motte, conseiller et procureur du roy au baillage et siége royal de Ribemont :

De gueules, à deux épées d'argent, passées en sautoir.

38.— Quentin Tabary, greffier, secrétaire de la ville et communauté de Guise :

Porte de même.

39.— Antoine Bellot, prestre, curé de la Bouteille et Foisny (Foigny) :

D'azur, à un chevron d'or, accompagné en chef de deux roses et en pointe de trois étoiles mal ordonnées de même.

40.— François Garnier, prestre, curé de Landouzy-la-Ville :

D'azur, à une croisette d'or, posée en abisme.

41.— Antoine de Martigny, avocat en parlement :

D'argent, à un chevron d'azur, acompagné de trois roses de gueules, deux en chef et une en pointe.

42.— Jaques-Antoine de Martigny, avocat en la cour et lieutenant général à Guise :

D'argent, à un chevron d'azur, acompagné de trois roses de gueules, deux en chef et une en pointe.

43.— Jaques Corneillau, prestre curé de la Paroisse de Thenelle(s) :

D'argent, à trois têtes de lion de sable, lampassez de gueules, deux en chef et l'autre en pointe.

49.— La communauté des *Chirurgiens* de Guise :

D'argent, à une fleur de lis de gueules en chef, et en pointe deux boettes couvertes de sable, avec cette inscription autour : *Chirurgiens de Guise.*

53.— Les officiers de l'*Élection* de Guise :

D'azur, à trois fleurs de lis d'or, deux et une, avec ces mots autour : *Election de Guise.*

55.— Jean Solon, conseiller du roy, éleu en l'élection de Guise :

D'azur, à un arbre d'or, sur une terrasse de même, acosté de deux lions affrontez aussi d'or et acompagné en pointe d'un chifre composé de deux J et de deux S de même.

57.— La communauté des *Merciers* et *Drapiers* de la ville de Guise :

D'azur, semé de fleurs de lis d'argent, à un Saint Marcoul de même, posé de front, donnant l'aumône à un pauvre.

58.— La communauté des religieux de *Boischéries* (Bohéries) :

D'azur, à une tige d'épines d'argent, acostée en pointe de deux roses de même.

63.— Jean Gobet, prestre curé de Seboncour(t) :

D'argent, à une gerbe de sinople, senestrée d'une herce de sable, surmontée d'un coq de gueules, adextré d'une étoile d'azur.

64.— La communauté des religieux de l'abbaye de *Fesmy* :

De sinople, à une face de pourpre, chargée de deux douloires de sable adossées.

70.— Jean-Baptiste du Saussoir, conseiller du roy, commissaire aux reveues des troupes de la ville d'Aubenton :

De sinople à trois gerbes ou bottes d'ozier d'argent, liées de gueules, deux et une.

72.— N. . . . . . . de Roucy, marquis de Roucy, seigneur en partie d'Origny-en-Thiérache, etc. :

D'or, à un lion d'azur.

76. Pierre du Bois, prestre, curé de Fasty (Faty) :

D'argent, à un chevron de gueules, acompagné en chef de deux étoiles d'azur, et en pointe d'un croissant de même.

85.— Michel-Nicolas Aubert, prestre, chanoine du chapitre de Guise :

D'argent, à un levrier rampant de gueules, acolé d'or.

86.— L'abbaye de notre dame de *Boshery* (Bohéries) :

Comme cy devant article 58.

87.— Henry-François de Maubreuil, chanoine du chapitre de Saint Vaast d'Origny Sainte Benoiste :

D'argent, à un chevron de gueules, acompagné de trois roses de mêmes, tigées de sinople, deux en chef et une en pointe.

89.— Nicolas de Bertellemy, écuier, seigneur de Montigny :

D'azur, à un lion d'or, lampassé et armé de gueules entre deux pals d'argent.

90.—Jean-Baptiste Hornet, prestre, chanoine du chapitre de Saint Vaast d'Origny Sainte Benoiste :

D'argent, à un chevron de gueules, chargé de trois raisins d'or, et acompagné en pointe d'un demy vol de sable, et un chef d'azur chargé de trois étoiles d'argent.

91.— Charles Fournier, diacre, chanoine du chapitre de Saint Vaast d'Origny Sainte Benoiste :

D'azur, à trois mouchetures d'hermines d'argent, deux et une.

92.— François Pourier, prestre, chanoine du chapitre de Saint Vaast d'Origny Sainte Benoiste :

De gueules, à deux canons d'argent, passez en sautoir, et un chef cousu de sinople, chargé d'une étoile d'argent acostée de deux boulets de canon de même.

94.— Anne-César Le Père de Marolles, écuier, lieutenant de vaisseau du roy, seigneur de Proix, etc :

D'azur, à un renard rampant d'or, acompagné en chef de deux épis de bled de même.

96. — Charles de La Fons, écuier, seigneur de la Plenoye (Plesnoy), capitaine de cavalerie au régiment de Condé :

D'argent, à trois hures de sanglier de sable, arrachées de gueules, deux en chef et une en pointe.

99. — Antoine Bougier, prestre, chanoine du chapitre de Saint Vaast d'Origny Sainte Benoiste :

D'azur, à un chevron d'or, acompagné en chef de deux étoiles d'argent et en pointe d'une hure de sanglier de même arrachée de gueules.

100. — Estienne Pourrier, sous-diacre, chanoine du chapitre d'Origny Sainte Benoiste :

Porte comme cy devant, article 92.

103. — Henry du Mangert, notaire royal à Guise :

De gueules, à un chevron d'or, acompagné en chef de deux étoiles, et en pointe d'un cœur soutenu d'une foy, le tout d'argent.

105. — François de Mangert, bourgeois de Guise :

Porte comme cy dessus, article 103.

106. — Jean-Baptiste-Louis Dudrot (Du Drot), conseiller du roy, président au grenier à sel de Guise :

De gueules, à trois pins d'or, rangez sur le bord d'une rivière d'argent, et un chef cousu d'azur, soutenu d'argent et chargé de trois étoiles d'or.

107. — Pierre-Antoine Lhote, conseiller du roy, assesseur en la mairie de la ville de Guise :

D'argent, à un chevron de gueules, acompagné en chef de deux étoiles d'azur, et en pointe d'un croissant de gueules, surmonté d'un cœur enflammé de même.

RÉCAPITULATION

SOISSONS

Armoirie des	livres.	livres.	
Personnes	6 à 20	120	370
Communautez	5 à 50	250	

LAON

Armoiries des	livres.	livres.	
Personnes	158 à 20	3160	4085
Abbayes	3 à 50	150	
Communautez	3 à 50	150	
au(tres) Communautez	22 à 25	550	
Chapitres	2 à 25	50	
Couvent	1 à 25	25	

NOYON

Armoiries des	livres.	livres.	
Personnes	1 à		20

CHATEAUTHIERY

Armoiries des	livres.	livres.	
Personnes	11 à 20	220	470
Ville	1 à	50	
Communautez	8 à 25	200	

CRESPY

Armoiries des	livres.	livres.	
Personnes	4 à 20	80	130
Prieurez	2 à 25	50	

CLERMONT

Armoiries des	livres.	livres.	
Personnes	2 à 20		40

GUISE

Armoiries des	livres.	livres.	
Personnes	28 à 20	560	760
Abbaye	1 à	50	
Communautez	6 à 25	150	
	264 armoiries.		5875 livres

Total, cinq mille huit cens soixante quinze livres, et les deux sols pour livres.

Présenté par le dit Vanier à nos seigneurs les commissaires généraux du Conseil, à ce qu'il leur plaise recevoir les dites armoiries et ordonner qu'elles seront enregistrées à l'Armorial général, conformément au dit édit et arrests rendus en conséquence, même celles dans lesquelles il y a des fleur de lis d'or sur azur, attendu que le droit et la possession en sont notoirement connus, et ce suivant l'arrest du conseil du 22 juillet 1698.

Fait à Paris, ce vingt troisième jour de novembre mil six cens quatre vingt dix neuf.

Signé : ALEXANDRE et DELARROC.

Les commissaires généraux, députez par le roy, par arrests du Conseil des 4 décembre 1696 et 29 janvier 1697, pour l'exécution de l'édit du mois de novembre précédent sur le fait des armoiries.

Veu par nous l'estat cy dessus présenté par ledit Vanier aux fins y contenues les feuilles de présentation des armoiries jointes au dit estat; notre ordonnance de soit montré du 22 décembre 1699; conclusions du procureur général de la commission; ouy le rapport du sieur de Breteuil, conseiller ordinaire du roy en son conseil d'estat, intendant des finances, l'un des dits sieurs commissaires.

Nous commissaires sus dits, en vertu du pouvoir à nous donné par Sa Majesté, avons receues et recevons les DEUX CENT SOIXANTE QUATRE armoiries mentionnées au dit estat. En conséquence, ordonnons qu'elles seront enregistrées, peintes et blasonnées à l'Armorial général, et les brevets d'icelles délivrez conformément au dit édit et aux arrests rendus en conséquence; et à cet effet les feuilles des dites armoiries et une expédition de la présente ordonnance seront remises au sieur d'Hozier, conseiller du roy, garde de l'Armorial général.

Fait en l'assemblée des dits sieurs commissaires, tenue à Paris ce dix neuf février mil sept cent.

Nous soussignez, intéressez au traitté des armoiries, nommez par délibération de la Compagnie du 29 aout 1697, pour retirer les brevets des dittes armoiries, reconnaissons que M. d'Hozier nous a, ce jourd'huy, remis ceux mentionnez au présent état, au nombre de DEUX CENT SOIXANTE QUATRE armoiries.

La finance principalle desquelles, montant à cinq mil huit cent soixante quinze livres, prometons payer au trésor royal, conformément au traitté que nous en avons fait avec Sa Majesté.

Fait à Paris, ce troisième juillet, mil sept cent.

Signé : CARQUEVILLE.

ETAT DES ARMOIRIES DES PERSONNES ET COMMUNAUTEZ DÉNOMMÉES CY-APRÈS, ENVOYÉES ES BUREAUX ÉTABLIS PAR Mᵉ ADRIEN VANIER, CHARGÉ DE L'EXÉCUTION DE L'ÉDIT DU MOIS DE NOVEMBRE 1696, POUR ESTRE PRÉSENTÉES A NOSSEIGNEURS LES COMMISSAIRES GÉNÉRAUX DU CONSEIL, DÉPUTEZ PAR SA MAJESTÉ, PAR ARRESTS DES QUATRE DÉCEMBRE AUDIT AN ET VINGT TROIS JANVIER MIL SIX-CENT-QUATRE VINGT DIX SEPT.

GÉNÉRALITÉ DE SOISSONS

SOISSONS

SUIVANT L'ORDRE DU REGISTRE DEUXIÈME

105. — Paul du Tour, chanoine et archidiacre de l'église cathédrale de Soissons :

D'azur, à un chevron d'or, accompagné en chef de deux étoiles de même, et en pointe d'une tour d'argent, massonnée de sable.

116. — N. . . . . Buirette, femme de N. . . de Monpreux (Monpieux?), ci-devant receveur des tailles de Soissons :

D'azur, à trois testes de levriers *d'argent*, *accolées de gueules et bouclées* d'argent, deux en chef et une en pointe.

123. — Claude Cuyrel, ancien receveur des tailles en l'élection de Soissons :

De vair, et un chef de gueules, chargé d'un lion naissant d'or.

125-126.— Jean Dutot (du Tot), chevalier, seigneur de Villefort, lieutenant colonel d'un régiment de cavalerie, et N. . . . . Charpentier, son épouse :

De gueules, à trois testes de grifons arrachées d'or; *accolé* : d'écartelé de gueules et d'argent.

128.— La communauté des *Mariniers* de l'Arche, de la ville de Soissons :

D'azur, à un Saint Nicolas d'or.

LAON

SUIVANT L'ORDRE DU REGISTRE DEUXIÈME

214.— Barbe de Regnier, femme d'Antoine-Gabriel de Monceau(x) écuier, seigneur de Monceau(x) :

D'or, à un sautoir de gueules, accompagné de quatre merlettes de sable.

215.— Pierre Sezet, conseiller du roy, lieutenant en la prévôté de. . . .

D'azur, à un chesne d'or, sur une terrasse de même; un aigle posé au flanc dextre de l'écu, s'essorant et contourné, regardant un soleil mouvant de l'angle senestre du chef, le tout d'or.

216.— Louis-Antoine Baillet, prestre, curé de Mezières-sur-Oise :

D'azur, à un ancre d'argent.

217.— Genevieuve Verzeau, veuve de Nicolas Larsonnier, bourgeois de Laon :

D'azur, à un cœur d'or, percé de deux flèches de même, passées en sautoir; un lis aussi d'or, mouvant de la bouche du cœur, accosté de deux étoiles de même.

218.— Antoine-François Le Maire, procureur et notaire royal à la Fère :

D'azur, à un lion d'or naissant d'une mer d'argent.

219.— Antoine Pelletier, procureur et notaire royal à La Fère :

D'or, à un cœur de gueules, enflamé de même, cotoyé de deux branches de laurier de sinople, les tiges passées en sautoir, et un chef d'azur chargé de trois tourterelles d'argent.

220.— L'abaye de *Saint Nicolas* des Prez sous Ribemont :

D'azur, à un Saint Nicolas d'or, ayant sous ses pieds un écusson échiqueté d'or et de gueules.

221.— Marie de Fremont, femme de Jean de Hannin (Hénin)-Liétart, seigneur de Moigny :

De gueules, à trois tours d'or, deux et une.

222.— La communauté des marchands *Drapiers* et *Merciers* de la ville de Ribemont :

D'azur, à un navire d'argent, surmonté d'une étoile d'or, posée au premier canton.

223.— La communauté des *Maréchaux*, *Menuisiers*, *Bourliers*, *Charons* et *Tourneurs* de la ville de Ribemont :

D'azur, à un vilbrequin et un marteau-pal en chef, et une enclume en pointe, le tout d'argent.

224.— La communauté des *Tisserands*, *Murquiniers*, *Cordiers* et *Chereriers* de la ville de Ribemont :

De gueules, à une plane couchée en chef, une navette aussi couchée en face, et une corde posée en pointe de même, le tout d'argent.

225.— La communauté des *Massons*, *Couvreurs* et *Savetiers* de Ribemont :

De gueules, à un compas ouvert et un marteau posez en chef, et une truelle en pointe, le tout d'argent.

226.— Louis-Antoine Carlier, avocat en parlement et à Ribemont :

D'argent, à un lion de sable, lampassé et armé de gueules, apuiant ses deux pattes de derrière sur un terrain de sinople, et tenant de ses deux pattes de devant une roue de gueules.

229.— La communauté des *Chapeliers* et *Siergiers* de la ville de Vervin(s) :

D'argent, à un archet de sinople, cordé de sable, couché en fasse et au dessous une main dextre de carnation, parée d'azur, mouvante à dextre et tenant un bâton bourdonné d'or, touchant à la corde de cet arc ; et un chef d'azur, chargé d'une paire de cizeaux de tondeur, couchez d'argent.

230.— La communauté des *Vinaigriers* et *Brasseurs* de la ville de Vervin :

D'azur, à un fouchy d'argent, emmanché de sinople, posé en pal, accosté en fasse de deux étoiles d'argent, et en pointe d'une cuve d'or à dextre, cerclée de sinople, et d'une chaudière aussi d'or à senestre.

231.— La communauté des religieux de l'abaye de *Vauclerc* :

D'azur, à un chevron d'argent accompagné en chef de deux étoiles de même, et en pointe d'une fleur de lis d'or.

232.— La communauté des *Tailleurs* d'habits, *Chaussetiers* et *Houssetiers* de la ville de Vervin :

D'azur, à une main dextre de carnation, mouvante d'une nuée d'argent du bas du flanc senestre de l'écu, et tenant une paire de cizeaux d'argent en pal, desquels elle coupe une pièce d'étoffe de gueules, posée en chef.

233.— Anne Boudinot, femme de Gabriel de La Fontaine, seigneur de Lille (l'Isle) :

D'azur, à un chevron d'or.

234.— Jean-Jacques de Roussy (Roucy), chevalier, seigneur de Sissonne :

D'or, à un lion d'azur.

235.— Le prieuré de *Vigneux* :

D'azur, à un pal d'or, chargé d'un lion de sable, et accosté de deux épées d'argent, les pointes en bas.

236.— La communauté des *Cordonniers* en neuf et en vieil, *Tanneurs* et *Corroyeurs* de la ville de la Fère :

De sable, à une paire de pinces d'argent, posées en pal, entourées d'un tranchet, d'un couteau à pied et d'un couteau à travers, duquel se servent les tanneurs ; les trois outils aussi d'argent et emmanchez d'or, et autres outils de ces métiers d'argent.

237.— La communauté des *Couvreurs*, *Massons* et *Platriers* de la ville de La Fère :

De gueules, à une tour pavillonnée d'argent, massonnée et ajourée d'une porte et de deux fenestres de sable, sur une terrasse de sinople.

238.— La communauté des *Tonneliers*, *Charpentiers*, *Charons*, *Menuisiers* et *Vitriers* de la ville de La Fère :

De sable, à un besagut d'argent, posé en chef, soutenu d'une feuille de scïe de même, le tout en fasse, accompagné en pointe d'une équerre d'or à dextre et d'un compas ouvert en chevron d'argent, posé à senestre.

239.— La communauté des *Chirugiens* de la ville de Ribemont :

D'azur, à une spatule d'argent posée en pal, sur laquelle sont brochants des cizeaux ouverts de même.

240.— Louis Fontaine, notaire royal de Ribemont :

D'azur, à un bassin oval, du milieu duquel sort un jet d'eau d'argent, accompagné de trois testes de loup arrachées de même, deux en chef et une en pointe.

241.— Daomp-Materne Le Cannes (Camus), curé de Enregnicourt :

D'azur, à l'image de Saint Hubert d'or, tenant un livre ouvert à sa main dextre, et de sa senestre tenant une crosse.

242.— Marie-Anne Chertemps, veuve de Jean-Louis de Bezannes, écuier, seigneur de Guignicourt, a présenté l'armoirie qui porte :

D'azur, à une fasse d'or, accompagnée en chef de trois étoiles rangées d'argent, et en pointe d'un croissant de même.

243. — Marie-Françoise BELLOTTE, femme de Pierre-Louis de BEZANNES, écuier, seigneur de Guignicourt :

De gueules, à un loup ravissant d'or, lampassé et armé de sable, et une fasse d'argent brochante sur le tout.

244. — Charles VIOLETTE, conseiller, procureur du roy en la mairie et hôtel de ville de Ribemont :

D'azur, à un chifre d'or, composé des principales lettres de son nom entrelassées.

245. — Marie de LA CROIX, veuve Daniel COQUART, avocat en parlement, a présenté l'armoirie qui porte :

De gueules, à un ancre d'argent, surmonté d'une rose entre deux croissans de même.

246 *bis*. — François LE PIQUART (Picard), chevalier, seigneur de Résigny, brigadier des armées du roy, et N. . . . . . . de LA FONTAINE de Bitry, son épouse :

D'azur, à un lion d'or, lampassé et armé de gueules; *accolé* : d'échiqueté d'or et de gueules, trois bandes d'azur brochantes sur le tout; et sur le tout : un écusson d'argent chargé de trois fleurs de lis de gueules, au pied nourry, posées deux et une.

247. — Louis BOTTÉ, curé de Beautor et chanoine de Saint-Louis du château de La Fère :

D'azur, à un soleil d'or, accompagné de trois cœurs de même, deux en chef et un en pointe.

248. — Elizabeth de BELLANGER, femme de François de GOUJON, écuier, seigneur de Condé :

D'azur, à un chevron d'or.

249. — Louis GARBE, prestre, curé et doyen de Ber(r)y-au-Bacq :

D'azur, à un chevron d'argent, accompagné en chef de deux grapes de raisin de même, et en pointe d'une gerbe de bled d'or.

250. — Alexandre de LA MOTHE, commissaire aux reveues de Ribemont :

Bandé d'or et de gueules de six pièces.

251. — Marie-Françoise LE CARLIER, femme de Nicolas BRANCHE, conseiller au présidial de Laon :

D'azur, à un chevron d'or, accompagné de trois roses doubles d'argent, deux en chef et une en pointe.

253. — N. . . . . (Marie-Anne) de LA FUITTE (Fitte), femme de N. . . . . (Anne-Claude) de FLAVIGNY, seigneur de Renansart :

D'azur, à une bande d'or, accostée de deux cors de chasse de même.

254. — La communauté des *Menuisiers*, *Tonneliers*, *Bonnetiers*, *Peltiers*, *Chapeliers* et *Tailleurs* d'habits de la ville de Marle :

D'azur, à une verlope d'or, une douloire d'argent, emmanchée de sinople, un couteau de pelletier d'argent, emmanché par les deux bouts de gueules, et un arson de sinople, cordé de sable; ces quatre pièces posées en fasse, les unes sur les deux autres, adextrées d'une broche double de sable, chargé de chardons d'or, et senestrées d'une paire de cizeaux d'argent, posez en pal.

255. — La communauté des *Bouchers* de la ville de Vervins :

D'azur, à deux couteaux d'argent en chef et un fuzy de même en pointe.

256. — La communauté des *Tisserands* de la ville de Vervins :

D'azur, à une navette d'or posée en bande, la bobine garnie de fil de sable.

257. — Catherine de (Lance), femme de Louis de Foucault, chevalier, seigneur de Restud :

Parti au premier d'azur, mi-parti par un filet d'or et quatorze coquilles de même, sept de chaque côté, posées deux, deux, deux et une; et au deuxième aussi d'azur, à un lion couronné d'or, lampassé et armé de gueules.

258. — La communauté des Marchands *Drapiers* et *Marchands de fer* en gros :

De gueules, à une croix ancrée d'or.

259. — La communauté des *Charpentiers*, *Massons*, *Couvreurs* et *Potiers* de terre de la ville de Vervins :

De gueules, à un bezagut de charpentier d'argent, et une règle de même passez en sautoir.

260. — N. . . . . Huet, femme de François Petré, écuier, seigneur de Vincy :

D'argent, à cinq mouchetures d'hermines de sable, posées trois et deux.

261. — Cœsar Fontaine, prestre, curé des Bouleau(x) :

De gueules, à un pont de trois arches d'argent, sur une rivière de sinople.

262. — Elie Des Prez, prestre, curé de Seincheny (Sinceny) :

D'or, à un nom de Jésus d'azur.

263. — Noel Connart, prestre, curé de Juvincourt :

D'argent, à une face d'azur, surmontée de trois molettes de sable, rangées en chef, et accompagnée en pointe de deux éperons de même, les soupieds d'or.

264. — Jean Bapt(iste) Fonzy, prestre, curé de Guignicourt :

D'argent, à un lion contourné d'azur, lampassé et armé de gueules, et une main dextre de carnation mouvante d'une nuée d'azur du haut du flanc dextre de l'écu, et tenant un flambeau en barre d'or, alumé de gueules, dont elle semble brusler la gueule du lion.

265.— Claude CHARLIER, procureur du roy en l'hôtel de ville de Marle :

D'azur, à un lion d'argent, lampassé et armé de gueules.

266.— Quentin SAUVAGE, prestre, curé de Bichancourt :

D'azur, à un sauvage d'or, apuiant sa main dextre sur sa massue de même.

267.— Claude DAVIN, prestre, curé de Saint Sery et Saint Denis :

D'argent, à un chevron de gueules, accompagné de trois grapes de raisins de sable, deux en chef et une en pointe.

269.— Marie-Victoire de MÉRODE, femme de N. . . . . (Jean), comte de JOYEUSE :

D'or, à quatre pals de gueules.

270.— Nicolas de SAINS, greffier de l'hôtel de ville de Marle :

D'argent, à cinq mouchetures d'hermines de sable, posées trois et deux.

271.— Pierre PAQUENOT, curé de Bucy-lès-Pierrepont :

D'azur, à un lion d'or, couronné de même, tenant de sa patte dextre un lis d'argent, tigé et feuillé de même.

272.— Jean LUILLIER, docteur en médecine :

De gueules, à cinq trèfles d'or, posées trois et deux.

273.— La ville de *Marle :*

D'azur, à trois tours d'or en fasse, celle du milieu surmontée d'une fleur de lis d'argent.

274.— La communauté des *Maréchaux, Serruriers, Taillandiers, Chaudronniers, Lanterniers* et *Potiers d'étain* de Vervins :

D'azur, à un Saint Eloy d'or.

275.— Pierre LHOSTE, médecin :

D'azur, à un chevron d'or, accompagné de trois étoiles de même, deux en chef et une en pointe.

276— Jeanne MAGY, veuve d'Antoine GOBINET, avocat, a présenté l'armoirie qui porte :

Echiqueté d'argent et d'azur, à un écusson de gueules en abime, brochant sur le tout.

277.— Marie HUBIGNEAU, veuve de Pierre d'ALIGNON, marchand :

D'azur, à un chevron d'or, accompagné de trois roses de même, deux en chef et une en pointe.

278.— Magdelaine de CHARMOLUE, femme de Pierre de MARLE, écuier, sieur de Sincy-lès-Aippes (Eppes) :

De gueules, à deux bras adossez d'or.

282.— Jacques du Penty, conseiller du roy, président aux traites foraines de Vervins :

Parti, au premier de gueules, à un chevron d'or, accompagné de trois roses tigées et feuillées de même, deux en chef et un en pointe; au deuxième de gueules, à une cotice d'argent.

283.—Daniel Beffroy, greffier du baillage de Marle :

De sable, à un lion d'argent.

284.— Charles Le Haut, procureur et notaire royal à Marle :

D'azur, à un cœur d'argent, ailé de même, sommé d'un ancre renversé sans trabe d'or, et acompagné en chef d'une étoile d'argent, acostée à dextre d'un soleil d'or, et à senestre d'une lune d'argent.

285.— La communauté des maitres *Chirugiens* de la ville de Laon :

D'azur, à un Saint Cosme et un Saint Damien d'or.

NOYON

SUIVANT L'ORDRE DU REGISTRE PREMIER

206.— L'abaye de *Genlis* :

De gueules, à une coquille d'argent; écartelé d'azur, à une couronne à l'antique d'or.

208.— Louis Dambertrand, prestre, curé de Fauguier :

D'or, à deux tours pavillonnées d'azur, sur une terrasse de sable, et entre les deux tours un échiquier d'argent et d'azur.

210.— Jean Thevenet, prestre gradué, curé de Saint-Remy de Ribecourt :

D'argent, à trois couronnes de laurier de sinople, deux et une ; un chef de pourpre et bordure de gueules.

211.— Claude de Bertin le jeune, chevalier, seigneur de Dreslincourt :

Lozangé de gueules et d'argent.

CRESPY

SUIVANT L'ORDRE DU REGISTRE PREMIER

252. — N...... de GERNE, femme de N...... de GUERNE, conseiller au présidial de Crespy :

D'or, à un aigle de sable, accosté de deux grapes de raisins de pourpre, tigées et feuillées de sinople ; et un chef d'azur, chargé de trois étoiles d'or.

CLERMONT

SUIVANT L'ORDRE DU REGISTRE PREMIER

108. — Marguerite-Charlotte CHABERT, veuve de N...... DERQUERY (d'Erquery), a présenté l'armoirie qui porte :

D'azur, à une bande d'argent, chargée de trois rocs d'échiquier de sable, et accompagnée en chef et en pointe de deux orles de potences d'argent ; l'écu brisé en chef d'une molette à huit pointes de même.

109. — Louis d'ESTOURNELLE (Estourmel), seigneur de Thieux :

De gueules, à une croix dentelée d'argent.

RÉCAPITULATION

SOISSONS

Armoiries des	livres.		livres.	
Personnes	5 à 20		100	150
Communauté	1 à		50	

LAON

Armoiries des	livres.		livres.	
Personnes	44 à 20		880	1505
Ville	1 à		50	
Abbaye	1 à		50	
Communauté	1 à		50	
Communautez	17 à 25		425	
Couvent	1 à		25	
Prieuré	1 à		25	

NOYON

Armoiries des	livres.		livres.	
Personnes	3 à 20		60	110
Abbaye	1 à		50	

CRESPY

Armoiries des	livres.		livres.	
Personnes	1 à		20	20

CLERMONT

Armoiries des	livres.			
Personnes	2 à 20			40
	79			1825

Total dix huit cent vingt cinq livres et les deux sols pour livre.

Présenté par le dit Vanier à Nos seigneurs les Commissaires généraux du Conseil, à ce qu'il leur plaise recevoir les dites armoiries et ordonner qu'elles seront enregistrées à l'Armorial général conformément au dit édit et arrests rendus en conséquence, même celles dans lesquelles il y a des fleurs de lis d'or en champ d'azur, attendu que le droit et la possession en sont notoirement connus et ce suivant l'arrest du conseil du 22 juillet 1698.

Fait à Paris, ce septième jour de juin, mil sept cent.

Signé : Alexandre et Delarroc.

Les Commissaires généraux députez par le roy par arrests des 4 décembre 1696 et 29 janvier 1697, pour l'exécution de l'édit du mois de novembre précédent sur le fait des armoiries.

Veu par nous l'estat cy dessus, présenté par le dit Vannier aux fins y contenues; les feuilles de présentation des armoiries jointes au dit estat; notre ordonnance de soit montré du 11 juin 1.700;

Conclusions du procureur général de la Commission;

Ouy le rapport du sieur de Breteuil, conseiller ordinaire du roy en son conseil d'Estat, et intendant des finances, l'un des dits commissaires.

Nous Commissaires susdits, en vertu du pouvoir à nous donné par Sa Majesté, avons receu et recevons les soixante dix neuf armoiries expliquées au dit estat; en conséqence, ordonnons qu'elles seront enregistrées, peintes et blasonnées à l'armorial général et les brevets d'icelles delivrés conformément au dit Edit et aux arrests rendus en conséquence; et à cet effet les feuilles des dites armoiries, et une expédition de la présente ordonnance seront remises au sieur d'Hozier, conseiller du roy, garde de l'Armorial général, sauf à estre cy après pourveu à la réception des armoiries, qui se trouveront surcises par quelques articles au dit estat, ainsi qu'il apartiendra par raison;

Fait en l'assemblée des dits sieurs Commissaires, tenue à Paris, le seizième juillet mil sept cent.

Nous soussignez intéressez au traitté des armoiries, nommez par délibération de la compagnie, du 29 aout 1697, pour retirer les brevets des dites armoiries, reconnaissons que Monsieur d'Hozier nous a, cejourdhuy, remis ceux mentionnez au présent état, au nombre *soixante-dix-neuf armoiries.* La finance principalle desquelles, montant à dix huit cens vingt-cinq livres, promettons payer au Trésor royal, conformément au traitté que nous en avons fait avec Sa Majesté.

Fait à Paris, ce premier aout 1700.

ETAT DES ARMOIRIES DES PERSONNES ET COMMUNAUTEZ DÉNOMMÉES CY-APRÈS, ENVOYÉES AUX BUREAUX ÉTABLIS PAR Mᵉ ADRIEN VANNIER, CHARGÉ DE L'EXÉCUTION DE L'ÉDIT DU MOIS DE NOVEMBRE 1696, POUR ESTRE PRÉSENTÉES A NOS SEIGNEURS LES COMMISSAIRES GÉNÉRAUX DU CONSEIL, DÉPUTEZ PAR SA MAJESTÉ PAR ARRESTS DES QUATRE DÉCEMBRE AU DIT AN ET VINGT TROIS JANVIER MIL-SIX-CENS-QUATRE-VINGT-DIX-SEPT.

GÉNÉRALITÉ DE SOISSONS

SOISSONS

SUIVANT L'ORDRE DU REGISTRE DEUXIÈME

221. — Louis Le Picard, conseiller du roy, receveur des tailles en l'élection de Soissons :

D'argent, à un cœur de gueules, sommé d'un lis de jardin au naturel, et un chef de gueules chargé de trois maillets d'argent, celuy du milieu versé ou renversé.

228. — Claude-François Waret, avocat en parlement et au présidial de Soissons :

D'azur, à un chevron accompagné en chef de trois étoiles rangées, et en pointe d'un lion, le tout d'or.

229. — François Vernier, chanoine de l'église cathédrale de Soissons :

De sable, à une croix d'or, cantonnée de quatre maillets d'argent.

231. — Mathurin HARDY, directeur et receveur général des aydes et formuls (fermes) de l'élection de Soissons :

D'or, à un chevron d'azur, accompagné en pointe d'un lion de gueules; et un chef de même, chargé de trois étoiles d'argent.

242. — Jacques-Barthélemy CARLUS, directeur et receveur des aydes de l'élection de Soissons :

De gueules, à trois poissons appelez carlets d'argent, posez en pal, deux et un.

LAON

SUIVANT L'ORDRE DU REGISTRE PREMIER

363. — N. . . . . LE COCQ, prestre, chanoine de l'église collégialle de Rozoy :

D'azur, à un cœur enflamé d'or, couronné de même, et percé de deux flèches aussy d'or.

372. — Catherine MARTIN, fille majeure :

De gueules, à un cerf passant d'argent, accompagné en pointe d'une croix de Malte d'or.

373. — Marie-Anne CHEVALIER, femme de Jean-Baptiste de SIGNY (Signier), chevalier, seigneur de Rogny et autres lieux :

D'azur, à une tête et col de licorne d'argent et un chef cousu de gueules, chargé de deux palmes d'or, passées en sautoir.

375. — Marie MOREAU, femme de César de FAYIN, écuyer :

De sable, à une face d'argent, chargée d'un croissant de gueules et accompagnée de trois têtes de more d'argent, deux en chef et une en pointe.

377. — Marie-Anne de la CAMPAGNE, femme d'Estienne VILLETTE, conseiller honoraire au présidial de Laon :

D'azur, à un canon monté sur son afust d'or et surmonté de trois étoiles de même, rangées en chef.

379. — Cristophe ROBLASTRE, directeur des aydes de l'élection de Laon :

D'azur, à une ancre d'argent, mouvante en barre de la pointe de l'écu et acrochée d'une de ses pointes à un rocher d'or, qui est aussy mouvant à senestre de la pointe et du flanc de l'écu; le tout surmonté en chef d'une étoile aussy d'or, acostée de deux roses d'argent.

280.— Charlotte-Louise de Grammont, fille noble majeure :

D'azur, à trois têtes de reines couronnées à l'antique d'argent, deux et une.

383.— Le *Séminaire* de Laon :

D'azur, à un bâton prieural d'or, acosté des deux mots : Jesus Maria d'argent, le tout enfermé dans une couronne d'épines de même.

384.— Charles-François Warnet, lieutenant au régiment de Toulouze :

D'argent, à une tête de more de sable.

385.— N. . . . . (Robert du Fay) de Soize, chevalier, seigneur de la Ville aux Bois :

Ecartelé, au premier et quatrième d'argent, semé de fleur de lis de sable ; au deuxième et troisième de sable, semé de fleur de lis d'or, à un lion naissant de même ; et sur le tout : d'azur, à trois faces d'argent, et une cotice de gueules brochante sur le tout.

386.— Louis Deuvet (Dennet), écuyer, seigneur de Mesbrecourt :

D'azur, à trois bars d'argent posez en face, l'un sur l'autre.

NOYON

SUIVANT L'ORDRE DU REGISTRE PREMIER

339. Le prieuré de *Fargny* et *Tergny* :

De gueules, à un croissant d'argent, surmonté d'une croisette d'or, et un chef cousu d'azur, chargé de trois étoiles d'or.

CHATEAUTHIERRY

SUIVANT L'ORDRE DU REGISTRE PREMIER

212.— Claude de la Barre, conseiller du roy, éleu en l'élection de Châteauthiérry :

D'azur, à trois chardons d'or, deux et un.

222. — Magdelaine Bertault, veuve de François Morel, prévost des maréchaux à Châteauthierry :

D'azur, à une face d'or, accompagnée en chef de deux étoiles de même et en pointe d'une levrette courante d'argent.

223. — Jacques de Gaulier, écuyer, sieur de Couvron, commissaire de l'artillerie de France :

D'or, à un chesne de sinople, englanté d'or, adextré d'un cœur de gueules pendant d'un des glands, et soutenu d'une étoile d'azur, et senestré d'un écureuil rampant de gueules et rongeant un des glands.

CRESPY

SUIVANT L'ORDRE DU REGISTRE PREMIER

309— Claude de Betizy (Béthizy), prestre, curé de Bonneuil :

D'azur, fretté de quatorze pièces d'or; et un écusson d'azur brochant sur le tout, chargé d'une face d'or, surchargé d'un cœur de gueules, duquel sort un soucy à dextre de gueules, tigé et fouillé de sinople, et une fleur de pensée à senestre de pourpre, tigé et feuillé de sinople; la face surmontée de trois étoiles d'or, rangées en chef, et accompagnée en pointe d'un croissant d'argent.

322. — N. . . . . de la Granche, sieur de Boury :

Ecartelé, au premier et quatrième d'or, à un chardon fleury de pourpre, tigé et fouillé de sinople; au second et troisième de gueules, à un croissant d'argent.

CLERMONT

SUIVANT L'ORDRE DU REGISTRE PREMIER

144. — Antoine Chardon, conseiller du roy, substitud au baillage de Clermont :

D'or, à trois chardons fleuris de sinople, tigez et feuillez de même, deux et un.

149. — Antoine Crotey de Bonval, conseiller du roy, garde marteau de la maitrise des eaux et forests de Clermont, païs de Beauvoisis :

D'or, à une croix alaisée de sable, chargée aux extrémités de quatre besans d'argent; et un chef d'azur, chargé de deux étoiles d'or, et soutenu de gueules.

157. — Isaac Raoul, employé dans les fermes et receveur du grand droit à Pont-Sainte-Maxance :

De gueules, à un lion d'or, la queue passée en sautoir.

158. — Pierre-Alexandre-Auguste Crestal, receveur des aydes de la ville de Pont-Sainte-Maxence :

D'azur, à trois lozanges d'or, deux et une ; et une bordure d'argent, chargée de croisettes de sable.

RECAPITULATION

SOISSONS

Armoirie des	livres.	livres.	
Personnes	5 à 20		100

LAON

Armoiries des	livres.	livres.	
Personnes	10 à 20	200	225
Séminaire	1 à 25	25	

NOYON

Armoiries des	livres.	livres.	
Prieuré	1 à 25		25

CHATEAUTHIERRY

Armoiries des	livres.	livres.	
Personnes	3 à 20		60

CRESPY

Armoiries des	livres.	livres.	
Personnes	2 à 20		40

CLERMONT

Armoiries des	livres.	livres.	
Personnes	4 à 20		80
	26 armoiries.		530 livres

Total, cinq cens trente livres, et les deux sols pour livre.

Présenté par le dit Vanier à Nosseigneurs les Commissaires généraux du Conseil, à ce qu'il leur plaise recevoir les dites armoiries et ordonner qu'elles seront enregistrées à l'Armorial général conformément au dit Edit et arrests rendus en conséquence.

Fait à Paris, le seizième jour de septembre mil sept cens.

Signé : Accault et Alexandre.

Les Commissaires généraux députez par arrests du Conseil des 4 décembre 1696 et 29 janvier 1697, pour l'exécution de l'Edit du mois de novembre précédent sur le fait des armoiries.

Veu par nous Commissaires sus dits l'Etat cy dessus présenté par le dit Vannier aux fins y contenues ; les feuilles de présentation des armoiries jointes au dit état; notre ordonnance de soit montré du 24 novembre 1700; conclusions du Procureur Général de la Commission; ouy le raport du sieur de Breteuil, conseiller de l'état ordinaire et intendant des finances, l'un des dits sieurs Commissaires.

Nous Commissaires sus dits, en vertu du pouvoir a nous donné par Sa Majesté avons receu et recevons les *vingt six armoiries* expliquées au dit état; en conséquence ordonnons qu'elles seront enregistrées, peintes et blasonnées à l'Armorial général, et les brevets d'icelles dellivrez conformément au dit édit et aux arrests rendus en conséquence; et à cet effet les feuilles des dittes armoiries et une expédition de la présente ordonnance seront remises au sieur d'Hozier, conseiller du Roy, garde de l'Armorial général; sauf à être cy après pourveu à la réception des armoiries qui se trouvent surcises par quelques articles du dit état, ainsy qu'il apartiendra par raison.

Fait à Paris, en l'assemblée des dits sieurs Commissaires, tenue le vingt quatre décembre mil sept cens.

Nous soussignez, Intéressez au traitté des armoiries, nommez par délibération de la compagnie du 29 aout 1697 pour retirer les brevets des armoiries, reconnaissons que Monsieur D'Hozier nous a, ce jourd'huy, remis ceux mentionnez au présent Etat au nombre de *vingt six* armoiries; la finance principalle desquelles, montant à *cinq cens trente livres*, promettons payer au Trésor Royal, conformément au traitté que nous en avons fait avec Sa Majesté.

Fait à Paris, le huit Février mil sept cent un.

ETAT DES ARMOIRIES DES PERSONNES ET COMMUNAUTEZ DÉNOMMÉES CY-APRÈS, ENVOYÉES ES BUREAUX ÉTABLIS PAR Me ADRIEN VANIER, CHARGÉ DE L'EXÉCUTION DE L'ÉDIT DU MOIS DE NOVEMBRE 1696, POUR ESTRE PRÉSENTÉES A NOSSEIGNEURS LES COMMISSAIRES GÉNÉRAUX DU CONSEIL, DÉPUTEZ PAR SA MAJESTÉ, PAR ARRESTS DES QUATRE DÉCEMBRE AUDIT AN ET VINGT TROIS JANVIER MIL SIX CENT QUATRE VINGT DIX SEPT.

GÉNÉRALITÉ DE SOISSONS

SOISSONS

SUIVANT L'ORDRE DU REGISTRE DEUXIÈME

130. — Susanne LE GRAIN, femme de Pierre HASTREL, écuyer, sieur de Préaux, chevalier d'honneur au baillage et siége présidial de Soissons :

D'argent, à trois merlettes de sable, deux et une.

133. — Elisabeth BUIRETTE, femme de Pierre PREVOST, président trésorier de France à Soissons :

D'or, à trois têtes de levriers d'argent, acolées de gueules et bouclées d'or, deux en chef et une en pointe.

136. — N. . . . . LE GRAS, femme de N. . . . . CARPENTIER, conseiller du roy, trésorier de France en la généralité de Soissons :

De gueules, à trois molettes d'or, et un chef vairé d'or et d'azur, soutenu d'argent.

140.— Marie-Nicolle PETIT, femme de Jean-Baptiste PINTEREL, écuyer seigneur de Villeneuve sur Fère en Tardenois, de Montoury, Vrignel et autres lieux, conseiller du roy, président trésorier de France, général des finances en la généralité de Soissons :

D'azur, à un chevron d'or, accompagné de trois étoiles de même, deux en chef et une en pointe.

142-143.— Pierre de HASTREL, écuyer, seigneur de Nouveron (Nouvron), et Geneviève BUIRETTE, sa femme :

D'azur, à un chevron d'or, accompagné en chef de deux molettes de même et en pointe d'une tête de levrier d'argent, acolée de gueules et bouclée d'or; *acolé :* d'azur, à trois têtes de levriers d'argent, acolées de gueules et bouclées d'or, deux en chef et une en pointe.

144.— Marie-Jeanne DU BARET, femme de François QUILLIET, écuyer, conseiller du roy et son avocat au bureau des finances à Soissons :

Facé d'or et d'azur; à un chef d'azur, chargé d'une étoile d'argent.

147.— Marie-Marguerite BUIRETTE, femme de Jean CHARLES, président trésorier de France au bureau des finances de Soissons :

Porte comme cy-devant, article 133.

148.— Charles-François d'ESPINOY, chevalier, seigneur de Chavignon, Nanteuil, La Fosse-Marigny et autres lieux :

D'azur, à trois besans d'or, posez en bande.

150.— Magdelaine VAILLANT, femme de François DANAÉ, écuyer, conseiller et procureur du roy au bureau des finances de Soissons :

D'argent, à trois têtes de more de sable, tortillées d'argent, deux et une.

157.— Jean POTTIER, prestre, curé de Breuil-sur-Sacconin :

D'azur, à un pot de fleurs d'argent.

163.— Marie RACQUET, femme de Bernard BUIRETTE, conseiller du roy, lieutenant criminel au baillage et siége présidial de Soissons :

D'azur, à trois raquettes d'or, deux et une.

164.— Marie de VIELZ-MAISONS, dame de Saponnay :

Fuselé d'argent et d'azur, à un chef de gueules.

168.— Catherine-Geneviève de LA FITTE, fille majeure :

D'azur, à une bande lozangée d'argent et de gueules, et coltoyée de deux cors de chasse d'argent.

270.— Pierre de LA HANTE, prestre, curé de la paroisse de Vaurezis :

D'azur, à deux houlettes d'argent, passées en sautoir, accompagnées en chef d'une étoile de même en chef (sic), et en pointe d'un mouton passant d'or.

172. — Barbe de la SALLE, femme de Philbert-Antoine BELLOTTE de Précy, écuier, conseiller du roy, président trésorier de France à Soissons :

D'azur, à trois chevrons d'or.

175. — Louise-Antoinette CORDELIER, femme de N....., président PREVOST :

D'azur, à un chevron d'or, accompagné en pointe d'une croisette de même, surmontée d'une rose d'argent; et un chef aussy d'argent, chargé de deux merlettes de sable.

176. — Charles BERTHEMET, procureur au baillage et siége présidial de Soissons :

D'azur, à une licorne d'argent.

177. — François BRISSET, procureur au baillage et siége présidial de Soissons :

Écartelé, au premier et quatrième de gueules, à un serpent d'or, et au deuxième et troisième d'azur, à une colombe d'argent.

185 — Jacques-Samson ATHÉNAS, chanoine de la cathédralle de Soissons :

D'azur, à une ville d'Athènes entourée de murailles crénelées d'argent, fortifiée d'une grosse tour de même et de deux tourelles pavillonnées et girouettées d'argent, et massonnée de sable; la porte de la grosse tour garnie de sa herce d'or; une Pallas paraissant sur la grosse tour, ses armes d'argent enrichies d'or, et tenant de sa main dextre une lance d'argent, ferrée d'or, et de sa senestre un bouclier d'argent, garny d'or; le tout sur une terrasse de sinople, surmontée d'une étoile d'or, posée au côté senestre du chef.

186. — Nicolas QUINQUET, l'aîné, procureur du roy au baillage et siége présidial de Soissons :

D'azur, à deux bars adossez d'or, accompagnez d'une étoile de même en chef, d'une rose d'argent en cœur et d'un croissant de même en pointe.

191. — Louis CUYRET, chanoine de l'église cathédralle de Soissons :

D'azur, à quatorze pièces de vair d'argent, posées cinq, quatre, trois et deux; et un chef de gueules, chargé d'un lion naissant d'or, acosté de deux étoiles de même.

201. — Elisabeth DARCRIE (d'Erquery?) femme de René FRETTÉ, chevalier, seigneur de Lignières, colonel d'infanterie, gouverneur de Château-Portien :

De gueules, à neuf larmes d'argent, posées trois, trois et trois, chacune soutenue d'un croissant de même.

204. — Marie-Barbe GAIGNE, femme de Robert RACQUET, président trésorier de France à Soissons :

D'argent, à un chevron d'azur, accompagné en chef de deux corneilles de sable, et en pointe d'une rose de gueules, tigée et feuillée de sinople.

205.— Jeanne-Françoise CUIRET, femme de N..... BOUCHEL, avocat du roy au bureau des finances de Soissons :

D'azur, à quatorze pièces de vair d'argent, posées cinq, quatre, trois et deux, et un chef de gueules, chargé d'un lion naissant d'or, acosté de deux étoiles de même.

207.— La ville de *Vailly* :

D'azur, à la lettre V capitale d'or, surmontée d'une fleur de lis de même.

210.— Claude-Victor de la BRETESCHE, prestre, curé d'Acy :

D'azur, à une tour d'argent.

211.— Charles de ROUVROY, prestre, curé de Mouligny-Lengrein (Montigny-Lengrain) :

De gueules, à une carpe d'or en face; à un chef cousu d'azur, chargé de trois molettes d'argent.

212.— Pierre VATRIN, chanoine et prieur du grand Rozoy :

Ecartelé, au premier d'azur, à un agneau d'or; au second d'argent; au troisième d'azur, à deux étoiles d'or; et au quatrième d'azur, à un chevron d'argent.

LAON

SUIVANT L'ORDRE DU REGISTRE DEUXIÈME

287.— La ville de *Vervin (s)* :

De gueules, à trois tours d'argent, rangées, celle du milieu plus élevée que les deux autres.

292.— David GOSSELIN, écuyer, seigneur de Lucé (Lucy), Laval et Nouvion, et Louise d'ULLY, sa femme :

D'azur, à trois faces ondées et abaissées d'argent, surmontées d'un vol de même; *acolé :* d'azur, à une bande d'argent, chargée de trois lozanges de sable, bordées d'or, et chargées en cœur chacune d'un besan de même.

294.— Elisabeth PHÉLIPES (Philippes), femme de Joseph HANNOT, conseiller du roy, receveur des tailles en l'élection de Laon :

D'or, à un chevron de gueules, chargé d'un croissant d'argent, et accompagné de trois glands tigez et feuillez de sinople, deux en chef et un en pointe; chaque gland passé en sautoir avec une olive aussy de sinople, tigée de même et liez de gueules, et un chef d'azur chargé de trois étoiles d'or.

300.— Louise de MAUPRIVÉ, veuve de Claude DENIS, écuier, seigneur de Pargny, a présenté l'armoirie qui porte :

D'or, à une face de gueules.

302.— Jacob VAROQUEAU, prestre, curé de Montigny-le-Franc :

D'argent, à une mer de sinople dans laquelle est un rocher à dextre d'argent, contre lequel un navire équipé de même vient se briser; et un chef d'azur, chargé d'une étoile d'argent et de deux lis de jardin de même, les tiges passées en sautoir.

303.— Magdelaine de CAUCHON, veuve de Charles de NOUE, écuyer, seigneur en partye de Villeperière, a présenté l'armoirie qui porte :

Echiqueté d'argent et d'azur, à un chef de gueules.

304.— Le prieuré de *Mons*, en Lanois (Laonnais) :

D'azur, à un Saint André à demy corps d'or, avec sa croix de même.

306.— Pierre CONSTANT, prestre, curé de Voulpaix et Lagny :

D'azur, à un pilier d'or, surmonté d'un soleil de même.

308.— Claude DAUBIGNY (d'Aubigny), prestre curé de Grouart :

D'azur, à un chevron d'or, accompagné de trois étoiles de même.

309.— Antoine ROSE, prestre, curé de Présieu :

D'azur, à une rose d'or, tigée et feuillée de même, soutenue d'un croissant d'argent, accompagnée en chef d'une étoile de même et de deux tourterelles d'or, volantes de haut en bas vers la rose, l'une en bande et l'autre en barre.

310.— Le prieuré de *Saint-Gobert* :

D'azur, à un Saint Gobert d'or, vêtu en évêque.

311.— Antoine MARET, prestre, curé de Monbouin :

D'azur, à un cœur ailé d'or, surmonté d'un livre ouvert de même, écrit de sable.

312.— Charles MOYAU, prestre, curé de Saint-Julien et Chaillevois :

D'azur, à un chevron accompagné en chef de deux étoiles et en pointe d'un cor de chasse, le tout d'or.

314.— Léonard MURGUET, prestre, curé de Chéry en Laonnois :

De gueules, à un lion d'argent, lampassé et armé de gueules.

316.— Abel MENESSON, prestre curé de Montigny-sous-Marle :

D'azur, à une cloche d'argent en chef, et une gerbe d'or en pointe.

317.— Joseph BAILLY de Lisle, prestre, curé d'Achery-lès-Mayot :

D'azur, à un massacre de cerf d'or.

319.— Anne de Barulle, femme de Claude de Pastoureau, écuyer, seigneur de Lambercy :

De gueules, à trois barils d'or deux et un.

320.— Le prieuré de *Saint-Nicolas* de Marle :

D'azur, à un bâton prieural d'or, posé en pal, accompagné de trois tours d'argent, deux en chef et une en pointe.

321.— Anne-Agnès Warnet, femme de César-François de Lamer, écuyer, conseiller du roy, lieutenant particulier au baillage et siége présidial de Laon, seigneur de Lollet :

D'argent, à une tête de more de sable, tortillée d'argent.

322.— N..... (Cécile) Bellotte, femme de Nicolas-François de Martigny, conseiller du roy, maire de la ville de Laon :

De gueules, à un loup rampant d'or, et une face de même brochante sur le tout.

324.— N..... Michel, prestre, curé d'Anisy :

D'azur, à un Saint Michel d'or.

325.— Jean-Claude de Lamer de Maresdancourt, avocat en parlement, bailly général du duché et pairie de Laon.

D'azur, à un daufin d'or, couronné de même, et un chef de gueules, chargé de trois molettes d'argent.

326.— Charles Drouy, prestre, prieur et curé de Charcigny, ordre de Prémontré :

D'azur, à un chevron d'or, accompagné de trois croissans d'argent, deux en chef et un en pointe.

329.— Louis-Anne Dormus, prestre, curé de Beauvieux :

De sable, à une licorne effrayée d'argent, et un chef d'or.

330.— Jacques Payen, prestre, curé de Parfondeval :

D'azur, à un cœur enflamé d'or, surmonté de trois étoiles de même, rangées en chef.

331.— Adrien Le Blond, commis à la charge de commissaire aux reveues et logements de gens de guerre à Laon :

D'argent, à un chevron d'or, accompagné de trois étoiles d'argent.

336.— Le corps des officiers du baillage et siége royal de *Ribemont* :

De gueules, à trois fleurs de lis d'argent, deux et une.

340.— Lucienne de Laval, damoiselle, fille majeure :

D'azur, à une bande d'argent, chargée de trois lozanges de sable.

343. — Magdelaine BAILLEU, femme de Louis TURPIN, conseiller au présidial de Laon :

D'azur, à un chevron, accompagné en chef de deux étoiles et en pointe d'un croissant, le tout d'or.

344. — Jean DUGLAS, écuyer, seigneur d'Agancy :

D'azur, à un château de trois tours d'argent, massonné de sable ; chaque tour pavillonnée aussy d'argent et girouettée d'or ; et sur le tout, un écusson d'argent, chargé d'un cœur de gueules, couronné d'or, et d'un chef de gueules, surchargé de trois étoiles d'argent.

346. — Louis de LAFONS, femme de Charles de BRODART, écuyer, seigneur de Landefay.

D'argent, à trois hures de sangliers de sable, deux et une.

349. — L'abbaye de Notre-Dame de *Tenailles* (Thenailles) :

D'azur, à des tenailles d'argent, ouvertes en chevron, accompagné de trois fleur de lis d'or, deux en chef et une en pointe.

352. — Marcel MATRA, chanoine de Saint-Montain de la Fère :

D'azur, à un homme vêtu et armé à la romaine, contourné d'or.

353. — Jean BION, prestre, curé de Lislet et Serse :

D'azur, à un soleil en chef, deux gerbes de blé en face, et un raisin en pointe, le tout d'or.

355. — Estienne MILON, prestre, curé de Montcornet :

D'azur, à une croix haussée d'or, acolée d'un lierre de même.

356. — Jean GOBINET, prestre, curé de la première cure de Vervins :

Echiqueté d'argent et d'azur, à un écusson de gueules posé en cœur sur le tout.

358. — Michel REVY, chanoine de Rozoy :

D'azur, à un chevron d'or, accompagné de trois marteaux d'argent, emmanchez d'or, deux en chef et un en pointe, et de trois amelots d'argent posez, l'un au milieu du chef et les autres deux, l'un sous chaque marteau du chef.

360. — Pierre MONTIER, ancien chanoine de Saint-Montain de la Fère :

D'or, à un chevron de gueules, accompagné de trois aiglons d'azur.

NOYON

SUIVANT L'ORDRE DU REGISTRE PREMIER

280.— La communauté des *Charpentiers* de la ville de Noyon :

De gueules, à un chevron d'argent, accompagné en chef de deux molettes de cinq pointes d'or, et en pointe d'un compas ouvert de même; le chevron chargé en chef d'un maillet de gueules et de deux lis au naturel, posez un sur chaque branche du chevron.

CHATEAUTHIERRY

SUIVANT L'ORDRE DU REGISTRE PREMIER

191.— Pierre de Pompéry, écuyer, seigneur de Biercy et des Maretz

De gueules, à trois coquilles d'argent, deux et un.

192.— Jacques de Choisy, écuyer, seigneur en partye de Villefontaine :

D'argent, à une croix d'azur, chargée de cinq coquilles d'or.

193.— Gabriel de Bercy, écuyer, seigneur de Villefontaine et de Plaine Fosse :

D'azur, à trois flèches d'or, empennées et ferrées d'argent, posées en face, l'une sur l'autre, celle du milieu contournée.

195.— François Hacquart, écuyer, sieur Dermesson (d'Ormesson) :

De gueules, à une face d'or, accompagnée de deux leverettes courantes d'argent, une en chef et une en pointe.

196.— Pierre de Lorme, prestre, curé de Saint-Cyr de l'Espine aux Bois :

D'or, à un arbre de sinople.

197.— N..... du Perey, prestre chanoine régulier et prieur de Saint-Martin de Moluon :

D'azur, à un chevron d'or, accompagné en chef de deux étoiles d'argent, et en pointe d'un chesne d'or.

198. — Jacques-François de MONTREGNIER, écuyer, sieur de Saulsaye (la Saussaye) :

D'argent, à une croix ancrée de sable, accompagnée de trois hures de sanglier de même, deux en chef et une en pointe.

201. — Yves de SALUS (Saluces), écuyer, seigneur de Villefontaine en partye :

D'argent, à un chef d'azur.

202. — N..... TRISTAN, prestre, curé de Saint-Germain de Bezu :

D'azur, à un arbre d'or, sommé d'une tourterelle d'argent.

206. — Brice de CHAMPGRAND, écuyer, sieur de Beauhasse :

D'azur, à une vache passante, accompagnée en chef d'une étoile, et en pointe d'un croissant, le tout d'argent.

209. — Edme-Claude MIROY, écuyer, seigneur de Croule, Montmelon et autres lieux :

D'argent, à un chevron d'azur, accompagné en chef de deux étoiles de gueules, et en pointe d'une rose de même, tigée et feuillée de sinople.

CRESPY

SUIVANT L'ORDRE DU REGISTRE PREMIER

277. — N..... (Vassan), veuve de N..... (de Capendu) de Boursonne, a présenté l'armoirie qui porte :

D'azur, à un chevron d'or, accompagné en chef de deux roses d'argent, et en pointe d'une coquille de même.

283. — N..... de GRIMANCOURT, écuyer et avocat en parlement :

Ecartelé, au premier et quatrième d'azur, à une croix d'argent ; au second et troisième aussy d'azur, à un arbre arraché d'or.

286. — Adrien REGNAULT, procureur du roy au grenier à sel de la Ferté-Milon :

D'azur, à un chevron d'or, accompagné en chef d'une étoile à dextre, et d'un daufin à senestre, et en pointe d'une main dextre tenant une branche d'arbre, le tout d'or.

290.— N..... Rangeuil (Rangueil) de Villette, officier de la vennerie du roy :

D'azur, à un aigle le vol abaissé, surmonté d'une estoile acostée de deux gerbes, le tout d'or.

301.— Henry Cornu, sieur de Thiverny (Tiverny) :

Ecartelé, au premier et quatrième d'argent, à un lion de sable, lampassé et armé de gueules ; au deuxième et troisième de vair.

307.— N....., femme de N..... de Gondreville :

De gueules, à une hure de sanglier arrachée d'or, accompagnée de trois lozanges d'argent, deux en chef et une en pointe.

CLERMONT

SUIVANT L'ORDRE DU REGISTRE PREMIER

110.— Henry Guérin de Tubermont, avocat en parlement :

D'azur, à trois besans d'or deux et un, et un chef d'argent chargé à dextre d'une merlette de sable.

112.— Marguerite Vaultier, veuve de N....... Bouin, écuyer, a présenté l'armoirie qui porte :

D'argent, à neuf mouchetures d'hermines de sable, posées trois, trois et trois, celle de l'abîme enfermée dans un croissant d'azur.

118.— Nicolas le Vasseur, écuyer, seigneur de Monterlet :

De gueules, à une face accompagnée en chef d'un lion naissant et en pointe de trois croissans posez deux et un, le tout d'argent.

125.— Charles Legras, procureur ez siéges royaux de Clermont :

D'argent, à trois merlettes de sable posées en pal.

131.— Melon Soret (Sorel), directeur des aydes de l'élection de Clermont :

De gueules, à deux léopards d'argent, couronnez et lampassez d'or, l'un sur l'autre.

140.— Marie des Croisettes, veuve de Georges de la Motte, écuyer, sieur de Boissausset, Séricourt et autres lieux, a présenté l'armoirie qui porte :

D'azur, à trois besans d'argent, deux et un, chacun chargé d'une molette de sable à cinq pointes

GUISE

SUIVANT L'ORDRE DU REGISTRE PREMIER

116. — Jacques de FORGET, écuyer, major des ville, château et gouvernement de Guise :

D'azur, à un chevron d'or, accompagné de trois coquilles de même, deux en chef et l'autre en pointe.

122. — Louis CANART, notaire royal à Guise :

D'azur, à un chevron d'or, accompagné en chef de deux besans d'argent et en pointe d'un canard nageant dans des ondes de même.

123. — Henry FERRAND, avocat en parlement :

D'azur, à un chevron d'argent, accompagnée de trois croissans d'or, deux en chef et un en pointe ; et un chef d'argent, chargé de trois étoiles de gueules.

135. — Jean SAVOURET, marchand et greffier de l'écritoire à Guise :

De gueules, à un chevron d'argent, accompagné en pointe d'une pomme de pin d'or ; et un chef cousu de sinople, chargé de deux croissans d'or.

141, 142. — Charles de (du) FAY, chevalier, seigneur de Puisieux, Colonfay et autres lieux, et Marie-Magdelaine DANNET, sa femme :

D'argent, semé de fleur de lis de sable ; *acolé* : d'azur, à trois poissons appelez breines d'argent, posez en pal, deux et un.

147. — Pierre PONTOT, docteur de Sorbonne, curé de Notre Dame d'Aubenton :

D'azur, à une croix ancrée d'or, cantonnée de quatre croisettes aussy ancrées de même.

RÉCAPITULATION

SOISSONS

Armoiries des	livres.	livres.	
Personnes	28 à 20	560	610
Ville	1 à 50	50	

LAON

Armoiries des	livres.	livres.	
Personnes	33 à 20	660	860
Ville	1 à	50	
Abbaye	1 à	50	
Corps	1 à	25	
Priourez	3 à 25	75	

NOYON

Armoiries des	livres.	livres.	
Communauté	1 à 50		50

CHATEAUTHIERY

Armoiries des	livres.	livres.	
Personnes	10 à 20		200

CRESPY

Armoiries des	livres.	livres.	
Personnes	6 à 20		120

CLERMONT

Armoiries des	livres.	livres.	
Personnes	6 à 20		120

GUISE

Armoiries des	livres.	livres.	
Personnes	7 à 20		140
	98		2100

Total deux mil cent livres et les deux sols pour livres.

Présenté par le dit Vannier à nos seigneurs les commissaires généraux du Conseil, à ce qu'il leur plaise recevoir les dittes armoiries et ordonner qu'elles seront enregistrées à l'Armorial général, conformément au dit édit et arrests rendus en conséquence, même celles dans lesquelles il y a des fleur de lis d'or en champ d'azur, attendu que le droit et la possession en sont notoirement connus, et ce suivant l'arrest du conseil du 22 juillet 1698.

Fait à Paris, le dernier jour d'aoust, mil sept cens.

Signé : ALEXANDRE ; DELARROC.

Les commissaires généraux, deputez par arrests du Conseil des 4 décembre 1696 et 29 janvier 1697, pour l'exécution de l'édit du mois de novembre précédent sur le fait des armoiries.

Veu par nous l'état cy dessus présenté par ledit Vannier aux fins y contenues; les feuilles de présentation des dittes armoiries jointes au dit état; notre ordonnance de soit montré du 24 novembre 1700; conclusions du procureur général de la commission; ouy le raport du sieur de Breteuil, conseiller d'état ordinaire et intendant des finances, l'un des dits sieurs commissaires.

Nous commissaires susdits, en vertu du pouvoir à nous donné par Sa Majesté, avons receu et recevons les QUATRE VINGT DIX HUIT armoiries expliquées au dit état. En conséquence, ordonnons qu'elles seront enregistrées, peintes et blazonnées à l'Armorial général, et les brevets d'icelles dellivrez conformément au dit édit, et aux arrests rendus en conséquence; et à cet effet les feuilles des dites armoiries et une expédition de la présente ordonnance seront remises au sieur d'Hozier, conseiller du roy, garde de l'Armorial général, sauf à être cy après pourveu à la recette des armoiries qui se trouvent surcises par quelques articles du dit état, ainsy qu'il apartiendra par raison.

Fait en l'assemblée des dits sieurs commissaires, tenue à Paris le vendredy 21 janvier 1701.

Nous soussignez, intéressez au traitté des armoiries, nommez par délibération de la Compagnie du 29 aout 1697, pour retirer les brevets des dittes armoiries, reconnaissons que M. d'Hozier nous a, ce jourd'huy, remis ceux mentionnez au présent état, au nombre de QUATRE VINGT DIX HUIT armoiries.

La finance principalle desquelles, montant à deux mille cent livres, prometons payer au trésor royal, conformément au traitté que nous en avons fait avec Sa Majesté.

Fait à Paris, ce huit février 1701.

Signé : CARQUEVILLE.

SUPPLÉMENT

PREMIÈRE PARTIE (1)

ÉTAT

D'AUCUNES DES ARMOIRIES, DONT LA RÉCEPTION A ÉTÉ SURCISE PAR LES ÉTATS AU BAS DESQUELS SORT LES ORDONNANCES DE NOS SEIGNEURS LES COMMISSAIRES GÉNÉRAUX DU CONSEIL CY APRÈS DATTÉES.

GÉNÉRALITÉ DE SOISSONS

SOISSONS

SUIVANT L'ORDRE DU REGISTRE PREMIER DE L'ÉTAT DU 12 JUILLET 1697

87. — Le corps des officiers du *baillage* et siége présidial de Soissons

D'azur, à trois fleurs de lis d'or, deux et une et autour est écrit : BAILLAGE ET SIÉGE PRÉSIDIAL DE SOISSONS.

99. — Le monastère des religieux *Célestins* de Villeneuve-lez Soissons :

D'azur, à une croix haussée, ancrée, au pied fiché d'argent, acolé d'un S d'or, et acostée en face de deux fleurs de lis de même ; le tout surmonté d'un lambel d'argent.

(1) Cette partie contient les enregistrements des armoiries dans lesquelles figuraient des fleurs de lis et dont il avait fallu que la possession fut justifiée d'après l'arrêt du Conseil du 22 juillet 1698. Plusieurs articles, portés pour mémoire, sont ceux dont les blasons présentés avaient été refusés.

DE L'ÉTAT DU 6 JUIN 1698

101. — Les religieux de l'abbaye de *Saint Crépin*-le-Grand de Soissons :

D'azur, à une grande fleur de lis d'or, et deux petites de même naissantes de la grande, une en bande et une en barre.

116. — L'abbaye de *Valsery* :

D'azur, à une fleur de lis d'or à dextre, et une rose à senestre, tigée et feuillée de même.

118. — Le *Chapitre* de l'église cathédralle de Soissons :

Ecartelé, au premier et quatrième d'azur, à une fleur de lis d'or; au deuxième et troisième de gueules, à une tour crénelée d'or, massonnée et ajourée de sable, a porte garnie de sa herce de même ; et sur le tout : party d'argent et de gueules, à deux rainceaux de l'un en l'autre.

134. — Le corps des officiers de l'*élection de* Soissons :

D'azur, à trois fleurs de lis d'or, avec cette inscription : ÉLECTION DE SOISSONS.

136. — La communauté des religieux de l'abbaye royale de *Longpont*, au duché de Vallois, ordre de Citeaux :

D'arur, à un pont de trois arches d'argent, massonné de sable, sur des des ondes au naturel, et deux fleurs de lis d'or, rangées en chef.

144 *bis*. — Rémy CHERTEMPS, antien religieux de l'abbaye de Saint Lucien de Beauvais, ordre Saint Benoist, prieur de Vailly :

D'azur, à une face d'or, accompagné en chef de trois étoiles et en pointe d'un croissant de même, acolé d'or, à une givre d'azur, tortillée en pal.

147. — Le prieuré titulaire de la *Joye*, ordre de Citeau :

D'azur, à un lis de jardin d'argent, feuillé de sinople, gréné d'or, posé en pal, accompagné de trois fleurs de lis d'or, deux en chef et une en pointe.

163. — Le monastère des religieux *Célestins* de Sainte Croix d'Offémont :

D'azur, à une croix haussée, ancrée d'argent, entortillée d'une S d'or, et acostée en chef de deux fleurs de lis aussi d'or, et en pointe de deux barbeaux adossez de même.

200. — Les religieux, chanoines réguliers de l'abbaye de *Saint-Jean des Vignes* de Soissons :

D'azur, semé de fleurs de lis d'or, à un chevron de gueules, chargé de six roses d'argent, surmonté en chef d'un lambel de cinq pendans d'argent.

227. — Le couvent des religieux minimes de la *Bonnemaison* :

D'azur, à trois fleurs de lis d'or, deux et une, et une, et un croissant d'argent posé en abime.

327.— La communauté des religieux de *Chartreuve*, ordre de Prémontré :

D'azur, à une crosse posée en pal, passant à travers un C, la crosse acostée en chef de deux fleurs de lis et le C acosté de deux points ou petites lozanges, le tout d'or; et autour est écrit : SIG. CONVENTUS CARTOUVRENSIS.

331.— L'abbaye de *Saint-Yved* de Braine, ordre de Prémonstré :

D'azur, semé de fleur de lis d'or, à un chevron de gueules, chargé de six roses d'argent et surmonté d'un lambel de six pendans de même.

344.— L'abbaye de *Saint-Léger* de Soissons, ordre de Sainte Geneviève :

D'azur, à une tour d'or, massonnée et ajourée d'une porte et de deux fenestres de sable, accompagnée de sept fleur de lis aussy d'or, posées en orle, trois de chaque côté et une en pointe.

372-386.— Ces deux articles ne servent icy que de mémoire attendu que le droit en a été rendu à la partie par ordonnance du Sr Pelletier de la Houssaye, intendant à Soissons, en datte du 16 novembre 1697.

391.— Le curé de *Saint-Vaast* de la Ferté Milon :

D'azur, à trois fleur de lis d'or, deux et une.

392.— Le curé de *Marizy*-Sainte Geneviève :

Porte de même.

SUIVANT L'ORDRE DU REGISTRE DEUXIÈME

29.— La cure de *Citry* :

D'azur, à trois fleurs de lis d'or, deux et une.

48.— Toussaint Athénas, conseiller du roy, grenetier au grenier à sel de Vailly :

D'azur, à la ville d'Athènes, entourée de murailles crénelées d'argent, fortifiée d'une grosse tour de même et de deux tourelles pavillonnées et girouettées d'argent, et massonnées de sable ; la porte de la grosse tour garnie de sa herce d'or; une Pallas paroissant sur la grosse tour, ses armes d'argent enrichies d'or, en tenant de sa main dextre une lance d'argent ferrée d'or et de sa senestre un bouclier d'argent garny d'or ; le tout sur une terrasse de sinople, surmonté d'une étoile d'or au côté senestre du chef.

61.— L'abbaye de *Saint Rémy* Saint Georges, ordre de Saint Benoist :

D'azur, à trois fleurs de lis d'or, deux et une, surmontées d'un lambel de trois pendans d'argent, avec ces mots autour : ARMES DE L'ABBAYE SAINT-RÉMY.

LAON

SUIVANT L'ORDRE DU REGISTRE PREMIER DE L'ÉTAT DU 12 JUILLET 1697

2.— La ville de *Laon* :

D'argent, à trois canettes de sable, deux et une, et un chef d'azur chargé de trois fleurs de lis d'or.

18.— Cet article ne sert icy que de mémoire, attendu que le droit en a été rendu à la partie.

32.— Le corps de la *Maréchaussée* de Laon :

D'azur, à trois fleurs de lis d'or, deux et une, et autour est escrit : SCEL DE LA MARESCHAUSSÉE DE LAON.

39.— Jean LE LEU, conseiller du roy, assesseur en l'hostel de ville de Laon :

D'azur, à un loup d'argent, ravissant une brebis de même.

41.— Le corps de l'*élection* de Laon :

D'azur, à trois fleur de lis d'or, deux et une, et autour est écrit : SCEL DE L'ÉLECTION DE LAON.

83.— L'évêché de Laon :

De gueules, à deux clefs d'argent, passées en sautoir, surmontées d'un écusson d'azur, chargé d'une fleur de lis d'or ; party : d'azur, semé de fleur de lis d'or, à une croix d'argent chargée d'une crosse de gueules.

84.— Le comté d'*Anizy* :

De gueules, à deux clefs d'argent, passées en sautoir, surmontées d'un écusson d'azur, chargé d'une fleur de lis d'or ; party : d'azur semé de fleur de lis d'or, à une croix d'argent, chargée d'une crosse de gueules ; et deux clefs d'argent passées en sautoir brochantes sur le tout, surmontées au chef de la croix d'un écusson d'azur, chargé d'une fleur de lis d'or.

86.— L'abbaye de Notre Dame de VAUCLERC :

D'azur, à un chevron d'argent, accompagné en chef de deux étoiles d'or et en pointe d'une fleur de lis de même.

DE L'ÉTAT DU 6 JUIN (1698)

101.— Le couvent des religieux de l'abbaye de *Thenailles* :

D'azur, à des tenailles ouvertes en forme de chevron d'argent, accompagnées de trois fleur de lis d'or, deux en chef et une en pointe.

116.— Le corps des officiers du bailliage et comté de *Marles :*

D'azur, à trois couronnes d'argent, deux en chef et une en pointe, et une fleur de lis en cœur de même; le tout séparé et entouré par des chaines d'or.

131.—La communauté des religieux de l'abbaye de *Saint Nicolas*-aux bois, ordre de Saint Benoist, congrégation de Saint Maur :

D'argent, à une bannière d'azur, semée de fleur de lys d'or, et une crosse de même, posée en pal, derrière la bannière.

152.— L'abbaye de *Nogent*-sous-Coucy :

Tiercé en pal ; au premier facé de vair et de gueules de six pièces ; au second d'argent, à une vierge de carnation, vètue d'azur, les mains jointes sur son estomac ; et au troisième d'azur, semé de fleur de lis d'or.

DE L'ÉTAT DU 26 SEPTEMBRE (1698)

182.— La communauté des religieux de l'abbaye de *Saint Jean* de Laon :

D'azur, à une crosse d'or, posée en pal, cantonnée de quatre fleur de lis de même et chargée sur le fust des deux autres fleurs de lis aussi d'or, brochantes sur le champ.

186.— La communauté des religieux de l'abbaye de *Nogent :*

Tiercé en pal; au premier facé de six pièces de vair et de gueules; au second d'argent, à une vierge de carnation, les mains jointes de même, vètue de gueules et d'azur et couronnée d'or à la royale; et au troisième d'azur, semé de fleurs de lis d'or.

209.— L'abbaye de *Saint Jean* de Laon :

Porte comme cy devant article 182.

214.— L'abbaye de *Cuissy :*

D'azur, à deux fleurdelis d'or, rangées en chef, et la lettre G d'argent, posée en pointe.

269.— Le corps des officiers du baillage de *la Fère :*

D'azur, semé de fleur de lis d'or, à un sceptre et une main de justice passez en sautoir de même; party de gueules, aux chaisnes d'or, posées en croix en sautoir et en orle.

274.— Le chapitre de l'église collégialle de *Sainte Geneviève* de Laon :

D'azur, à une Sainte Geneviève de carnation, vêtüe d'azur et de gueules, à genoux sur une terrasse au naturel, tenant sa main senestre sur son estomacc, et de sa dextre tenant un flambeau d'argent, alumée de gueules, la sainte adextréh d'un livre ouvert d'argent, et senestrée d'un mouton de même.

344-345-349-373-389-394-399-407-413.— Ces neufs articles ne servent icy que de mémoire les droits ayant été rendus aux parties par l'ordonnance du Sr Pelletier de la Houssaye intendant à Soissons du 16 novembre 1697.

NOYON

SUIVANT L'ORDRE DU REGISTRE PREMIER DE L'ÉTAT DU 6 JUIN 1698

42.— L'abbaye royale d'*Ourscamps :*

D'azur, semé de fleurs de lis d'or, à deux crosses adossées et posées en pal d'argent, et un ours passant brochant sur le tout de sable, emmuzelé d'or.

DE L'ÉRAT DU 26 SEPTEMBRE 1698

61.— L'abbaye de Notre Dame de *Ham :*

D'azur, semé de fleur de lis d'or, à une Notre Dame d'argent, brochant sur le tout, et tenant son petit Jésus de même.

73.— L'abbaye de *Saint-Eloy* de Noyon :

D'azur, à trois fleur de lis d'or, deux en chef et une en pointe, et un écusson de gueules, posé en cœur, chargé de trois coupes couvertes d'or.

79.— L'abbaye de *Saint Barthélemy* de Noyon :

D'azur, semé de fleur de lis d'or.

CHATEAUTHIERRY

SUIVANT L'ORDRE DU REGISTRE PREMIER DE L'ÉTAT DU 12 JUILLET 1697

34.— Le corps de la *maréchaussée* de Châteauthierry :

D'azur, à trois fleurdelis d'or, deux et un, avec cette inscription autour : MARÉ CHAUSSÉE DE CHATEAUTHIERRY.

42.— Le corps du *grenier à sel* de Châteauthierry :

D'azur, à trois fleurdelis d'or, et un G d'argent en abime, et autour cette inscription : GRENIER A SEL DE CHATEAUTHIERRY.

46.— Le corps des officiers de l'*Election* de Châteauthierry :

D'azur, à trois fleurdelis d'or, deux et un, et autour est écrit : ÉLECTION DE CHATEAUTHIERRY.

DE L'ETAT DU 6 JUIN 1698

84. — L'abbaye de *Saint Pierre* d'Orbay, ordre de Saint Benoist, congrégation de Saint Maur :

D'azur, à deux clefs d'or passées en sautoir, une épée d'argent la pointe en haut posée en pal et brochant sur les clefs, acostée en chef de deux fleurdelis d'or, et en flanc de deux larmes d'argent.

DE L'ÉTAT DU 26 SEPTEMBRE 1698

108. — Le corps du *grenier à sel* de Fère en Tardenois :

D'azur, à un G et un F entrelassez d'argent accompagnez de trois fleur de lis d'or deux en chef et une en pointe.

109. — Jeanne-Margueritte de *Marguerie*, fille :

D'azur, à trois marguerittes d'or, posées en face.

CRESPY

SUIVANT L'ORDRE DU REGISTRE PREMIER DE L'ETAT DU 26 SEPTEMBRE 1698

37. — Le corps des officiers de l'*Election* de Crespy en Vallois :

D'azur, à trois fleurdelis d'or, deux et une, avec cette légende autour : ÉLECTION DE CRESPY EN VALLOIS :

40. — Le prieuré de *Saint Jean* aux bois :

D'azur, semé de fleurdelis d'or.

42. — Le corps du *Présidial* de Crespy en Vallois :

D'azur, à trois fleurdelis d'or, deux et une, avec une inscription autour : BAILLAGE SIÉGE PRÉSIDIAL DE CRESPY.

47. — Le prieuré de la chartreuse de *Bourfontaine* (Bourgfontaine) :

D'azur, semé de fleurdelis d'or.

72. — Cet article ne sert icy que de mémoire, attendu que le droit a esté rendu à la partie par ordonnance du sieur Pelletier de la Houssaye, intendant à Soissons, en datte du 16 novembre 1697.

82. — Le prieuré conventuel du lieu de *Restauré* :

D'azur, à trois fleurdelis d'or, deux et une, surmontées d'un lambel d'argent.

83. — Le prieuré des religieuses de *Collinane* (Collinance) :

D'azur, à trois fleurdelis d'or, deux et une.

84-106-108. — Ces trois articles ne servent icy que de mémoire attendu que les droits ont esté rendus aux parties par ordonnance du sieur Pelletier de la Houssaye Intendant à Soissons en datte du 16 novembre 1697.

GUISE

SUIVANT L'ORDRE DU REGISTRE PREMIER DE L'ÉTAT DU 26 SEPTEMBRE 1698

20. — L'abbaye des religieuses d'*Origny* Sainte Benoiste :

D'azur, semé de fleurdelis d'or.

23. — Le corps des officiers du *grenier à sel* de Guise :

D'azur, à trois fleurs de lis d'or, deux et une, avec cette inscription autour : GRENIER A SEL DE GUISE.

3. — La ville de *Guise* :

D'azur, semé de fleurdelis d'or, à un lion d'argent brochant sur le tout, à dextre.

RÉCAPITULATION

SOISSONS

Armoiries des	livres.	livres.	
Personnes	3 à 20	60	720
Corps	2 à 50	100	
Abbayes	4 à 50	200	
Ville	1 à	50	
Chapitre	1 à	50	
Couvens	7 à 25	175	
Prieuré	1 à 25	25	
Cures	3 à 20	60	

LAON

Armoiries des	livres.	livres.	
Personnes	1 à	20	
Ville	1 à	100	
Eveché	1 à	50	
Abbayes	4 à 50	200	
Corps	2 à 50	100	685
autre Corps	2 à 25	50	
Comté	1 à	40	
Couvens	4 à 25	100	
Chapitres	1 à	25	

NOYON

Armoirie des	livres.	livres.
Abbayes	4 à 50	200

CHATEAUTHIERRY

Armoiries des	livres.	livres.	
Personne	1 à	20	
Abbaye	1 à	50	170
Corps	4 à 25	100	

CRESPY

Armoiries des	livres.	livres.	
Corps	2 à 25	50	150
Prieurez	4 à 25	100	

GUISE

Armoiries des	livres.	livres.	
Ville	1 à	50	
Abbaye	1 à	50	125
Corps	1 à	25	
	58 armoiries,		2050 livres

Total deux mil cinquante livres et les deux sols pour livres.

Présenté par Me Adrien Vanier, chargé de l'exécution de l'édit du mois de novembre 1696, à nosseigneurs les Comissaires généraux du Conseil, à ce qu'il leur plaise recevoir lesdictes armoiries et ordonner qu'elles seront enregistrées à l'Armorial général conformément au dit édit et arrests rendus en conséquence, même celles dans lesquelles il y a des fleurdelis d'or sur azur, attendu que le droit et la possession en sont notoirement connus et ce suivant l'arrest du conseil du 22 juillet 1698.

Fait à Paris, ce septième jour de juillet 1699.

Les Commissaires généraux, députez par le roy pour l'exécution de l'édit du mois de novembre 1696 sur le fait des armoiries, par arrests du conseil des 4 décembre en suivant et 29 janvier 1697.

Veu par nous l'état cy dessus, présenté par le dit Vanier aux fins y contenues, notre ordonnance de soit montré du huitième de ce mois, conclusions du procureur général de la commission, ensemble l'arrest du conseil du 22 juillet 1698, au sujet des armoiries dans lesquelles il y a des fleurs de lys en champ d'azur;

Ouy le rapport du sieur de Breteuil, conseiller ordinaire du roy en son conseil d'Etat, intendant des finances, l'un de nous.

Nous Commissaires sus dits, en vertu du pouvoir à nous donné par Sa Majesté, avons receu et recevons les cinquante huit armoiries mentionnées au dit estat, même celles dans lesquelles il y a des fleurs de lys d'or en champ d'azur ; en conséquence ordonnons que les dites armoiries seront enregistrées, peintes et blasonnées à l'Armorial général, et les brevets d'icelles délivrez conformément au dit Edit et arrests rendus en conséquence; et, à cet effet, les feuilles des dites armoiries et une expédition de la présente ordonnance seront remises au sieur d'Hozier, conseiller du roy, garde de l'Armorial général.

Fait en l'assemblée des dits sieurs Commissaires, le vendredy 24 juillet 1699.

Nous soussignez, intéressez au traitté des armoiries, nommez par délibération de la compagnie, du 29 aout 1697, pour retirer les brevets desdites armoiries, reconnaissons que Mr d'Hozier nous a cejourdhuy remis ceux mentionnez au présent estat, au nombre de 58 armoiries. La finance principalle desquelles montant à deux mil cinquante francs, prometons payer au trésor royal conformément au traité que nous en avons fait avec Sa Majesté.

Fait à Paris, ce 12 novembre 1699.

ETAT

D'AUCUNES ARMOIRIES, DONT LA RÉCEPTION A ÉTÉ SURCISE PAR LES ÉTATS AU BAS DESQUELS SONT LES ORDONNANCES DE NOSSEIGNEURS LES COMMISSAIRES GÉNÉRAUX DU CONSEIL, CY APRÈS DATTÉES.

GÉNÉRALITÉ DE SOISSONS

SOISSONS

SUIVANT L'ORDRE DU REGISTRE PREMIER DE L'ETAT DU 12 JUILLET 1697

98.— Eustache de CONFLANS, chevalier, comte de Vezilly :

Party de trois et coupé d'un : au premier d'azur semé de fleur de lis d'or ; au deuxième de gueules, à un lion d'argent, au troisième de gueules, à deux lions passans l'un sur l'autre d'or ; au quatrième d'azur, à une bande d'argent, cotoiée de deux doubles cotices potencées et contrepotencées d'or ; au cinquième d'argent, à une croix potencée d'or, cantonnée de quatre croisettes de même ; au sixième d'or, à trois cornets de gueules, enguichez et liez d'argent ; au septième de gueules, aux rais d'escarboucles pometez et fleurdelisez d'or de huit pièces, soutenu cousu de gueules, à une face d'argent ; au huitième de sable à un lion d'or ; et sur le tout : d'azur, semé de billettes d'or, à un lion de même, écartelé de gueules, à trois pals de vair et un chef d'or.

DE L'ETAT DU 26 SEPTEMBRE 1698

202.— Anne du FAY d'ATHIES :

D'argent, semé de fleur de lis de sable ; écartelé d'azur, semé de fleur de lis d'or, à un lion naissant de même ; et sur le tout : d'argent, à trois faces d'azur, chargées d'une bande de gueules brochante sur le tout.

SUIVANT L'ORDRE DU REGISTRE DEUXIÈME

42.— François de CRESTIEN (Chrestien), escuier, sieur de Bonneville (Bonneuil) :

D'azur, à une face d'argent, chargée de trois roses de gueules, et accompagnée de trois fleur de lis au pied coupé d'or, deux en chef et une en pointe,

---

LAON

SUIVANT L'ORDRE DU REGISTRE PREMIER DE L'ETAT DU 12 JUILLET 1697

82.— Louis-Annet de CLERMONT, évêque duc de Laon, pair de France, comte d'Anizy :

De gueules, à deux clefs d'argent, passées en sautoir et surmontées d'un écusson d'azur, chargé d'une fleur de lis d'or.

DE L'ÉTAT DT 26 SEPTEMBRE 1698

226. -- Claude de FAY d'ATHIES, chevalier, seigneur de Cilly, La Neuville, Bosmont et Estinchamp, colonel d'un régiment de dragons :

Porte comme cy devant, article 202 au 1er registre de Soissons.

341.— François de REMONT, écuier, seigneur de Radouay :

D'azur, semé de fleur de lis d'or, à un franc quartier d'argent, chargé d'une merlette de sable.

CHATEAUTHIERRY

SUIVANT L'ORDRE DU REGISTRE PREMIER DE L'ETAT DU 6 JUIN 1698

68.— Charles de MONTIGNY, écuier, seigneur de Saint Eugène :

D'azur, à un demi lion naissant d'argent, l'écu semé de fleur de lis d'or.

69.— Feu Louis de MONTIGNY, escuier, seigneur de Saint Eugène, suivant la déclaration de Geneviève HERBELIN, sa veuve :

Portoit de même.

75. — Louis de MONTIGNY, escuier, seigneur de Champvercy :

Porte de même.

CRESPY

SUIVANT L'ORDRE DU REGISTRE PREMIER DE L'ETAT DU 26 SEPTEMBRE 1698

28 *bis*. — Louis PREVOST, conseiller du roy et son procureur en l'élection de Crespy en Vallois, et Margueritte de MONTIGNY, sa femme :

D'azur, à un chevron d'or, accompagné en chef de deux abeilles de même, et en pointe d'une lozange trelissée aussy d'or ; *acolé* : d'azur, semé de fleur de lis d'or, à un lion naissant d'argent.

52. — François-Joseph de CONDREN, chevalier, seigneur de Largny :

De gueules, à un chevron d'azur, chargé de cinq fleur de lis d'or, et accompagné de trois lions d'argent, deux en chef affrontez, et un en pointe.

53. — Charles de CRESTIEN, escuier, seigneur de Bonneuil et Viviers :

Comme cy devant, article 12 du Registre de Soissons.

RECAPITULATION

SOISSONS

Armoiries des	livres.	livres.
Personnes	3 à 20............	60

LAON

Armoiries des	livres.	livres.
Personnes...............	3 à 20............	60

CHATEAUTHIERRY

Armoiries des	livres.		livres.
Personnes.............	3 à 20...........		60

CRESPY

Armoiries des	livres.		livres.
Personnes............	4 à 20............		80
	13 armoiries.		260 livres.

Total deux cent soixante livres et les deux sols pour livres.

Présenté par Me Adrien Vanier, chargé de l'exécution de l'Edit du mois de novembre 1696, à Nosseigneurs les Commissaires généraux du conseil, à ce qu'il leur plaise recevoir lesdites armoiries, et ordonner qu'elles seront enregistrées à l'Armorial général conformément au dit Edit et arrests rendus en conséquence, quoyque dans icelles il y ait des fleur de lis d'or sur azur; attendu que le droit et la possession en sont notoirement connus, et ce suivant l'arrest du conseil du 22 juillet 1698.

Fait à Paris, ce septième jour de juillet, mil six-cens-quatre-vingt-dix-neuf.

Les Commissaires généraux, députez par arrests du conseil des 4 decembre 1696 et 29 janvier 1697 pour l'exécution de l'Edit du mois de novembre précédent sur le fait des armoiries;

Veu par nous l'Estat cy dessus, au bas duquel est la demande du dit Vannier, les feuilles de présentation des armoiries jointes au dit Estat; notre ordonnance préparatoire du 7 aout 1699, portant que les dites feuilles seront remises au sieur d'Hozier, conseiller du roy, garde de l'Armorial général, pour donner son avis sur la notoriété du droit ou de la possession que chacune des personnes dénommées au dit estat prétend avoir de porter des armoiries dans lesquelles il y a des fleur de lys d'or en champ d'azur; l'avis du dit sieur d'Hozier en datte du 5 septembre 1699; arrest du conseil du 22 juillet 1698 portant que ceux qui ont présenté les armoiries de leur famille dans lesquelles il y a des fleurs de lys d'or sur azur pour pièce de l'escu, et dont le droit n'étant pas notoirement connu n'en ont toute fois représenté le titre ny justifié de la possession, seront tenus de le faire dans un mois, sinon que leurs armes seront réformées; notre ordonnance de soit montré du 15 janvier 1700; conclusions du procureur général de la commission;

Ouy le raport du sieur de Breteuil, conseiller ordinaire du roy en son conseil d'Estat, et intendant des finances, l'un des dits sieurs commissaires.

Nous Commissaires susdits, en vertu du pouvoir à nous donné par Sa Majesté, en conséquence de l'avis dudit sieur d'Hozier, avons receues et recevons les armoiries mentionnées et expliquées au présent estat, ordonnons qu'elles seront enregistrées peintes et blazonnées à l'Armorial général, et les brevets d'icelles délivrez conformément à l'édit du mois de novembre 1696, et arrests rendus en exécution; à l'effet de quoy une expédition de la présente ordonnance et les feuilles de présentation d'armoiries seront remises au dit sieur d'Hozier, à l'exception des armes du sieur Crestien, qui sera tenu de justiffier, dans un mois pour tout délay, par titre ou possession vallable, le droit qu'il prétend estre de porter des fleurs de lys d'or sur azur pour pièce de l'escu dans ses armes, sinon et à faute de ce faire dans le dit delay et icelui passé ses armes seront réformées, conformément au dit arrest du 22 juillet 1698.

Fait en l'assemblée des dits sieurs Commissaires, tenue à Paris le vendredy, dix-neuf mars mil-sept cent.

Signé : SENDRAS.

Nous soussignez intéressez au traitté des armoiries, nommez par délibération de la compagnie du 29 aoust 1697, pour retirer les brevets des dites armoiries, reconnaissons que Monsieur d'Hozier nous a cejourd'huy remis ceux mentionnez au présent estat, au nombre de *treize* armoiries; la finance principalle desquelles, montant à *deux cent soixante livres*, promettons payer au Trésor royal, conformément au traitté que nous en avons fait avec Sa Majesté.

Fait à Paris, ce troisième juillet mil sept cens.

SUPPLÉMENT

DEUXIÈME PARTIE (1)

ESTAT

DES NOMS ET QUALITÉS DES PERSONNES ET COMMUNAUTEZ DÉNOMMÉES CY APRÈS QUI ONT PAYÉ LES DROITS D'ENREGISTREMENTS DEE ARMOIRIES EZ BUREAUX ÉTABLIS PAR Mᵉ ADRIEN VANIER, CHARGÉ DE L'EXÉCUTION DE L'ÉDIT DU MOIS DE NOVEMBRE 1696; ET DESQUELLES ARMOIRIES LA RÉCEPTION A ÉTÉ SURCISE PAR LES ÉTATS AUSSI CY APRÈS DATTÉS, PARCE QU'ILS ONT NÉGLIGÉ DE FOURNIR LA FIGURE OU L'EXPLICATION DES DITTES ARMOIRIES.

GÉNÉRALITÉ DE SOISSONS

SOISSONS

SUIVANT L'ORDRE DU REGISTRE PREMIER DE L'ÉTAT DU 6 JUILLET 1698

Veu par nous, Charles d'Hozier, conseiller du roy, généalogiste de sa maison, garde de l'Armorial général de France et chevalier de la religion et des ordres militaires de Saint Maurice et de Saint Lazare de Savoie, le présent état de suplément d'armoiries et l'ordonnance donnée en conséquence le 26 de may de l'année courante 1699, par Messieurs les Commissaires généraux du conseil à ce députez; par laquelle il nous est enjoint de donner nostre avis sur les armoiries qui peuvent estre accordées ou suplées à chacune des personnes et autres dénommées dans le présent état et dans les conclusions de Monsieur le procureur général de la dite Commission, au nombre de *soixante dix neuf*; nous estimons que l'on peut leur régler et disposer en cette sorte les dittes armoiries; ainsy qu'il suit :

(1) Cette seconde partie du supplément contient les états des armoiries données ou imposées, soit parceque les personnes ou les communautés n'en possédaient pas, soit parcequ'elles avaient négligé de les fournir après avoir été contraintes à payer la taxe. Les plus humbles *bourgeois*, les *plus pauvres curés de campagne*, les *plus petites corporations* furent soumis à cette mesure. C'est ici que s'est évertuée la futilité d'esprit de d'Hozier, qui a cherché trop souvent à transformer l'art héraldique en un langage de rebus à l'usage des enseignes de boutique. Voyez plus loin le nº 364 où il donne pour armes au prêtre L'Espicier un épi et une scie.

113. — Louise Doucet, veuve de Jean de Conflans, marquis de Fouilleuze (Fouilleuse).

113. — De gueules, à un rencontre de bellier d'argent; écartelé de lozangé d'argent et de sable.

159. — François-Elisabeth de Saunay, escuier, seigneur de Limez.

159. — De gueules, à trois barres d'argent, chargées chacune d'un serpent ondoyant de sinople.

DE L'ÉTAT DU 26 SEPTEMBRE 1698

218. — Antoine Berthemet, avocat au baillage et siége présidial de Soissons.

218. — De sable, à un croissant d'or, accompagné de trois étoiles de même, rangées en chef, et de deux branches d'olivier d'argent passées en sautoir en pointe.

236. — Antoinette Quinquet, veuve de Robert Wilfroy, avocat à Soissons.

236. — D'azur, à un pal vairé d'or et de gueules, acosté de deux gerbes d'argent liées de gueules.

279. — François Quillet (Quilliet), écuier, conseiller du roy, avocat au bureau des finances de la généralité de Soissons.

279. — D'azur, à une lance d'or posée en pal, acostée en chef de deux anelets de même, et en pointe de deux lys d'argent, tigez et feuillez de même.

286. — François Regnault, prestre, chanoine de l'églize collégiale de Saint-Pierre-aux-Parvis-de-Soissons.

286. — De sinople, à un pont d'argent, massonné de sable, sur une rivière ondée aussy d'argent, chargée d'un poisson nageant de gueules; le pont surmonté de trois étoiles d'or, posées en pal.

287. — Cristophe Quinquet, chanoine de la cathédralle de Soissons.

287. — D'azur, à un pal vairé d'or et de gueules, acosté de deux gerbes d'argent, liées de gueules.

299. — Le corps des officiers de la *Maréchaussée* de Soissons.

299. — D'azur, à trois fleur de lys d'or, deux et une.

324 *bis*. — Feu Henry-François de Valon, écuier, seigneur de Couvrelle, et Geneviève Le Boistel, sa veuve.

324 *bis*. — D'argent, à une bande de sinople, chargée de trois pommes d'or; *acolé*: d'or, à trois lozanges de sable, mises en bandes.

326. — Jeanne de la Court, veuve de Jean Legrain, éleu à Soissons.

326. — D'argent, à six corbeaux de sable, posez trois, deux et un; celuy de la pointe soutenu d'un croissant d'azur.

338. — Pierre Chrestien, cy-devant capitaine de milice du Soissonnois.

338. — D'azur, à une face d'or, chargée de trois quinte feuilles de sable, et accompagnée de trois œillets d'or, deux en chef et un en pointe.

340. — Philippe Dombliéres (d'Hombliéres), escuier, seigneur de fief.

340. — D'azur, à une croix d'or, cantonnée de douze croizettes recroisetées de même, deux et une à chaque canton.

348.— Jean ARNOULT, prestre, curé de Juvigny.

348.—Parti de sable et d'or, à quatre huchets de l'un en l'autre, brochant en pal sur le tout.

357.— Pierre DU BOIS, prestre, prieur et curé d'Arcy Sainte Restitute.

357.— D'or, à quatre chevrons partis et entremelez d'azur et de gueules.

360.— Michel HÉBERT, prestre, curé de Saint Pierre de Faverolles.

360.— D'argent, à un dain au naturel, passant sur une terrasse de sinople, et un chef échiqueté d'or et de sable de deux traits.

362.— N...... PINON, prestre, curé de Vezilly.

362.— D'argent, à un pin de sinople, sur une terrasse de sable, semée de pommes de pin d'or.

364.— Jean-Antoine L'ESPICIER, prestre, curé de Saint Martin de Cuiry Housle.

364.— D'azur, à un espy de bled d'or, et une feuille de scie d'argent, brochante en face sur le tout.

365.— Pierre LEFORT, curé de Saint Médart d'Attichy.

365.— D'argent, à une barre d'azur, semée de croisettes d'or et accompagnée de deux feuilles de chesne de sinople, une en chef et l'autre en pointe.

377.— Jean de LA COURT, prieur, curé de Saint Gervais Saint Protais de Saconin.

377.— D'argent, à un orle de dix coquilles d'azur, et une croix recroisetée de gueules en cœur.

378.— Léonard-René de MORLON, prestre, prieur, curé de Saint Rémy de Louastre et du hameau de Violaine sur Lonpont.

378.— D'azur, à une teste de loup coupée d'or, percée d'une flèche d'argent en barre, et soutenue d'un serpent rampant d'or en pointe.

381.— Augustin LE VASSEUR, prestre, curé de Sainte Clotilde de Vivierres (Viviers).

381.— D'azur, à un vaze couvert d'or, posé sur un cube ou quarré de même et acosté de deux palmes d'argent.

383.— Charles ROYER, prestre, curé de la paroisse de Saint Médard de Cœuvres.

383.— D'argent, à une roüe de Sainte Catherine de gueules, armée de pointes d'azur, et accompagnée de trois quarte feuilles de sinople, deux en chef et une en pointe.

384.— Joseph PATIN, prestre, curé de Saint Jean Baptiste de Chaudarde.

384.— Palé ondé d'argent et de sinople de six pièces; et un chef d'or, chargé de trois fleurs de pensées au naturel.

388.— Robert COLAS, prestre, curé de Notre Dame de Cuisy en Almont.

388.— D'argent, à un corbeau de sable, accompagné de trois étoiles d'azur, deux en chef et une en pointe.

389.— Prudent GÉNÉE, prestre, curé de Bassevelle en Brie.

389.— D'azur, à deux aigles d'or en chef, et un genest de même sur une terrasse de sinople en pointe.

397. — La ville de *Riblemont* (Ribemont).

397. — De gueules, à une montagne d'argent, surmontée d'un soleil d'or et acostée de deux gerbes de même; et un chef cousu d'azur, chargé de trois fleurs de lys d'or.

SUIVANT L'ORDRE DU REGISTRE DEUXIÈME

2. — Jacques POTTIER, prestre, curé de Saint Martin de Charly sur Marne Rome.

2. — Ecartelé en sautoir d'argent et de sable, à un faisseau de roseaux de sinople en chef, deux coquilles d'or aux flancs, et une molette d'azur en pointe.

3. — Louis SOUGIT, prestre, prieur, curé de Saint Denis de Villiers sur Marne.

3. — D'argent, à une croix haussée, fleuronnée, au pied fiché de sable, acostée de deux écureuils affrontez de gueules.

4. — Charles MALLET, prestre, curé de la paroisse de Sainte Marie de Retonde.

4. — De gueules, à un maillet d'or en cœur, accompagné de trois limaçons d'argent, miraillez d'azur, deux en chef et un en pointe.

5. — Jean GRÉGOIRE, prestre, curé de la paroisse de Saint Sauveur de Choisy.

5. — D'argent, à un cœur de carnation, chargé d'une étoile d'or, et accompagné de trois alérions d'azur, deux en chef et un en pointe.

6. — Nicolas de FRONTIGNY de la Tour, prestre, curé de Saint Martin d'Armentières.

6. — D'argent, à deux fuseaux de gueules, posez en sautoir, et accompagnez de deux trèfles de sinople en chef et d'une couronne d'épines de même en pointe.

7. — Nicaise BOUTTEVILLE, prestre, curé de Notre Dame de Laffaux.

7. — D'azur, à deux jumelles ondées d'argent, et un arbre arraché d'or, brochant sur le tout.

9. — François-Julle BIENVENU, prestre, curé de Notre Dame de Fresne.

9. — D'argent, à une face d'azur, chargée de cinq pièces de monnoye d'or, et accompagnée en chef de deux bources d'azur, en pointe d'une coupe de gueules.

10. — Crespin d'ETAIN, prestre, curé de Saint Martin de Maast.

10. — Tiercé en face d'or, de sinople et d'hermines, et une jumelle de sable brochante en bande sur le tout.

13. — Nicolas VILAIN, prestre, curé de Saint Médard d'Audignicourt.

13. — De sinople, à neuf bezans d'argent, posez en sautoir, accompagnez de quatre croisettes ancrées d'or.

14. — Jean GAUTRON, prestre, curé de Saint Georges de Courmont.

14. — D'argent, à une face échiquetée d'azur et d'or; et un double trécheur fleuronné et contre-fleuronné de gueules, brochant sur le tout.

15.— N...... FOURNIER, prestre, curé de Saint Remy de Gland.

15.— De sinople, à quatre faces d'or, chargées chacune d'un tourteau de gueules, acosté de deux merlettes affrontées de sable.

16.— Jacques ODOUCET, prestre prieur curé de Saint Georges de Licy-lès-Moines d'Essomme.

16.— D'argent, à deux bandes, une de gueules et l'autre d'azur, accompagnées en chef d'une roze d'azur et en pointe d'un tourteau de gueules.

17.— François de LHOMMEL, prestre, curé de Saint Sulpice de Bitry.

17.— Coupé d'argent et de gueules, à un pal flamboyant de l'un en l'autre, accompagné en chef de deux étoiles d'azur.

18.— Michel CLIPET, prestre, curé de Saint Pierre de Mont Saint Père.

18.— Parti d'argent et de sable, à une croix de l'un en l'autre, cantonnée de quatre tierce feuilles aussi de l'un en l'autre.

19.— Estienne COMPEIN, prestre, curé de nostre dame de Coincy.

19.— De sable, à un chevron échiqueté d'or et d'azur, accompagné de trois bezans tourteaux échiquetez de même, deux en chef et un en pointe.

20.— Nicolas CHAPELET, prestre, curé de Saint Michel de Brécy.

20.— D'azur, à un chapelet d'argent, posé en orle, la croix en bas, et une croix recroisetée d'or en cœur.

21.— Isac-Charles BUISSON, prestre, curé de Saint Félix d'Ary Bonneille (Bonneil).

21.— D'argent, à un buisson de sinople, *ardant de gueules*, et sommé d'une croix haussée d'azur.

24.— Philipe SERGENT, prestre, curé de Saint Martin de Villers-le-Hellon.

24.— De gueules, à une hallebarde d'or, posée en pal, acostée de deux lis d'argent, tigez et feuillez de même.

25.— N...... LE PICART, prestre, prieur et curé de Nelle (Nesle).

25.— D'azur, à une teste et col de cheval coupée d'argent, surmontée d'une étoile d'or, et acostée de deux fers de pique de même.

27.— Etienne ROBERT, prestre, curé de Saint Etienne de Belleau.

27.— D'or, à un chevron de sable, semé de bezans d'argent, et accompagné de trois ancres d'azur, deux en chef et une en pointe.

28.— N...... prestre et doyen de Chezy-l'Abbaye.

28. — D'argent, à un bourdon de gueules en pal, et deux palmes de sinople, passées en sautoir sur le bourdon.

30.— Louis BELLEBEZIERRES, prestre, curé de Saint Macre de Longueval.

30.— D'azur, à une face vairée d'or et de gueules, et accompagnée de trois vanets d'argent, deux en chef et un en pointe.

31.— N...... CORDIER, prestre, prieur et curé de Crouttes sur Marne.

31.— D'argent, à un cœur de gueules, accompagnée de trois mouchetures d'hermines deux en chef et une en pointe.

32.— Antoine Le Sage, prestre, prieur et curé de Beugneux.

32. — D'argent, à trois fusées d'azur, mises en faces, sommées chacune d'une croisette de gueules.

33.— Nicolas Marny, prestre, curé de Saint Victor d'Autreche(s).

33.— De sinople, à un agneau pascal d'argent, la croix et la banderole d'or croisée de gueules, et un chef bastillé d'or.

34.— Claude Notte, prestre, curé de la paroisse de Saint Hilaire de Vilmontoire et Charentigny Sicour.

34.— D'argent, à neuf merlettes de sable, posées en sautoir.

36.— N...... Bouchel, prestre, curé de Montier(s).

36.— D'azur, à un mouton passant sur une terrasse d'or, et un chef cousu de gueules, chargé d'une croix dentelée d'argent.

41.— Charles-Daniel Aubry, prestre, curé et prieur de Saint Barthelemy de Bihaune.

41.— D'azur, semé de flammes d'or, à un sautoir ancré et nilé de même, brochant sur le tout.

44.— Charles Huet, prestre, curé et prieur de notre dame de Laulnoy. (Launoy).

44.— D'azur, à un demy vol d'or en cœur, accompagné de trois croix de Lorraine d'argent, deux en chef et une en pointe.

47.— David-Jean Coudray, prieur, curé d'Hostel.

47.— De sable, à une croix engreslée d'argent, chargée d'un nom de Jésus de gueules, et cantonnée de quatre étoiles d'or.

49.— Toussaint Lambert, conseiller du roy, contrôleur au grenier à sel de Vailly.

49.— D'argent, à un arbre de sinople, sur une terrasse de même, et un chef de sable, chargé de trois testes de coqs d'or, crestées et barbées de gueules.

50.— Anne Patare, veuve de Jean Sauvaget, conseiller du roy, grenetier au grenier à sel de Vailly.

50.— De gueules, à un porc-épi passant d'argent, sur une terrasse de sinople, et un chef d'or chargé de trois tierces feuilles de sinople.

51.— Atanase de Neufville, greffier au grenier à sel de Vailly.

51.— D'argent, à une face ondée d'azur, accompagnée en chef de trois croissans renversez de même, et en pointe de trois grelots d'or.

52.— Pierre Boudin, conseiller du roy, grenetier au grenier à sel de Vailly.

52.— D'argent, à une traisnée de gueules, accompagnée de cinq barillets de même, le tout posé en barre.

53.— Elisabeth Le maire, veuve de Simon Huget, de Baccancourt, écuier.

53.— De sable, à un sautoir d'or, accompagné de quatre couronnes à l'antique d'argent.

54.— François Gilbert, conseiller du roy, contrôleur au grenier à sel de Vailly.

54.— D'argent, à six burelles d'azur, et un chardon de gueules, tigé et feuillé de même, brochant sur le tout.

58. — La ville de *Crespy* en Laonnois.

58. — De gueules, à trois épys de bled d'or, posez en pal et et en sautoir, et un chef cousu d'azur, chargé de trois fleurs de lys d'or.

59. — N....., Marcq, prieur de Saint Vulgis.

59. — D'azur, à deux pals enclavez d'or, et un chef de gueules, chargé d'une couronne d'or.

64. — Claude Vivier, commis au greffe de la prévosté royalle de Villers-Cotterets.

64. — D'argent, à deux rozeaux de sinople, passez en sautoir, et accompagnez de quatre quintes feuilles de gueules.

66. — Nicolas Petit, greffier de la capitainerie des chasses de Villers-Cotterets.

66. — D'azur, à un massacre de cerf d'or, sommé entre les cornes d'un serin d'argent.

67. — N..... de Renty, veuve N.. ... de Renty, écuier.

67. — D'argent, à trois doloires de gueules, deux et une, les deux du chef adossées.

LAON

SUIVANT L'ORDRE DU REGISTRE PREMIER DE L'ÉTAT DU 6 JUIN 1698

115. — Suzanne de La Mer, femme de Théodore d'Hédouville, chevalier, seigneur de Révillon.

115. — De sinople, à deux faces ondées d'argent, entre lesquelles est posé un poisson de même.

NOYON

SUIVANT L'ORDRE DU REGISTRE PREMIER DE L'ÉTAT DU 26 SEPTEMBRE 1698

77. — Jean de Beaucousin, conseiller du roy, éleu en l'élection de Noyon.

77. — D'argent, à un chevron vairé de gueules et d'or, accompagné de trois trèfles de sinople, deux en chef et un en pointe.

91. — François Reneuve, conseiller du roy, receveur des deniers patrimoniaux de la ville de Noyon.

91. — De pourpre, à quatre girons d'or en croix, et une orle composée de quatre trèfles de sinople et de quatre molettes d'argent.

92. — Claude Reneuve, chef de panneterie du roy.

92. — Porte comme l'article 91 cydessus.

93. — Antoine de Caisne, officier de la maison du roy.

93. — D'azur, flanqué arondy d'argent à quatre annelets de l'un en l'autre.

94. — François Buttin, procureur du roy en la ville de Ham.

94. — De sable, à un bezan d'argent en cœur, accompagné de trois branches de thin d'or, deux en chef et une en pointe.

CHATEAUTHIERY

SUIVANT L'ORDRE DU REGISTRE PREMIER DE L'ETAT DU 12 JUILLET 1697

23. — Le corps des officiers du baillage et siége présidial de Châteauthiery.

23. — De sable à trois fleurs de lys d'or, deux et une.

DE L'ETAT DU 26 SEPTEMBRE 1698

137. — Pierre Guillemard, prestre, curé de Saint-Cinbal de Pavant.

137. — Ecartelé en sautoir d'or et de gueules, à une croix alaizée et recroisettée de l'un en l'autre.

CLERMONT

SUIVANT L'ORDRE DU REGISTRE PREMIER DE L'ETAT DU 6 JUIN 1698

7. — Louis du Breuil, escuier, sieur de Coustance.

7. — D'argent à une face écotée de sinople, accompagnée de deux lézards de même, rampans aussi en face, un en chef et l'autre en pointe.

DE L'ÉTAT DU 26 SEPTEMBRE 1698

9. — Claude Limosin, escuier, seigneur du Fay, cy-devant brigadier des gardes du corps.

9. — Parti d'or et d'azur, à un sautoir bretessé, de l'un en l'autre.

GUISE

SUIVANT L'ORDRE DU REGISTRE PREMIER DE L'ÉTAT DU 26 SEPTEMBRE 1698

26.— Philippes ROLLAND, chanoine d'Origny-Sainte-Benoiste.

26. — D'argent, à une face de sinople, chargée de trois bezans d'or.

Fait par nous à Paris le cinquiesme d'aout de l'an 1699.

Signé : D'HOZIER.

RÉCAPITULATION

SOISSONS

Armoiries des	livres.	livres.	
Personnes	65 à 20	1300	1450
Ville	2 à 50	100	
Corps	1 à	50	

LAON

Armoiries des	livres.	livres.	
Personnes	1 à		20

NOYON

Armoiries des	livres.	livres.	
Personnes	5 à 20		100

CHATEAUTHIERRY

Armoiries des	livres.	livres.	
Personnes	1 à 20		45
Corps	1 à 25		

CLERMONT

Armoiries des	livres.	livres.	
Personnes	2 à 20		40

GUISE

Armoiries des Personnes.............	livres. 1 à	....	livres. 20
	79		1675

Total seize cens soixante quinze livres et les deux sols pour livres.

Présenté par le dit Vannier à nos Seigneurs les commissaires généraux du Conseil, à ce qu'attendu qu'il n'a été fourny par les dénommez cy dessus aucunes figures ny explication d'armoiries et qui ont néantmoins payé les droits d'enregistrement d'icelles, il plaise à nos dits Seigneurs leur en accorder, en conformité de l'édit du mois de novembre 1696, telles qu'ils jugeront à propos, pour estre ensuite receues et enregistrées à l'Armorial général, conformément au dit édit et arrests rendus en conséquence.

Fait à Paris, ce 18e jour de May 1699.

Signé : ALEXANDRE et DELARROC.

Les commissaires généraux, deputez par Sa Majesté par arrests des 4 décembre 1696 et 29 janvier 1697, pour l'exécution de l'édit du mois de novembre précédent sur le fait des armoiries.

Veu par nous l'Estat des noms et qualitez de ceux qui n'ont point fourny l'empreinte ou l'explication de leurs armoiries, dénommez dans l'estat cy dessus; notre ordonnance préparatoire du 26 juin dernier, portant que le dit estat seçoit remis au sieur d'Hozier, conseiller du Roy, garde de l'Armorial général, pour donner son avis sur les armoiries qui pouront leur estre accordées, l'avis du sieur d'Hozier du 5 aoust 1699, ordonnance de soit montré du 29 may 1699, conclusions du procureur général de la commission; ouy le raport du sieur de Breteuil, conseiller ordinaire du Roy en son conseil d'Estat, et intendant des finances, l'un des dits sieurs commissaires.

Nous commissaires susdits, en vertu du pouvoir à nous donné par Sa Majeste, conformément à l'avis du sieur d'Hozier, ordonnons que les armes de chacun des dénommez cy dessus seront composées des pièces, meubles et métaux portez par le dit avis ; en conséquence les avons receues et recevons pour estre enregistrées à l'Armorial général, ainsy qu'elles sont expliquées par l'avis dudit sieur d'Hozier, et les brevets d'icelles délivrés conformément au dit Edit du mois de novembre 1696 et arrests rendus en conséquence. A l'effet de quoy il sera remis au dit sieur d'Hozier une expédition de la présente ordonnance et les feuilles qui contiennent les noms et qualitez des dénommez au dit Estat.

Fait en l'assemblée des dits sieurs commissaires, tenue à Paris le vendredy 12 février mil-sept-cent.

Signé : SENDRAS.

Nous soussignez, intéressez au traitté des armoiries, nommez par délibération de la Compagnie du 29 aout 1697, pour retirer les brevets des dittes armoiries, reconnaissons que Monsieur d'Hozier nous a, ce jourd'huy, remis ceux mentionnez au présent estat, au nombre de SOIXANTE ET DIX NEUF armoiries.

La finance principalle desquelles, montant à seize cens soixante et quinze livres, promettons payer au Trésor Royal, conformément au traité que nous en avons fait avec Sa Majesté.

Fait à Paris, ce troisième jour de juillet mil sept cens.

Signé : CARQUEVILLE.

ESTAT

DES NOMS ET QUALITEZ DES PERSONNES ET COMMUNAUTEZ DONT LES ARMOIRIES ONT ÉTÉ PORTÉES EZ BUREAUX ÉTABLIS PAR Mᵉ ADRIEN VANIER, CHARGÉ DE L'EXÉCUTION DE L'ÉDIT DU MOIS DE NOVEMBRE 1696; LA RECEPTION DESQUELLES ARMOIRIES A ÉTÉ SURCIZE PAR LES ÉTATS CY APRÈS DATTEZ, PARCE QUE LE BLAZON EN EST SI MAL FIGURÉ OU EXPLIQUÉ QU'IL EST IMPOSSIBLE DANS L'ÉTAT OU ELLES SONT DE LES CONNOISTRE SUFFISAMENT POUR LES RECEVOIR ET ENREGISTRER A L'ARMORIAL GÉNÉRAL.

GÉNÉRALITÉ DE SOISSONS

SOISSONS

SUIVANT L'ORDRE DU REGISTRE PREMIER DE L'ÉTAT DU 26 SEPTEMBRE 1698

Veu par nous Charles d'Hozier, conseiller du Roy, généalogiste de sa maison, garde de l'Armorial général de France, et chevalier de la religion et des ordres militaires de Saint-Maurice et de Saint-Lazare de Savoie; le présent état de suplément d'armoiries et l'ordonnance donnée en conséquence le sixième juillet de l'année courante 1699, par Messieurs les Commissaires Généraux du Conseil à ce députez; par laquelle il nous est enjoint de donner notre avis sur les armoiries qui peuvent estre accordées ou supléées à chacune des personnes et autres dénommées dans le dit état et dans les conclusions de M. le Procureur général de la dite commission, au nombre de CENT CINQUANTE QUATRE, nous estimons que l'on peut leur régler et disposer en cette sorte les dites armoiries ainsy qu'il en suit :

---

233. — Pierre des MOUCEAUX, marchand de bled à Soissons.

233. — D'azur à six gerbes d'or, posées une, deux et trois.

240. — Claude FACIÉ, marchand de bled à Soissons.

240. — Facé d'argent et de sable de six pièces, à six merlettes posées en pal de l'un en l'autre.

254. — Jean LEFEBVRE, bourgeois de Soissons.

254. — D'argent, à une traisnée d'azur, accompagnée de cinq barillets de gueules, le tout posé en barre.

257. — Jacques VERIER, chanoine de l'églize cathédrale de Soissons.

257. — D'azur, à un sautoir d'or, accompagné de quatre couronnes à l'antique d'argent.

260. — Nicolas MORANT, chanoine de l'églize cathédrale de Soissons.

260. — D'or, à quatre bandes de sinople et un chardon de gueules, tigé et feuillé de même, brochant sur le tout.

262. — Louis BOUCHART, chanoine de Saint-Pierre, à Soissons.

262. — De sable, à deux pals enclavez d'argent, et un chef de gueules, chargé d'une couronne d'argent.

266. — Charles MARTIN, prestre, chanoine de l'églize cathédrale de Soissons.

266. — D'or, à deux rozeaux de gueules, passez en sautoir et accompagnez de quatre quinte feuilles d'azur.

269. — Charles DURANT, conseiller et procureur du Roy en l'élection de Soissons.

269. — D'azur, à une vire ou cercle d'or, et deux palmes d'argent passées en sautoir, brochantes sur le tout.

289. — Suzanne POUSSIN, veuve de Gervais QUILLIET.

289. — De gueules, à une poule d'argent, entourée de huit poussins de même.

294. — Robert VUILFROY, chanoine de l'églize cathédrale de Soissons.

294. — D'azur, à une ville d'or, sur une terrasse de même, et deux vents d'argent mouvants des angles du chef.

295. — Jean VUILFROY, chapelain des Martirs de la cathédrale de Soissons.

295. — Porte de même.

296 — Christophe VUILFROY, avocat à Soissons.

296. — Porte de même.

310. — Antoine PIOCHE, chanoine de l'églize cathédrale de Soissons.

310. — De sable, à une aumusse d'argent, semée de mouchetures d'hermines et posée en bande, accompagnée d'une étoile d'or en chef et d'un livre couché de même en pointe.

335. — Jeanne TISSART, fille.

335. — D'argent, à une lozange d'azur, accompagnée de quatre flammes de gueules, posées aux quatre cantons de l'Ecu.

337. — Nicolle DU RHU (Duru), veuve de Charle LE FEBVRE, marchand à Soissons.

337. — D'azur, à un ruisseau ou bande en devise ondée d'argent, accompagnée en chef d'un duc d'or.

358.— Claude PERRIN, prestre, curé de Sainte Cécille de Terny et doyen de la Crétienté de Soissons.

358.— De sable, à une croix haussée et perronnée d'argent, acostée de deux lys de même, tigez et feuillez aussy d'argent.

379.— Jean-Hiacinte BOUJOT, prestre, curé de Sainte Marie-Madeleine de Marigny.

379.— Coupé denché, de gueules sur or, à trois croisettes d'argent rangées en chef, et une coupe d'azur en pointe.

385.— M...... GRISSOLET, prestre, curé de Vierzy.

385.— D'argent, à un chevron parti de sable et d'azur, accompagné de trois tourteaux partis de même, deux en chef et un en pointe.

396 — Robert DURAND, prestre, curé de Saint Martin de Billy sur Ourc(q), et doyen du doyenné d'Ouchy.

396.— D'azur, à une vire ou cercle d'or, et deux palmes d'argent passées en sautoir, brochants sur le tout.

400.— Antoine BRISBARRE, prestre, curé de Saint Pierre d'Oulchie le Villoy (Oulchy-la Ville).

400.— D'argent à quatre barres de sable, et une masse de forgeron de gueules, brochante sur le tout.

NOYON

SUIVANT L'ORDRE DU REGISTRE PREMIER DE L'ÉTAT DU DIT JOUR

102.— Nicolas SOUILLARD, assesseur en la mairie de Ham.

102.— De gueules, à une porte quarrée d'or, percée au milieu d'une flèche d'argent en barre, et sommé d'un croissant de même, accompagné de trois étoiles aussy d'argent, rangées en chef.

103.— Valerand de NEUVILLE, prestre, chanoine de l'église de Noyon.

103.— D'azur, à une face nuagée en devise et ployée, surmontée, d'une ville murée, sommée d'un dôme croisé et acosté de deux étoiles, le tout d'or, soutenu en pointe d'une main indiquante d'argent, mouvante d'une terrasse de même, et accostée des deux roses tigées et feuillées aussi d'argent, mouvantes de la même terrasse.

106.— Charle VAILLANT, prestre, chanoine régulier, curé de Saint Martin de Chauny.

106.— D'azur, à une épée d'argent, les gardes et poignée d'or, posée en pal et acostée de deux couronnes de laurier aussi d'or, posées en pal.

113.— La communauté des marchands *drapiers* et *merciers* de Chauny.

113.— D'argent, à un Saint-Louis de carnation, vêtu d'une tunique de pourpre, frangée d'or, et d'un manteau royal d'azur semé de fleur de lys d'or; tenant de sa dextre une couronne d'épines de sinople, et de sa senestre une main de justice de gueules.

114.— La communauté des *Chirurgiens* de Chauny.

114.— D'azur, à un Saint Cosme et un Saint Damien d'or, sur une terrasse de même.

117.— La communauté des *marchands de toille* de Chauny.

117.— D'azur, à une vierge d'or, tenant son enfant Jésus de même, acostée de deux pièces de toille d'argent, pliées en rouleau.

118.— Jean Marié, conseiller du Roy, receveur des consignations de la ville de Ham.

118.— De sinople, à trois chevrons renversez d'or, posez deux et un, et une roze d'argent en abisme.

119.— Nicolas Marié, marchand à Ham.

119.— Porte de même.

120.— Pierre Roger, conseiller du roy, assesseur en la mairie de Chauny, et notaire royal au dit lieu.

120.— D'argent, à un rocher de trois pointes de gueules, celle du milieu plus élevée, et sommée d'un geay au naturel.

121.— Pierre Homblot, prestre, prieur de la paroisse Notre-Dame-de-Chauny.

121.— D'azur, à une roze d'or en cœur, accompagnée de quatre sautoirs de même, posez aux quatre cantons de l'écu.

122.— Monique Waubert, veuve de Jean Tassart, greffier alternatif des rolles, et échevin de la ville de Ham.

122.— D'argent, semé de glands de sinople, à un loup ravissant de gueules.

124.— Nicolas Bertin, prestre, docteur de Sorbonne, chanoine de l'églize catédrale de Noyon.

124.— De gueules, à un lièvre d'or, courant en face et accompagné de trois bouquets de thin de même, fleuris d'argent, deux en chef et un en pointe.

128.— Claude Paillart, prestre, chanoine et chantre de l'églize catédrale Notre-Dame de Noyon.

128.— D'azur, à une gerbe d'or, entourée d'une orle de huit flames de même.

130.— La communauté des *Mégissiers* de la ville de Ham.

130.— D'azur, à un bon pasteur d'or, portant sur ses épaules une brebis d'argent.

135. — Guillaume Mesnager, écuier, sieur de Corbisson.

135.— D'azur, à une épée d'argent, les garde et poignée d'or, posée en pal et une face aussy d'or, brochante sur le tout, chargée d'une main couchée de carnation.

136.— Louis de HEM, marchand bourgeois de Ham.

136.— D'argent, à un chevreul au naturel, passant sur une terrasse de sinople.

137.— Claude de THÉIS, avocat en parlement.

137.— D'azur, à deux étoiles d'or en chef, et un encensoir de même en pointe, suspendu par ses chaisnettes mouvantes du chef.

139.— Laurent VILDOR, prestre, chanoine théologal de l'églize de Noyon.

139. — D'argent, à une bande de sable, chargée d'une ville d'or, et accompagnée de deux tourteaux d'azur, l'un en chef et l'autre en pointe.

140.—Jacques FORESTIER, prestre, chanoine de Noyon.

140.— D'or, à trois bezans d'azur, deux et un.

141.—Firmin de LA COUR, prestre, chanoine de Noyon.

141.— De sable, à une bande d'or, accompagnée en chef d'un rencontre de bufle de même, et en pointe d'une gerbe d'argent, liée de gueules.

143.— La communauté des *Tisserands* et *Murquiniers* de la ville de Ham.

143.— D'azur, à une navette d'or, posée en pal, acostée de deux poupées ou poignées de filace d'argent.

144.— Charles du ROZOY, prestre, chanoine doyen de l'églize Notre-Dame de Nesle.

144.— D'argent, à un pal de gueules, acosté de deux épys de millet adossez de sinople.

145.— Michel LEBLANC, prestre, curé de l'églize Saint-Pierre de Nesle.

145.— D'azur, à un chevron d'argent, accompagné en chef de deux grapes de raisin de même, et en pointe d'un pigeon aussi d'argent.

146.— Marguerite de LARE, veuve de N... de HEURTEBIZE.

146. — D'argent, à trois faces de gueules, chacune surmontée de trois loups passans de sable.

147.— Marie de SAINT-DELY (Delis), damoiselle.

147.— De sinople, à un aigle d'argent, béqué et membré de gueules, tenant en ses serres un perroquet d'or, aussi béqué et membré de gueules.

148.— La communauté des *Blanchisseurs* de toille de la ville de Chauny.

148.— D'azur, à une rivière d'argent en face, accompagnée de trois pièces de toile pliées en rouleau de même, et posées en pal, deux en chef et une en pointe.

149.— Guillaume PÉPIN DE LA LOUPPE, prestre, chanoine théologal de l'églize Notre-Dame de Nesle.

149.— De gueules, à un sautoir d'argent, chargé de cinq testes de perdrix arrachées au naturel.

150.—Pierre de ROUILLÉ, prestre, chanoine de Nesle.

150.— De gueules, à une face d'argent, chargée d'un aigle naissant de sable, et accompagnée en chef de deux colombes d'argent, et en pointe d'un croissant de même.

151. — La communauté des *Chirurgiens* de la ville de Ham.

151. — D'azur, à un Saint Cosme et un Saint Damien d'or, posez sur une terrasse de même.

152. — Jean POTTIER, prestre, chanoine de l'églize de Nesle.

152. — D'azur, à deux vases d'or et une montagne de même, sur une rivière ondée d'argent en pointe.

153. — Claude TAVERNIER, prestre, chanoine de l'églize de Nesle.

153. — D'argent, à un pal flamboyant de gueules, acompagné en chef de deux flames de même.

154. — Paul LESQUEVIN, prestre, chanoine de l'églize de Nesle.

154. — D'argent, à deux chevrons de gueules, accompagnez en chef de deux trèfles de sinople, et en pointe d'une grape de raisin de pourpre.

156. — Eloy PICARD, prestre, chanoine de l'églize cathédrale de Noyon.

156. — D'argent, à une montagne de sinople, sommée d'une pique de gueules, ferrée d'azur, cotoyée de deux flames de gueules.

157. — Pierre FRANCELLE, prestre, chanoine de l'églize de Noyon.

157. — D'argent, à un vol d'azur, accompagné de trois cœurs de carnation, deux en chef et un en pointe.

158. — Nicolas SAVEREUX, prestre, chanoine de Nesle.

158. — D'azur, à deux chesnes d'or posez en face, acompagnez en chef d'une molette de même, et en pointe d'un croissant d'argent.

159. — La communauté des chapelains de l'église collégiale de Nesle.

159. — D'azur, à deux bars adossez d'or, acostez en face de deux croisettes recroisetées, au pied fiché de même.

160. — La communauté des chapelains du chasteau de Nesle.

160. — D'azur, à une croix alaizée, recroisetée, au pied fiché d'or, acostée de deux bars affrontez en pal de même.

CHATEAUTHIERRY

SUIVANT L'ORDRE DU REGISTRE PREMIER DE L'ETAT DU 12 JUILLET 1697

44. — Augustin GALIEN, receveur des consignations.

44. — D'azur, à un chevron d'or, surmonté d'un cor de chasse de même, et accompagné en chef de deux fers de pique d'argent, et en pointe d'une étoile d'or.

55. — Claude GRÉGOIRE, prestre, curé de la paroisse de Saint-Crespin, de Châteauthierry.

55. — D'azur, aux deux lettres capitalles C. et G. d'or.

DE L'ETAT DU 6 JUIN 1698

59. — L'abbaye de *la Barre* de Châteauthierry.

59. — D'azur, à la sainte Vierge tenant son enfant Jésus sur son bras senestre et de sa main dextre un sceptre, le tout d'or.

92. — Jacques de LAVAL, escuier, seigneur de la Chapelle Monthaudon et autres lieux.

92. — D'argent, à une croix de gueules, chargée de cinq coquilles d'argent, et cantonnée de quatre alérions d'azur.

DE L'ÉTAT DU 26 SEPTEMBRE 1698

117. — Thomas PÉCOURT, prestre, curé de Mareuil en Dol(e).

117. — D'argent, à une croix haussée de gueules et une clef d'azur passées en sautoir.

118. — Antoine FRÉRET, lieutenant en la justice de Coincy.

118. — D'argent, à deux palmes de sinople, passées en sautoir, accompagnées en chef d'une couronne à l'antique de gueules, et en pointe d'une coquille renversée de même.

121. — Toussaint HERBELIN, prestre, curé de de Saint-Crespin de Busiart (Bussiares).

121. — D'azur, à un bélier d'argent paissant sur une terrasse de sinople, et un chef d'or, chargé de trois croisettes de gueules.

123. — Denis LE GRAS, curé de Saint-Sulpice et Saint-Antoine de Villery la Potterie.

123. — De sinople, à une croix de Lorraine d'or, et un chef de même, chargé d'un sanglier, passant de sable.

125. — François HEBERT, curé de Saint-Médart d'Espeaux.

125. — De sable, à une croix ancrée d'or, cantonnée de quatre sautoirs de même.

129. — Claude FEUSTRÉ, prestre, prieur, curé de Nostre-Dame de Viffort.

129. — D'argent, à un pomier de sinople, fruité de gueules, posé sur une terrasse de sinople, accompagné en chef de deux testes de Mores de sable, tortillées d'or et de gueules.

130. — Jean de LA BARRE, prestre, curé d'Essise(s).

130. — D'azur, à une barre d'argent, accompagnée de six étoiles de même, posées en orle.

131. — Pierre d'AVAUX, prestre, curé de Saint-Prix d'Orbais.

131. — Coupé d'argent et de gueules, à un chevron de l'un en l'autre, accompagné en chef de deux trèfles de sinople, et en pointe d'une coquille d'or.

132. — Claude OZAN, prestre, curé de Saint-Germain de Nogent l'Artault.

132. — D'azur, à cinq croizettes pattées d'or, posées en sautoir, et un chef d'argent, chargé de deux croissans de gueules.

134. — Louis COUTURE, prestre, curé de Saint-Remy de Grisolle.

134. — D'azur, à cinq colombes d'argent, pattées d'or, posées en sautoir, et un chef d'argent, chargé d'un croissant de gueules, acosté de deux croisettes ancrées de sable.

135. — Isac LE HAUT, prieur, curé de Saint-Médard de Courbouin.

135. — D'argent, à un monde d'azur, ceintré et croisé d'or, entouré d'une couronne d'épines de sinople, ensanglantée de gueules.

136. — Nicolas MERCIER, prestre, curé de Domptin.

136. — D'azur, à un agneau pascal d'argent, et un chef cousu de gueules, chargé de trois flames d'or.

CRESPY

SUIVANT L'ORDRE DU REGISTRE PREMIER DE L'ÉTAT DU DIT JOUR

38. — Jacques POTTIER, prestre, curé de Chézy-en-Orxois.

38. — D'argent, à un sautoir écoté et contre écoté de gueules, accompagné de quatre croix pattées de sinople.

56. — Jean de LA MARRE, conseiller du roy honoraire au baillage et siége présidial de Crespy en Valois.

56. — D'azur, à une rivière ondée d'argent en face, accompagnée en chef de trois cannes rangées de même, bequées et membrées de gueules, et en pointe d'un faisseau de rozeaux d'or.

57. — N....... LE MARCHAND, contrôleur au grenier à sel de Coucy.

57. — D'argent, à une face de sinople, accompagnée en chef de deux marcs de gueules, et en pointe d'un trèfle de sinople.

60. — Philippe LE BRETON, prestre, curé de Taillefontaine.

60. — De sinople, à une croix fourchée de douze pièces d'or, chargée en cœur d'un tourteau de gueules, surchargé d'un nom de Jésus d'argent.

68. — Caterine de LAFOSSE, veuve de Jean de NONON, vétéran, valet de pied du roy.

68. — De gueules, à un chevron ployé d'argent, accompagné de trois bezans, échiquetez d'argent et de sable.

70. — Adrien SENSIER, prestre, curé de Vé.

70. — D'argent, à deux clefs d'azur, passées en sautoir, et une croix haussée et fleuronnée de gueules, brochante en pal sur le tout.

71. — Gilles LE HAUT, prestre, curé de Saint-Pierre de Charey et de Saint-Nicolas au fauxbourg de la Ferté-Milon.

71. — D'azur, à trois lambels d'or, posez l'un sur l'autre, et un chef d'argent chargé de trois roses de gueules.

73.— François Godefroy, prestre, curé de Trumilly.

73.— D'argent, à deux pattes d'ours d'azur, passées en sautoir, chargées en cœur d'un bezan d'or, et accompagnées de quatre molettes de sable.

75.— Nicolas Le Maire, prestre, curé d'Aacy (Acy).

75.— D'azur, semé de fers de flèches d'argent, à une croix pattée d'or en cœur.

77.— Henry du Mesnage, prestre, chanoine et curé de Saint-Thomas de Crespy.

77.— De sable, à une croix potencée d'argent, cantonnée de quatre bezans d'or.

78.— N....., veuve de N..... du Pargy, garde du roy.

78.— Parti d'argent et de gueules, à trois faces de l'un en l'autre, celle du milieu entée et ondée.

81.— Antoine Bourgeois, prestre, curé de Damars.

81.— D'or, à un pal chevronné de gueules et d'argent de six pièces, et acosté de six merlettes d'azur, trois de chaque costé.

88.— Jacques Cueul, prestre, doyen et chanoine de Saint-Thomas de Crespy.

88.— D'azur, à une face cannelée d'or, accompagnée en chef de deux croissans adossez d'argent, et en pointe d'un cœur coupé d'argent et de carnation.

89.— Pierre Lebel, prestre, chanoine de Saint-Thomas de Crespy.

89.— De sable, à trois pals ondez d'or, et un pied de biche de gueules brochant sur le tout en barre.

90.— François Cueul, prestre, chanoine de Saint-Thomas de Crespy.

90.— D'azur, à une face cannelée d'or, accompagnée en chef de deux croissans adossez d'argent et en pointe d'un cœur coupé d'argent et de carnation.

91.— Antoine de Brie, prestre, chanoine de Saint-Thomas de Crespy.

91.— De sable, à une roüe mi-partie d'or et d'argent, accompagnée en chef de deux marteaux d'or, et en point d'un croissant d'argent.

97.— Pierre de La Fosse, prestre, curé de Cuvergnon.

97.— De gueules, à un chevron d'argent, accompagné en chef de deux croissans renversez de même, et en pointe de deux flèches d'or, passées en sautoir.

102.— Cristophe Minet, conseiller du roy, vérificateur des défauts au baillage et siége présidial de Crespy en Vallois.

102.— D'azur, à une tour de sable, massonnée, ouverte et ajourée d'or, acompagnée en chef de deux tourteaus de gueules, et en pointe d'un autre tourteau d'azur.

105.— Catorine La Bauve, veuve d'Adam Miol, huissier de l'antichambre de Monsieur.

105.— D'argent, à une tige de baume de sinople, sur une terrasse de même, et trois étoiles d'azur, rangées en chef.

109. — Louis SABINET, prestre, curé de Pierrefonds.

109. — Chevronné d'or et d'azur de six pièces, à un pal ondé d'argent, brochant sur le tout.

111. — Pierre RACINE, prestre, curé de Montigny-Russy.

111. — D'argent, à trois troncs d'arbres arrachez de sable, posez deux et un, et un oyseau d'azur, bequé et membré de gueules en cœur.

117. — François FORTIER, prestre, curé de Séry.

117. — D'or, à un dextrochère armé d'un gantelet d'azur, empoignant une chaisne de gueules, posée en pal.

118. — Gabriel MAILLARD, prestre, curé d'Auger Saint-Vincent.

118. — D'azur, à cinq roses d'argent, posées en chevron, accompagnées en chef de deux larmes d'or, et en pointe d'une molette de même.

120. — Noel FRARIN de la Boissière, écuier, lieutenant des chasses de Villers-Cottrets, ancien capitaine de cavalerie, seigneur de Bauvin.

120. — De gueules, à une bande d'or, chargée de trois deffences de sangliers de sable, et acostée de deux bois de cerf d'argent, l'un en chef et l'autre en pointe.

121. — Jacques MINET, prestre, curé de Besmont.

121. — D'argent, à une tour de sable, massonnée, ouverte et ajourée d'or, accompagnée en chef de deux tourteaus de gueules, et en pointe d'un autre tourteau d'azur.

122. — Jean LÉGER DE MÉLANGER de Motet, prestre, curé de Fresnoy-le-Luat.

122. — De sable, à une croix alaisée d'or, cantonnée de quatre croisettes nilées d'argent.

124. — Pierre LE MAIRE, prestre, curé de Poulsieme.

124. — D'or, à cinq tourteaus de sable, posez en sautoir, celuy du milieu chargé d'une merlette d'argent, et les autres chargez chacun d'une molette d'or.

126. — Pierre WAROQUIER, prestre, curé de Saint-Estienne.

126. — D'azur, à une main apaumée d'argent.

128. — Jean-Baptiste de BOUCHET, escuier, seigneur d'Orseval, conseiller du roy, lieutenant des eaux et forests du duché de Vallois.

128. — Ecartelé en sautoir d'argent et de sable, semé de merlettes de l'un en l'autre.

129. — Achille de GUERIN, escuier, sieur de Bruslard, capitaine d'une compagnie de fusiliers.

129. — De sable, à trois lions d'argent, lampassez et armez de sinople, posez deux et un.

131. — Nicolas DU FOUR, prestre, curé d'Estavigny.

131. — D'argent, à un duc de sable, perché sur un four de gueules, ouvert et enflamé d'or.

133. — Charles-Alexandre RANCON, prestre, curé de Levignen.

133. — De sinople, à un beuf couché d'argent, acorné, onglé et la queue houssée de gueules.

134. — Guy GARNIER, prestre, curé de Bouillancy.

134. — D'or, à une coquerelle de sinople, posée en cœur, accompagnée de cinq roses de gueules, deux en chef et trois en pointe, posées deux et une.

135. — Jean VILLAIN, prestre, curé de Villiers-Saint-Genest.

135. — D'argent, à une ville de gueules, sur une terrasse de sinople, et trois plantes de lin de même, rangées en chef.

136. — Jean-Baptiste GUYARD, prestre, curé du Plessis-Placy.

136. — D'argent, à un guy de chesne de sinople, ardent et enflamé de gueules.

137. — Nicolas PELART, prestre, curé de Pisseleu.

137. — D'azur, à deux pelles d'or, passées en sautoir, et un arc d'argent, couché en face et brochant sur le tout.

139. — Arnoult PARENT du Moiron, conseiller du roy au baillage et siége présidial de Crespy en Vallois.

139. — Facé d'argent et d'azur de quatre pièces, et une bande d'or brochante sur le tout, chargée de trois coqs de sable, crestez de gueules.

145. — Nicolas LE MAIRE, substitut du procureur du roy au baillage et siége présidial de Crespy en Vallois.

145. — D'or, à cinq tourteaus de sable, posez en sautoir, celui du milieu chargé d'une merlette d'argent, et les autres chargez chacun d'une molette d'or.

146. — Louis-Marin PUCELLE, greffier en chef du présidial et de l'élection de Crespy.

146. — D'argent, à un cheval marin de sinople, accompagné en chef de deux testes de pucelles, de carnation, chevelées d'or et posées de front.

147. — Simon LOIR, conseiller, médecin ordinaire du roy.

147. — D'argent, à un caducée d'azur, couché en face, accompagné en chef d'un soleil de gueules, et en pointe d'une plante de saulges de même, mouvante d'une terrasse de sinople.

148. — Louis de LA MARRE, écuier, lieutenant de la maréchaussée de Vallois.

148. — D'argent, à deux épées, l'une d'azur et l'autre de gueules, posées en chevron renversé, les pointes en bas.

149. — Margueritte LE MOINE, veuve de N....., de *la Rochelle*.

149. — De sinople, à un sautoir denché d'argent, chargé de deux piques de gueules, passées en sautoir.

151. — Le prieuré de *Saint-Michel* de la Ferté-Milon.

151. — D'azur, à un Saint Michel d'or, terrassant un diable d'argent.

152. — Anne LE MIRE, veuve de Charle LEQUEUS (Lequeux ou Le Queux), conseiller advocat du roy au baillage et siége présidial de Crespy.

152. — De sable, à trois testes d'aigles arrachées d'or, posées deux et une, et une bordure denticulée d'argent.

153. — Jean Poilbois, prestre, chanoine de Saint-Thomas de Crespy.

153.— Coupé d'argent et de sable, à un hérisson passant, de l'un en l'autre.

154.— Pierre Le Moine, écuier, sieur de la Fontaine, capitaine du château de Neuilly Saint-Front.

154.— De sable, à quatre demys vols d'argent, posez en sautoir, et une étoile d'or en abisme.

155.— Marguerite Clément, veuve de Nicolas Guilliot, avocat au baillage et siége présidial de Crespy.

155.—De sinople, à un dauphin d'argent, accompagné de trois ancres d'or, rangées en chef.

156. — Barbe Le Maire, veuve d'Etienne Mariage, avocat en parlement.

156. — D'or, à cinq tourteaux de sable, posez en sautoir, celuy du milieu chargé d'une merlette d'argent, et les autres chargez chacun d'une molette d'or.

158.— Le couvent de *Sainte-Ursulle* de Crespy en Vallois.

158.— D'azur, à une Sainte Ursulle d'or, sur une terrasse de même.

161.— Perrette Noblin, veuve de Jacques Rangueuil, conseiller du roy et son procureur au baillage de la Ferté-Milon.

161.— De sinople, à une croix ondée d'or, cantonnée de quatre clouds d'argent.

CLERMONT

SUIVANT L'ORDRE DU REGISTRE PREMIER DE L'ÉTAT DU DIT JOUR

12.— Le couvent des *Cordeliers* de Cyres-lez-Meslo (Cires-les-Mello).

12.— D'azur, à une Sainte Elisabeth, couronnée, tenant sur sa main dextre un livre fermé sommé de trois couronnes à l'antique, l'une sur l'autre, et de sa senestre une palme, la Sainte étant sur une terrasse, le tout d'or.

30.— Charles Thibault, escuier, seigneur de Maimbeville.

30.— D'azur, à une face d'argent, chargée de trois merlettes de sable.

34.— Henry Bleryé, maire de la ville de Bulles.

34.— D'argent, à une croix nilée d'azur, cantonnée de quatre roses de gueules, les tiges de sinople apointées en cœur.

35.— Claude Berye, procureur du roy de la prévosté et de la mairie de la ville de Bulles.

35.— Porte de même que dessus.

36.— Gilles Le Magnan, receveur de la ville de Bulles.

36.— D'argent, fretté de sable, à deux vergettes de gueules brochantes en pal sur le tout.

38.— La communauté des *Marchands* de la ville et fauxbourgs de Clermont en Beauvoisis.

38.— D'azur, à un Saint Marcoul abbé, vêtu d'un habit de l'ordre de Saint Benoist, et tenant une crosse, le tout d'or.

41.— François Crissart, officier de la vennerie du roy.

41.— D'or, à une cotte d'armes d'azur, surmontée d'un arc de gueules, couché en chef.

45.— Pierre du Vivier, conseiller du roy et son procureur au grenier à sel de Clermont en Beauvoisis.

45.— De sinople, à un chevron vivré d'or, accompagné de quatre chausse trapes d'argent, trois rangées en chef et une en pointe.

46.— Jacques Legras, conseiller du roy, assesseur en la mairie de la ville de Clermont en Beauvoisis.

46.— De sable, à une croix fourchettée d'or, chargée en cœur d'un tourteau d'azur.

47. — Pierre-Oudin Boudinot, conseiller du roy, éleu en l'élection, et président au grenier à sel de Clermont en Beauvoisis.

47.— D'or, à une teste de lion, arrachée et contournée de gueules, lampassée d'azur, accompagnée en chef de deux fers de pique de même, et en pointe d'une molette de sable.

48.— André Gomel, conseiller du roy, éleu en l'élection de Clermont en Beauvoisis.

48.— D'argent, à une bande componnée de pourpre et d'or, accompagnée en chef d'une chausse trape de sable.

49.— Jean Daugy, conseiller du roy, receveur de la gabelle de Clermont en Beauvoisis.

49.— D'argent, à une coquille de gueules, entourée d'un orle de huit trèfles de sinople.

51.— Pierre Rigault, conseiller du roy, éleu en l'élection de Clermont en Beauvoisis, seigneur de Monceaux en partie.

51. — D'azur, à un écusson d'argent, chargé en chef de deux perroquets de sinople, et en pointe d'une rose de gueules.

52.— Philipe Lange, secrétaire greffier en la mairie de la ville et communauté de Clermont.

52.— D'azur, à un chérubin d'or, et une champagne nuagée d'argent.

53.— Claude Boisseau, greffier commis en l'élection et grenier à sel de Clermont en Beauvoisis.

53.— De gueules, à trois montagnes d'argent, posées deux et une, et un boisseau d'or en abisme.

53 *bis simple*. — Antoine de BELLOY, chevalier, seigneur de Castillon.

53 *bis simple*. — D'or, à quatre bandes de gueules.

54. — Nicolas BOILEAU, prévost et chanoine du chapitre de l'églize collégiale Notre-Dame de Clermont en Beauvoisis.

54. — D'azur, à deux lambels d'or, posez en chevron et accompagnez de trois triangles de même, les deux du chef renversez.

55. — Aubin FOURNIER, prieur commandataire de Warty.

55. — D'argent, à un chevron vairé de sinople et d'or, accompagné en chef de deux croissans d'azur, et en pointe d'une molette de même.

56. — Le chapitre de l'églize collégiale Notre-Dame de Clermont en Beauvoisis.

56. — D'azur, à une Vierge couronnée, tenant son enfant Jésus, et posée sur une montagne, le tout d'argent.

57. — N...... de LANCRY, veuve de N...... de Bernay (Bernets ?) du Bout-du-Bois.

57. — Parti d'or et de sinople, à un sautoir bretessé et contrebretessé de l'un en l'autre.

58. — Nicolas CUVILLIER, conseiller du roy au baillage de Clermont en Beauvoisis.

58. — De sinople, à quatre lozanges d'or, apointées en sautoir, et une quinte feuille d'argent en abisme.

61. — Louis CHARONDAS LE CARON, sieur de Caulx, conseiller du roy en ses conseils, gentilhomme ordinaire de sa maison.

61. — D'azur, à une roüe d'or posée en cœur, surmontée d'une couronne de laurier de même, et acostée de deux palmes d'argent, les tiges passées en sautoir et en pointe.

62. — Pierre-Paul MASSÉ, chanoine de l'églize collégiale Notre-Dame de Clermont.

62. — D'azur, à un mas (mât) de navire d'or, avec ses cordages de même mouvant de la pointe; le mas sommé d'une girouette d'argent, croisée de gueules et acostée de deux étoiles d'or.

GUISE

SUIVANT L'ORDRE DU REGISTRE PREMIER DE L'ÉTAT DU 12 JUILLET 1697

1. — Le chapitre de l'églize collégiale de *Saint-Gervais* de Guise.

1. — D'azur, à un Saint Gervais vêtu d'une aube, d'un manipule et d'une dalmatique de diacre, ayant la teste entourée d'une gloire et les deux bras étendus, et tenant de sa main senestre une palme en bande, le Saint posé dans une niche à l'antique, le tout d'or.

DE L'ÉTAT DU 6 JUIN 1698

3. — Jacques FERRAND, conseiller du roy, éleu en l'élection de Guise.

3. — D'argent, à un chevron de sable, accompagné de trois croissans de gueules, deux en chef et un en pointe, et un chef de même, chargé de trois étoiles d'or.

DE L'ÉTAT DU 26 SEPTEMBRE 1698

15. — Yves du DROT, receveur des tailles de l'élection de Guise.

15. — D'argent, à trois arbres de sinople, rangez sur une rivière ondée d'azur, et un chef aussy d'azur, chargé de trois étoiles d'or.

17. — Le chapitre de Saint-Vaast d'*Origny* Sainte-Benoiste.

17. — D'azur, à un Saint Vaast, évesque, habillé pontificalement, donnant la bénédiction de sa main dextre et tenant sa crosse de sa main senestre, le tout d'or, sur une terrasse de même; le Saint adextré en pointe d'un ours passant en barre et contourné d'argent.

19. — François de BOUTEVILLE, chanoine et curé d'Origny Sainte-Benoiste.

19. — De sinople, à un chevron d'or, accompagné en chef de deux étoiles de même, et en pointe d'un croissant d'argent.

29. — Louise DEY, veuve de N... de MAILLY, chevalier, seigneur de Fontaine de Fiolaine.

29. — D'or, à trois maillets de sinople, deux et un.

30. — Husson-Nicolas CORDIER, doyen du chapitre de Guise.

30. — D'azur, à un chifre composé d'un C et d'un R entrelassées d'or.

ARTICLE 32 ET DERNIER DE CET ÉTAT

32. — N..... FLEURY, maire perpétuel de Guise.

32. — D'argent, à un sautoir d'azur et quatre lézards d'or, rampans en face l'un sur l'autre, et brochans sur le tout.

Fait par nous à Paris, le 31e de juillet 1699,

Signé : D'HOZIER.

RÉCAPITULATION

SOISSONS

Armoiries des	livres.	livres.	
Personnes	20 à 20		400

NOYON

Armoiries des	livres.	livres.	
Personnes	28 à 20	560	785
Communautez	9 à 25	225	

CHATEAUTHIERY

Armoiries des	livres.	livres.	
Personnes	15 à 20	300	350
Abbaye	1 à	50	

CRESPY

Armoiries des	livres.	livres.	
Personnes	48 à 20	960	1010
Couvent	1 à	25	
Prieuré	1 à	25	

CLERMONT

Armoiries des	livres.	livres.	
Personnes	20 à 20	400	475
Chapitre	1 à	25	
Couvent	1 à	25	
Communauté	1 à	25	

GUISE

Armoirie des	livres.	vres.	
Personnes	6 à 20	120	170
Chapitres	2 à 25	50	
	154 armoiries.		3190 livres

Total trois mil cent quatre vingt dix livres et les deux sols pour livre.

Présenté par ledit Vanier à nos seigneurs les Commissaires généraux du Conseil, à ce qu'attendu l'obscurité des armoiries des dénommez cidessus, dont il paroist suffisament par les feuilles de présentation d'icelles il plaise à nos dits seigneurs ordonner qu'il sera supléé aux deffauts qui s'y rencontrent pour estre ensuite receues et enregistrées à l'Armorial général, conformément ausdit édit et arrests rendus en conséquence.

Fait à Paris, ce 18e jour de May 1699.

Signé : ALEXANDRE et DELARROC.

Les Commissaires généraux députez par arrests du Conseil des 4 décembre 1696 et 29 janvier 1697, pour l'exécution de l'édit du mois de novembre précédent sur le fait des armoiries.

Veu par nous l'estat cy dessus notre ordonnance préparatoire du 3 juillet 1699, portant que les feuilles de présentation des armoiries des dénommez audit estat, seront remises au sieur d'Hozier, conseiller du Roy, garde de l'Armorial général, pour donner son avis sur ce qui peut estre suplée ausdites armoiries pour les mettre en estat d'estre receues et enregistrées à l'Armorial général ; l'avis du dit sieur d'Hozier du 31 juillet 1699, contenant les pièces, meubles et métaux dont les dites armoiries peuvent estre composées ; autre ordonnance de soit montré du 3 décembre 1699 ; conclusions du Procureur Général de la Comission ; ouy le raport du sieur de Breteuil, conseiller ordinaire du Roy en son conseil d'estat, intendant des finances, l'un des dits sieurs Commissaires.

Nous Commissaires susdits, en vertu du pouvoir à nous donné par Sa Majesté, conformément à l'avis du dit sieur d'Hozier, ordonnons que les armes des dénommez dans l'estat cy dessus seront composées des pièces, meubles et métaux portez par le dit avis ; en conséquence les avons receues et recevons pour estre enregistrées à l'Armorial général, et les brevets d'icelles délivrés conformément au dit édit et aux arrests rendus en conséquence, à l'effet de quoy il sera remis au dit sieur d'Hozier une expédition de la présente ordonnance et les feuilles de présentation des dites armoiries.

Fait en l'assemblée des dits sieurs Commissaires, tenue à Paris, le 19 Février mil sept cent.

Signé : SENDRAS.

Nous soussignez, Intéressez au traitté des armoiries, nommez par délibération de la compagnie du 29e aoust 1697 pour retirer les brevets desdites armoiries, reconnaissons que Monsieur D'Hozier nous a, ce jourd'huy, remis ceux mentionnez au présent estat au nombre de *cent cinquante quatre* armoiries ; la finance principalle desquelles, montant à *trois mille cent quatre vingt dix livres*, promettons payer au Trésor Royal, conformément au traitté que nous en avons fait avec Sa Majesté.

Fait à Paris, ce troisième Juillet mil-sept-cens.

Signé : CARQUEVILLE.

ETAT

DES NOMS ET QUALITÉZ DES PERSONNES ET COMMUNAUTEZ DÉNOMMÉES CI APRÈS QUI ONT PAIÉ LES DROITS D'ENREGISTREMENT DES ARMOIRIES ES BUREAUX ÉTABLIS PAR Me ADRIEN VANIER, CHARGÉ DE L'EXÉCUTION DE L'ÉDIT DU MOIS DE NOVEMBRE 1696; ET DESQUELLES ARMOIRIES LA RÉCEPTION A ÉTÉ SURCISE PAR LES ÉTATS CI APRÈS DATÉS, PARCE QU'ILS ONT NÉGLIGÉ DE FOURNIR LA FIGURE OU L'EXPLICATION DES DITES ARMOIRIES.

GÉNÉRALITÉ DE SOISSONS

SOISSONS

SUIVANT L'ORDRE DU REGISTRE DEUXIÈME DE L'ÉTAT DU 19 FÉVRIER 1700

Veu par Nous Charles d'Hozier, conseiller du Roy, généalogiste de sa maison, garde de l'Armorial général de France et chevalier de la religion et des ordres militaires de Saint Maurice et Saint Lazare de Savoye; le présent état et l'ordonnance donnée le 10e jour de septembre de l'année courante 1700, par Messieurs les Commissaires généraux du conseil à ce députez, par laquelle, suivant les conclusions de Monsieur le procureur général de ladite commission, il nous est enjoint de donner notre avis sur la manière dont nous jugeons que l'on peut supléer les deffauts et éclaircir les obscurités qui se trouvent dans l'explication des feuilles d'armoiries présentées par chacune des personnes qui sont dénommées dans ledit état et qui sont au nombre de SIX CENS DIX-NEUF; nous estimons que l'on peut supléer, éclaircir, disposer et blasonner en cette sorte les dites armoiries, ainsi qu'il ensuit, savoir :

73. — Melchior MOUTIER, marchand à Soissons.

73. — D'azur, à trois chevrons d'or.

75. — Roland de BEAUCOUSIN, bourgeois de Soissons.

75. — De gueules, à un lion d'argent.

76. — Claude SIMONET, docteur en médecine à Soissons.

76. — D'azur, à six morts d'or, trois, deux et un.

78. — Nicolas-Artus POUSSIN, chanoine de l'église cathédrale de Soissons.

78. — D'azur, à trois coqs d'or, deux et un.

80. — Françoise PREVOST, veuve de N. . . . . LEGRAIN, écuier, garde du corps du roy.

80. — D'or, à un lion de sable.

82. — Geneviève LE SUEUR, femme de Claude Le Tellier, conseiller du roy, contrôleur général du bureau des finances du domaine et du bois de Soissons.

82. — D'azur, à trois soucis d'or, tigez et feuillez de sinople, deux et un.

85. — La communauté des maîtres *Platriers* de la ville de Soissons.

85. — De sable, à une truelle d'argent, emmanchée d'or.

86. — Simon BRUNCAMP, prestre, chanoine de Saint Pierre au parvis de Notre-Dame de Soissons.

86. — De gueules, à une montagne d'or, accostée de deux étoiles de même.

88. — Jean de MONTIGNY, l'aîné, marchand de grains à Soissons.

88. — D'azur, à une fasse d'or, accompagnée de trois monts de même, deux en chef et un en pointe.

90. — Françoise BRISSET, veuve de Jean du METZ, avocat en parlement et au baillage et présidial de Soissons.

90 — De gueules, à un aigle d'argent.

91. — Jean-Antoine MOLLET, marchand à Soissons.

91. — D'azur, à un chevron d'or, accompagné de trois étoiles de même.

92. — Jean de MONTIGNY, le jeune, marchand de grains à Soissons.

92. — D'azur, à une fasse d'or, accompagnée de trois monts de même, deux en chef et un en pointe.

93. — François MONTIS, chanoine de l'église cathédrale de Soissons.

93. — D'or, à trois monts de sinople, deux et un.

94. — Philippes LAUBRY, chanoine de Saint-Pierre-au-Parvis de Soissons.

94. — De gueules, à trois coquilles d'argent, deux et une.

96. — La communauté des maîtres *Potiers d'étain* de la ville de Soissons.

96. — D'azur, à trois pots d'étain au naturel, deux et un.

97. — La communauté des maîtres *Couvreurs* de la ville de Soissons.

97. — De gueules, à une échelle d'argent en pal, adextrée d'une truelle, et senestrée d'un marteau de même.

99.— Michel REGNAULT, chanoine de l'église cathédrale de Soissons.

99.— Lozangé d'or et de gueules.

101.— Elisabeth JOURLAND, femme de Michel HEUSLIN, conseiller du roy, receveur général des finances de la généralité de Soissons.

101.— D'azur, à un lion d'or.

DE L'ÉTAT DU 16 JUILLET 1700

103.— Philipes DRIENCOURT, chanoine de l'église cathédrale de Soissons.

103.— D'azur, à une croix d'argent, cantonnée de quatre billettes de même.

104.— La communauté des maîtres *Menuisiers* de la ville de Soissons.

104.— De sable, à un rabot d'argent, posé en fasse, surmonté d'un maillet d'or.

106.— La communauté des maîtres *Taillandiers* de la ville de Soissons.

106. - De gueules, à une barre de fer d'or posée en pal, accostée de deux maillets de même.

107.— La communauté des maîtres *Apoticaires* de la ville de Soissons.

107.— De gueules, à une spatule d'argent posée en pal.

108.— La communauté des maîtres *Chaudronniers* de la ville de Soissons.

108.— De sable, à trois chaudrons d'or, deux et un.

109.— La communauté des maîtres *Serruriers* de la ville de Soissons.

109.— D'azur, à une clef d'argent, posée en pal.

110.— La communauté des maîtres *Tailleurs d'habits* de la ville de Soissons.

110.— D'azur, à des cizeaux d'or, ouverts en sautoir.

111.— La communauté des maîtres *Cordonniers* de la ville de Soissons.

111.— De sable, à un tranchet à dextre d'argent et un couteau à pied de même posé à senestre.

112.— La communauté des maîtres *Tourneurs* de la ville de Soissons.

112.— D'azur, à un métier de tourneur d'argent.

113.— La communauté des marchands *Bouchers* de la ville de Soissons.

113.— De gueules, à un fuzil d'or, posé en pal.

114.— La communauté des maîtres *Vinaigriers* de la ville de Soissons.

114.— D'argent, à une brouette de gueules, chargée d'un baril d'or.

115.— La communauté des marchands maîtres *Orfevres* de la ville de Soissons.

115.— D'azur, à une croix d'or, cantonnée au premier et quatrième d'une fleur de lis de même; et au deuxième et troisième d'une boette couverte d'argent.

117.— La communauté des maîtres *Selliers* de la ville de Soissons.

117.— D'azur, à une selle d'argent, enrichie d'or.

118.— La communauté des maîtres *Maréchaux* de la ville de Soissons.

118.— D'argent, à une butte de sable, posée en pal, acostée de deux fers de cheval de gueules.

119.— La communauté des maîtres *Cordiers* de la ville de Soissons.

119.— D'azur, à deux pacquets de cordes d'argent en chef, et une roue de même en pointe.

120.— La communauté des maîtres *Bourliers* de la ville de Soissons.

120.— D'argent, à un collier de cheval de gueules.

121.— La communauté des maîtres *Charons* de la ville de Soissons.

121.— D'azur, à une roue d'argent, surmontée d'une hache couchée de même, emmanchée d'or.

122.— La communauté des maîtres *Mandeliers* de la ville de Soissons.

122.— D'azur, à une Notre Dame d'or.

124.— La communauté des maîtres *Chirurgiens* de la ville de Soissons.

124.— De gueules, à un razoir d'argent, emmanché et cloué d'or, ouvert en chevron, accompagné en pointe d'une lancette de même.

127.— La communauté des maîtres *Ecrivains* et *Libraires* de la ville de Soissons.

127.— D'azur, à un livre ouvert d'argent, accompagné en pointe de trois plumes coupées à écrire de même péries en barres, deux en chef et une en pointe.

129.— Magdelaine Bazin, dame du Ploizy, femme d'Antoine de Chastenet, chevalier, seigneur de Puisségur, seigneur de Ploizy et autres lieux.

129.— D'azur, à trois couronnes d'or, deux et une.

DE L'ETAT DU....,....... 1700

131.— Magdelaine Morant, femme de Charles-Simon Dumont, conseiller honoraire au baillage et siége présidial de Soissons.

131.— D'argent, à un chevron de gueules, accompagné en pointe d'une teste de more de sable, bandée d'argent.

132.— N. . . . femme de N. . . de Son (Sons) de Saint-Paul, président trésorier de France à Soissons.

132.— D'azur, à un chevron d'or.

134.— Catherine Marc, femme de Pierre Barbier, écuier, seigneur de Missy en partie, conseiller au siége présidial de Soissons, gentilhomme de la grande vennerie de France.

134.— D'azur, à un chevron d'or, accompagné de trois molettes de même.

135.— Jeanne Jongleure, femme de Charles Dupire (du Pire), conseiller au baillage et siége présidial de Soissons.

135. — D'argent, à une fasse de gueules, accompagnée de trois roses de même.

137.— Catherine Charrée, femme de Louis Piercot, conseiller au baillage et siége présidial de Soissons.

137.— De gueules, à un lion d'argent.

138.— Anne de Brucelle, femme de Simon Hébert, conseiller honnoraire au baillage et siége présidial de Soissons.

138.— De sable, à un lion d'argent.

139.— Norbert de Villers, prestre, doyen de la paroisse et chapitre de Notre-Dame des Vignes de Soissons.

139.— De gueules, à une fasse d'argent, accompagnée de trois annelets de même, deux en chef et un en pointe.

141.— Marie-Anne Bouchel, femme de Claude Regnault, écuier, seigneur de Bancancourt, président trésorier de France à Soissons.

141.— De gueules, à un lion d'argent.

145.— Anne Levesque, femme de Pierre Charpentier, greffier au présidial de Soissons.

145.— D'azur, à un chevron d'or, accompagné en pointe d'un lion de même.

146.— Anne Charpentier, veuve de Jean de Rocquevert, chevalier, premier lieutenant des grenadiers à cheval.

146.— De gueules, à un chevron d'argent, accompagné en pointe d'une teste et col d'une licorne de même.

149. — Henry Louvet, procureur ès siége royaux de Soissons.

149. — D'argent, à une fasse de gueules, accompagné de trois têtes de loup de sable, deux en chef et une en pointe.

151. — N. . . . . Martin, femme de Bernard de la Loire (Loère) de Monsivry, receveur des tailles de Soissons.

151. — D'or, à trois martinets de sable, deux et un.

152. — Zacarie Gosset, chanoine de Saint-Gervais de Soissons.

152. — Gironné d'argent et de gueules de huit pièces.

153. — Jacques Fricque, prestre, chanoine de Saint-Gervais de Soissons.

153. — D'azur, à une bande d'or, chargée de trois treffles de sinople.

154. — Jean-Jacques Vialart, religieux de l'ordre de Sainte-Geneviève, prieur, curé de Vauxbuin.

154. — D'azur, à trois croisettes d'argent, deux et une.

155. — Nicolas Warlet, sieur de Tichecourt (Richecourt).

155. — De sable, à un château d'argent.

156. — Antoinette Frion, veuve de Jacques Mosnier, marchand à Soissons.

156. — D'or, à trois fasses ondées d'azur.

158. — N. . . . . (Catherine) Darcrie (d'Erquery), femme de Jacques de Garges, chevalier, seigneur d'Artanne (Hartennes.)

158. — De gueules, à un château d'or.

159. — Marie Dupire (du Pire), fille majeure.

159. — D'azur, à trois sautoirs d'argent, deux et un.

160. — N. . . . de la Cour, bourgeois et administrateur de l'Hôtel-Dieu de Soissons.

160. — D'argent, à une croix de gueules, cantonnée de quatre coquilles de sable.

161. — Le couvent des religieuses de la congrégation de *Notre-Dame* de Soissons.

161. — D'azur, à une Notre Dame d'argent.

162. — Bernard Dyart, prestre, curé de Vauseillon (Vauxaillon).

162. — De sable, à un chevron d'argent, accompagné de trois croisettes de même.

165. — N. . . Le Comte, prestre, curé d'Espagny (Epagny).

165. — D'azur, à une fasse d'or, accompagnée de trois bezans de même.

166. — L'abaye de *Saint-Crespin-en-Haye* lès Soissons.

166. — D'azur, à une crosse d'or, accostée de deux lettres S. et C. de même.

167.— Nicolas CHARRÉ(e), prestre, curé de Rozière(s).

167.— D'or, à trois fasses de gueules.

169.— Adrian CHARBONNIER, prestre, curé de Lucy-le-Bocage.

169.— De gueules, coupé d'or, à un lion d'argent brochant sur le tout.

171.— Geneviève BERSON, veuve de N. . . . . BEDELLE, officier de Madame la daufine.

171.— De sable, à un château sommé de trois tours d'or.

173.— Jean DU VIVIER, curé de Chouy.

173. — D'argent, à un lion de gueules.

174.— N. . . . . . LE VASSEUR, prieur d'Auchy le Château.

174.— D'argent, à un aigle de sable.

178.— Louis-Samson DEQUEIR, greffier du baillage du comté de Soissons.

178.— D'argent, à un sautoir d'azur.

179.— Jacques COUVENT, procureur au baillage et siége presidial de Soissons.

179.— De sable, à une bande d'or, accostée de deux molettes de même.

180.— Louis MOISLIN, procureur au baillage et siége présidial de Soissons.

180.— D'azur, à une bande ondée d'or.

181.—Sebastien GUÉRIN, chanoine de Saint-Pierre et chapelain de la cathédrale de Soissons.

181.— De gueules, à une bande d'or, accompagnée de six annelets d'argent, mis en orle.

182.— Adrian CHOLLET, procureur au baillage et siége présidial de Soissons.

182.— D'azur, à trois croix potencées d'or, deux et une.

183.— Pierre CABARET, procureur au baillage et siége présidial de Soissons.

183.— D'or, à un chien brac de gueules, accolé d'or et bouclé d'argent.

184.— N. . . . DUTOUR (du Tour), veuve de N. . . . . WAREL, avocat du roy.

184.— De gueules, à un léopard d'or.

187.— Nicolas BOTTÉE, chapelain canonial de l'église cathédrale de Soissons.

187.— De gueules, à cinq étoiles d'argent posées en sautoir.

188.— Geneviève POTTIER, fille majeure.

188.— D'argent, à deux fasses d'azur.

189.—Magdelaine Morant, femme de Christophle Labouret, lieutenant particulier au baillage et siége présidial de Soissons.

189.— De gueules, à trois étoiles d'or, posées deux et une.

190. — Remiette Cocquebert, femme de Charles Cousin, conseiller, avocat du roy au baillage et siége présidial de Soissons.

190.— De sable, à un lion contourné d'argent.

192.— Nicolas Morant, chapelain de la chapelle de Saint-Médard de Vauxber (Vauxbuin?).

192.— Echiqueté d'or et d'azur.

193. — Alexandre Boutillier, bourgeois de Soissons.

193.— Palé d'argent et d'azur de six pièces.

194.— La communauté des *Chapelains* de l'église cathédrale de Soissons.

194.— D'azur, à une Notre Dame d'argent.

195.— Claire Morant, veuve de N. . . . . Révérand, officier chez Monsieur.

195. — D'or, à deux fasses de gueules.

196.— Suzanne Motte, veuve de Laurent Allier, marchand à Soissons.

196. — D'or, à deux merlettes de sable, deux et une.

197.— N. . . . de la Clef, marchand de bled à Soissons.

197.— D'argent, à quatre bandes de gueules.

198.—Pierre Patissier, marchand, bourgeois de Soissons.

198.— De gueules, à une bande d'argent, chargée de trois coquilles de sable.

199. — N. . . . . (Jeanne-Hyacinthe Le Clerc), femme de François d'Espinoy, chevalier, seigneur de Chavignon.

199.— De gueules, à une croix dentelée d'argent.

200.— Etienne Boully, notaire roial de Soissons.

200.—D'azur, à trois couronnes d'or, deux et une.

202. — Antoinette Fréret, fille majeure.

202.— D'or, à une fasse de gueules.

203.— François Pourcelle, prestre, curé de la paroisse de Dommiers.

203.— De gueules, à une fasse d'or, chargée d'une coquille de sable.

206.— La communauté des *Boulangers*, *Bouchers*, *Chaircuitiers*, *Tonneliers*, *Tailleurs*, *Chapelains*, *Mégissiers* et *Tisserands* de la ville de Vailly.

206.— De gueules, à une Notre-Dame d'argent, couronnée d'or.

208.— Jean Jugueux (Jagueux?), curé de Barbonval.

208.— D'argent, à deux léopards de gueules.

209.—Louis Rousseau, prestre, curé de la paroisse de Venizet (Venizel).

209.— D'or, à trois fasses de sinople.

213.— Mathieu Le Tellier, curé de Droizy.

213.— D'azur, à trois chevrons d'argent.

214.— Jean de Crestien, écuier.

214.— D'azur, à un cigne (cygne) d'argent.

215.— La communauté des *Chirugiens*, *Apotiquaires*, *Merciers* et *Drapiers* de la ville de Vailly.

215.— De gueules, à un Saint Joseph d'or, tenant en sa main dextre un lis au naturel.

216.— La communauté des *Menuisiers*, *Vitriers*, *Charons*, *Maçons*, *Charpentiers*, *Chaudronniers*, *Maréchaux*, *Seruriers*, *Taillandiers*, *Bourliers*, *Cordonniers*, *Platriers*, *Couvreurs* et *Savetiers* de la ville de Vailly.

216. — D'azur, à un Saint Eloy évesque d'or, crossé et mitré de même.

LAON

SUIVANT L'ORDRE DU REGISTRE DEUXIÈME DE L'ÉTAT DU 19 FÉVRIER 1700

23.— Magdelaine Cotte, veuve de Nicolas Agnet, bourgeois de Laon.

23.— D'azur, à une fasse d'argent, chargée de trois croix de gueules.

24. — Marie Lamy, veuve de Jacques Grizollet, bourgeois de Laon.

24. — De gueules, à un chevron d'or, chargé de deux lions affrontés de sable.

173. — M. Pierre Germe, marchand à Laon.

173.— D'or, à un arbre arraché de sinople.

DE L'ÉTAT DU 16 JUILLET 1700

227.— Jean CARON, notaire royal à Riblemont (Ribemont).

227.— D'azur, à deux lions affrontez d'or.

228.— Pierre BOLOGNE, marchand à Riblemont (Ribemont).

228. — D'or, à trois merlettes de sable.

252.— Françoise de LANGELLERIE, veuve de Nicolas JOSEPH, receveur des consignations à Riblemont (Ribemont).

252.— D'azur, à une rozo d'argent.

268.— Antoine LE BASTEUR, curé de Lierval.

268.— De gueules, à une croix ancrée d'or.

279.— Perrette de CHAMBLY, fille damoiselle.

279.— De gueules, à six bezans d'or, trois, deux et un.

280.— Louise de CHAMBLY, damoiselle, fille majeure.

280.— Bandé d'or et d'azur de six pièces.

281.— N. . . . DESSURAS, femme d'Anne-Etienne de SAISEVAL (Saisseval), esçuyer, seigneur de Franqueville.

281.— De gueules, à une bande d'or, accompagnée de deux coquilles de même.

DE L'ETAT DU........ 1700

288.— Simon PIGNEAU, marchand à Vervin(s).

288. — Echiqueté d'argent et de gueules.

289.— Jean FOSSIER, marchand à Vervin.

289.— D'argent, à une croix ancrée de sable.

290.— Antoine CONSTANT, marchand à Vervin.

290.— D'azur, à une fasse vivrée d'or.

291.— Adam MAINON, conseiller du roy, assesseur en l'hôtel de ville de Marle.

291.— D'or, à un chevron de sable, chargé de trois aigles d'argent.

293.— Norbert le BUGLE, prestre, curé de Chevergny (Chevregny).

293.— De gueules, à un croissant d'argent.

295.— Hugues GALLIEN, prestre, curé de Missy.

295.— De gueules, à deux pals de vair.

296.— Antoine DAUTHEN, prestre, curé de Glennes.

296.— Lozangé d'or et d'azur.

297.— Fleurent ANDRIEU, prestre, curé de Réveillon.

297.— D'hermines, à une bande de gueules.

298.— Antoine Trudelle, prestre, curé de Villers-en-Perieres (Prayères).

298.— De sable, à un sautoir composé d'argent et de gueules.

299.— N. . . . Constant, prestre, curé de la seconde cure de Vervin(s).

299.— D'argent, à une croix de gueules.

301.— Pierre Haranguier, prestre, curé de Lapion.

301.— D'argent, à trois jumelles de gueules.

305.— Olivier Guérin, prestre, curé de Soupir.

305.— D'azur, à un lion d'or.

307.— Brise de Soise, prestre, curé de Burevelle (Burelle ?).

307.— De gueules, à trois tours d'or, deux et une.

313.— Charles Blin, prestre, curé de Bresset (Brécy ?) et Cheygny (Chevregny).

313.— De sinople, à trois macles d'argent, deux et un.

315.— Pierre Honnoré, prestre, curé de Sons-Châtillon.

315.— De sable, à une fasse lozangée d'argent.

318.— Nicolas Chauveau, prestre, curé de Dercy.

318.— De gueules, à un cigne (cygne) d'argent.

323.— George Boujon, curé de Saint-Remy d'Anisy et Lizy.

323.— D'azur, à trois coquilles d'argent, deux et une.

327.— Isaac Saintive, prestre, chanoine et curé de Rozoy.

327. — D'argent, à une bande de sable.

328.— Etienne Laureau, conseiller du roy, maire de Rozoy.

328. — D'or, à un chesne de sinople.

332.— Barbe Dupont, damoiselle, fille majeure.

332.— D'or, à un loup de gueules.

333.— N. . . . . Tronq[illegible], médecin à Riblemont (Ribemont).

333.— D'argent, à trois fasses de sable.

334.— Jean Dupont, procureur au baillage de Riblemont.

334.— Fassé d'or et de sable de six pièces.

335.— Nicolas Héduin, procureur au baillage de Riblemont.

335.— D'or, à un lion passant de gueules.

337.— La communauté des *Boulangers*, *Bouchers* et *Brasseurs* de Riblemont.

337.— D'azur, à un chevron d'or, accompagné en chef d'un couperet d'argent à dextre et d'un baril d'or à senestre, et en pointe d'une paile de four d'argent en pal, chargée de trois pains de gueules.

338. — Le prieuré de *Thomas*. — 338. — D'azur, à un bâton prieural d'or, accosté de deux lettres S. et T. de même.

339. — Nicolas BIZON, curé de Verneuil-sur-Aisne. — 339. — D'argent, tranché de gueules, à un aigle de l'un en l'autre.

341. — Le prieuré de *Corbevy* (Corbeny). — 341. — D'azur, à un chevron d'or.

342. — Le prieuré de *Saint-Erme*. — 342. — De sinople, à un bâton prieural d'or, accosté des deux lettres S. et E. de même.

345. — Antoinette DECART, veuve de Charles de PIMORT, (Pimont ?) sieur de Saint-Clère (Saint-Clair). — 345. — D'or, à trois membres de griffon de gueules, deux et un.

347. — Pierre de BRICOURT, prestre, curé de Molinchart et Cerny. — 347. — D'or, à un cerf de gueules.

348. — Margueritte BOURGEOIS, femme d'André de Vassau, écuier, seigneur de Parfondru. — 348. — De gueules, à une bande échiquetée d'or et d'argent de trois traits.

350. — Marthe-Magdelaine le PARMENTIER, femme de Gabriel DU FAY D'ATHY, écuier, seigneur de Bray. — 350. — D'azur, à un chevron d'or, accompagné de trois étoiles de même.

351. — Norbert PARMENTIER, curé de Roucy. — 351. — D'or, à une bande de sable

354. — Jacques LOREAU, curé de Montloüe. — 354. — D'azur, à une fasse d'or.

357. — Nicolas REMOLU, curé de Marchay (Marchais) et Liesse. — 357. — Lozangé d'or et de gueules.

359. — Michel-Joseph LOREAU, chanoine de Rozoy. — 359. — De gueules, à deux fasses d'argent.

NOYON

SUIVANT L'ORDRE DU REGISTRE PREMIER DE L'ÉTAT DU 29 FÉVRIER 1700

161. — Nicolas de VARLET, chevalier, seigneur de Montescourt-Lizerolle. — 161. — De gueules, à un lion d'or.

162.— Marie DUBOIS, veuve de Charles GARDE.

162.— D'argent, chapé de sable.

163.— Etienne SAULNIER, prestre, chanoine de Noyon.

163.— D'argent, à trois bandes de gueules.

164.— Quentin SAULNIER, prestre, chanoine de Noyon.

164.— D'azur, à trois roses d'argent, deux et une.

165.— Antoine GRANDIN, prestre, docteur de Sorbonne, chanoine de Noyon.

165.— Fassé d'argent et d'azur de six pièces.

166.— Eustache GABBÉ, prestre, chanoine de Noyon.

166.— D'argent, à un griffon de gueules, couronné et armé d'or.

167.— Charles LE DUC, prestre, chanoine de Noyon.

167.— D'argent, à un lion pa sse de gueules.

168.—François SÉZILLE, marchand à Noyon.

168.— D'azur, à trois pals d or.

169.— Anne COTTEL, veuve d'Antoine DECAISNE, marchand à Noyon.

169.— D'azur, à un chevron d'or, accompagné de trois roses de même.

170.—Louis LEFEZ (LE FEZ), sieur de Douchy, bourgeois de Noyon.

170.— D'azur, à trois étoiles d'argent.

171.— Charles-Louis GILLOT, prestre, chanoine de Noyon.

171.— Fassé d'or et d'azur de six pièces.

172.—Anne DURIEZ (du Riez), veuve d'Eloy CORDELLE, bourgeois de Noyon.

172.— D'or, à une croix ancrée de sable.

173.— Louise PHILIPPES, fille.

173.— De gueules, à trois bezans d'or, deux et un.

DE L'ÉTAT DU 16 JUILLET 1700

175.— La communauté des *Tixerands* de la ville de Chauny.

175.— D'azur, à une navette d'argent, couchée en fasse.

176.— Jean MARIE, prestre, chanoine régulier, prieur, curé de Salency et (de) Dominois.

176.— D'argent, à une fasse d'azur, accompagnée de trois roses de gueules.

177.— Pierre SEROT, prestre, curé d'Appilly.

177.— De gueules, à un croissant d'argent,

178.— Louis GARDES, conseiller du roy, maître particulier des eaues et forests de Chauny.

178.— D'argent, à une croix de gueules, chargée en cœur d'une quintefeuille d'or.

179. — Etienne ROZE, prestre, curé de Cambronne.

179. — D'argent, à trois cœurs de gueules, un et deux.

180. — Pierre PEZÉ, prestre, curé de Marest.

180. — Lozangé d'or et d'azur.

181. — Jean de LA PORTE, prestre, curé de Claumont.

181. — D'argent, fassé de gueules.

182. — Charles TOUFIER de Saint-Fleurent, prestre, chanoine régulier, prieur, curé de Béthencourt en Vaux.

182. — D'or, semé de croisettes de sable, à un lion d'argent brochant sur le tout.

183. — La communauté des *Corroyeurs* de la ville de Chauny.

183. — De sable, à deux couteaux de tanneurs d'argent, emmanchez d'or, posez en sautoir.

184. — La communauté des *Massons* de la ville de Chauny.

184. — D'azur, à une truelle d'argent, emmanchée d'or.

185. — Charles CUVIER, prestre, curé d'Ogne(s).

185. — De sinople, à une bande d'or.

186. — Claude POLLART, prestre, chanoine régulier de Prémontré, prieur, curé de Genlis.

186. — D'argent, à trois lions de gueules, deux et un.

187. — La communauté des *Cordonniers* de la ville de Chauny.

187. — D'azur, à un tranchet d'argent en pal.

188. — La communauté des *Tonneliers* de la ville de Chauny.

188. — D'argent, à trois barils de gueules, sur leur cul, deux et un.

189. — Antoine BEGUIN, docteur en médecine à Chauny.

189. — Bandé d'or et d'azur de six pièces.

190. — La communauté des *Sergers* de la ville de Chauny.

190. — D'or, à une navette de gueules, posée en pal.

191. — La communauté des *Mégissiers* de la ville de Chauny.

191. — D'azur, à une toison d'argent, étendue en pal.

192. — La communauté des *Bouchers* et *Chaircuitiers* de la ville de Chauny.

192. — De gueules, à un couperet d'argent.

193. — Claude BENOIST, bourgeois de Chauny.

193. — D'azur, à un lion d'argent.

194. — La communauté des *Murquiniers* de la ville de Chauny.

194. — D'azur, à une peau de bœuf d'or.

195. — La communauté des *Cordiers* de la ville de Chauny.

195. — D'azur, à deux pacquets de cordes d'or en chef, et en pointe une roue d'argent.

196. — Jean Bellin, marchand à Chauny.

196. — De sable, à un sautoir d'argent.

197. — La communauté des *Bonnetiers* de la ville de Chauny.

197. — De gueules, à trois bonnets d'argent, deux et un.

198. — La communauté des *Charpentiers* de la ville de Chauny.

198. — D'azur, à un rabot d'or, posé en fasse, surmonté d'un compas ouvert d'argent.

199. — La communauté des *Taillandiers*, *Cloutiers* et *Feronniers* de la ville de Chauny.

199. — D'argent, à trois maillets de sable, deux et un.

200. — La communauté des *Maréchaux* et *Chaudronniers* de la ville de Chauny.

200. — D'argent, à un marteau de gueules.

201. — La communauté des *Tailleurs d'habits* de la ville de Chauny.

201. — D'azur, à des cizeaux d'or, ouverts en sautoir.

202. — Antoine Tavernier, bourgeois et échevin de Chauny.

202. — D'azur, à une croix d'or.

203. — La communauté des *Boulangers* de la ville de Chauny.

203. — D'argent, à une paile de four de sable en pal, chargée de trois pains d'or.

204. — Marguerite Parmentier, fille.

204. — D'azur, à un sautoir d'or.

205. — François Duval, prestre, curé de la paroisse de Ca(r)tigny.

205. — De gueules, à trois bandes d'or.

207. — Pierre Havel, prestre, curé de Travecy (Travezy).

207. — D'argent, à deux bandes d'azur.

209. — Nicolas de Guivre, prestre, curé de Lassigny.

209. — D'azur, à une fasse d'or, chargée de trois tourteaux de gueules.

212. — N. . . . de Lauchy (Lanchy), prestre, curé de Machemont.

212. — De sinople, à une tour d'argent.

213. — Noel Moyen, prestre, curé de Pimprez.

213. — D'azur, à six bezans d'or, posez trois, deux et un.

214. — Le prieuré de *Quessy*.

214. — D'azur, à une croix d'or.

215. — Jean Payart, prestre, curé d'Ecuvilly.

215. — De gueules, à trois roses d'argent, deux et une.

216. — Simon Bardoulet, marchand à Noyon.

216. — De gueules, à une tour d'argent.

217. — Pierre Prudhomme, prestre, curé de Lagny.

217. — D'argent, à une fasse d'azur, chargée de trois étoiles d'or.

218. — André POULLAIN, prestre, curé de Dive(s) et Evricourt.

218. — D'or, à un chevron de gueules, accompagné de trois roses de même.

DE L'ÉTAT DU. . . . 1700

219. — Antoine BIBAUT, greffier en chef de la ville et communauté de Noyon, notaire roial et procureur au baillage du dit Noyon.

219. — De gueules, à trois étoiles d'argent, posées en bande.

220. — Etienne de NEUFVILLE, substitut du procureur du roy en l'élection de Noyon, notaire roial et procureur au baillage du dit Noyon.

220. — D'argent, à une fasse de gueules, accompagnée de trois testes de léopard de même.

221. — Jacques THOMAS, notaire roial et lieutenant au marquisat de Nesle.

221. — De gueules, à trois lions d'argent, deux et un.

222. — Antoine du HAMEL, prestre, chanoine de Nesle.

222. — D'argent, à une bande d'azur.

223. — Pierre DUHAMEL, prestre, chapelain de l'église de Nesle.

223. — D'azur, à trois fasses vivrées d'argent.

224. — François LALOUETTE, prestre, prieur chanoine de Nesle.

224. — D'or, à deux alouettes de sable.

225. — Simon BUCQUET, prestre, chanoine de l'église de Nesle.

225. — D'or, à deux lions affrontez d'azur.

226. — Simon BUCQUET, bourgeois de la ville de Nesle.

226. — D'argent, à trois aigles de sable, deux et un.

227. — Urbin LE ROY, prestre, chanoine de Nesle.

227. — De gueules, à un lion d'or.

228. — François-Louis SOUCANYE, chanoine de Nesle.

228. — Bandé d'argent et d'azur de quatre pièces.

229. — Laurent CATOIRE, greffier en chef et receveur du marquisat de Nesle.

229. — D'azur, à une bande d'argent, chargée de trois rocs d'échiquier de gueules.

230. — N. . . . . HAVART, veuve de Charles SOUCANYE, avocat en parlement, bailly général du marquisat de Nesle.

230. — D'azur, à trois pals d'hermines.

231. — Jean de PARIS, prestre, chanoine de l'église de Nesle.

231. — D'or, à une bande d'azur, chargée de trois croissants d'argent.

232. — Adrien BOURGUIGNON, chanoine de l'église de Nesle.

232. — D'azur, à une licorne d'argent.

233.— Antoine HENNEGRAVE, prestre, chapelain de l'église de Nesle.

233.— De gueules, à un vol d'argent.

234.— La communauté des *Chirugiens*, *Apoticaires* et *Peruqiers* de la ville de Nesle.

234.— D'azur, à une spatule d'argent en pal, adextrée d'une boette couverte d'or, et senestrée d'un peigne de même.

235.— La communauté des *Brasseurs*, *Patissiers*, *Boulangers* de la ville de Nesle.

235.— D'azur, à une Notre-Dame d'or.

236.— Thomas DRIENCOURT, prestre, principal du collége de Nesle.

236.— D'or, à un ours de sable.

237.— François DOLLÉ, prestre, chapelain de l'église de Nesle.

237.— D'azur, à trois glands d'or, deux et un.

238.— Charles DU ROZOY, prestre, chanoine, doien de l'église de Nesle.

238.— D'hermines, à une fasse de gueules.

239.— Louis DU ROZOY, prestre, chanoine de l'église de Nesle.

239.— D'argent, à trois pals d'azur.

240.— François DU ROZOY, avocat en parlement.

240.— De gueules, à trois aigles d'or.

241.— Laurent BENOIST, notaire roial et procureur fiscal général du marquisat de Nesle.

241.— De sable, à trois poissons d'or posez en fasse.

242.— La communauté des *Drapiers*, *Merciers*, *Sergers* de la ville de Nesle.

242.— D'azur, à une aune d'argent, posée en fasse, marquée de sable.

243.— La communauté des *Tailleurs d'habits* de la ville de Nesle.

243.— D'azur, à des cizeaux d'argent, ouverts en sautoir.

244.— Eliacin GRÉGOIRE, ancien greffier des rolles et marchand de la ville de Nesle.

244.— D'or, à deux loups de sable, passant l'un sur l'autre.

245.—Antoine RICHARD, marchand de Nesle.

245.— D'argent, à un lion de gueules, couronné d'or.

246.— La communauté des *Maréchaux*, *Serruriers*, *Taillandiers* et *Chaudronniers* de la ville de Ham.

246.— D'argent, à trois maillets de sable, deux et un.

247.— La communauté des *Cordonniers* en vieil, *Savetiers* de la ville de Ham.

247.— De gueules, à un tranchet d'argent.

248.— La communauté des *Tanneurs*, *Corroieurs* et *Cordonniers* de la ville de Nesle.

248.— D'azur, à un couteau de tanneur d'argent, posé en face, surmonté d'un couteau à pied d'or.

249.— La communauté des *Bourliers* et *Savetiers* de la ville de Nesle.

249.— D'argent, à un colier de cheval de gueules, adextré d'un tranchet d'azur.

250.— La communauté des *Murquiniers* et *Tixerands* de la ville de Nesle.

250.— D'or, à une peau de bœuf de sable.

251.— La communauté des *Brasseurs* et *Tonneliers* de la ville de Ham.

251.— D'argent, à trois barils de gueules, posez sur leur cul, deux et un.

252.— La communauté des *Tailleurs d'habits*, *Fripiers* et *Chaussetiers* de la ville de Ham.

252.— D'azur, à deux cizeaux d'argent, ouverts en sautoir.

253.— François LOUVART, notaire royal à Nesle.

253.— De gueules, à trois tours d'or, deux et une.

254.— La communauté des *Taillandiers*, *Serruriers* et *Maréchaux* de la ville de Nesle.

254.— D'argent, à une butte de sable en pal, adextrée d'une clef de même et senestrée d'un maillet de gueules.

255.— La communauté des *Menuisiers*, *Charons*, *Charpentiers* et *Couvreurs* de la ville de Nesle.

255.— D'argent, à une échelle de gueules, adextrée d'une roué de même et senestrée d'un rabot de même.

256.— La communauté des *Couvreurs*, *Massons* et *Charpentiers* de la ville de Ham.

256.— D'argent, à une échelle de gueules, adextrée d'une roué de sable et senestrée d'un maillet de même.

257.— La communauté des *Cordiers*, *Bourliers* et *Selliers* de la ville de Ham.

257.— D'azur, à une selle d'or, surmontée d'un pacquet de cordes d'argent, à dextre et d'un collier de cheval d'or à senestre.

258.— La communauté des *Menuisiers*, *Vitriers*, *Charons* et *Tourneurs* de la ville de Ham.

258.— D'azur, à un rabot d'or, posé en fasse, accompagné en pointe d'une roue de même, et un chef lozangé d'argent et d'azur.

259.— La communauté des *Bouchers* de la ville de Nesle.

259.— De gueules, à une rencontre de bœuf d'or, surmontée d'un coupret d'argent.

260.— La communauté des *Tourneurs* et *Manneliers* de la ville de Nesle.

260.— D'azur, à deux roues d'or, accompagnées en chef d'un compas ouvert d'argent.

261. — La communauté des *Cordonniers* et *Tanneurs* de la ville de Ham.

261. — De sable, à un couteau de tanneurs d'argent, posé en fasse, emmanché d'or, surmonté d'un tranchet d'argent.

262. — Daniel Le Grand, chanoine de l'église de Nesle.

262. — De sinople, à un cigne d'argent, bequé et membré d'or.

263. — Jean-Antoine Aubrelique, prestre, chanoine de Nesle.

263. — D'argent, à une bande de gueules, chargée de trois testes de licorne d'or.

264. — Eloy Pouchon, prestre, chanoine de Nesle.

264. — D'azur, à une croix d'or ancrée.

265. — La communauté des *Bouchers* de la ville de Ham.

265. — D'or, à une rencontre de bœuf de gueules, surmontée d'un coupret d'or.

266. — La communauté des *Marchands de drap*, *Sergers* de la ville de Ham.

266. — D'azur, à une aune d'argent, marquée de sable, posée en fasse.

267. — La communauté des *Boulangers* et *Patissiers* de la ville de Ham.

267. — D'argent, à deux pailes à four de sable, passées en sautoir, l'une chargée de trois pains d'argent, et l'autre de trois pâtés d'or.

268. — La communauté des *Mégissiers* et *Gantiers* de la ville de Noyon.

268. — D'azur, à une toison d'or, étendue en pal.

269. — La communauté des *Bonnetiers* de la ville de Noyon.

269. — D'argent, à trois bonnets de gueules, deux et un.

270. — La communauté des *Tailleurs*, *Fripiers* de la ville de Noyon.

270. — De gueules, à des cizeaux d'argent, ouverts en sautoir.

271. — La communauté des marchands *Drapiers*, *Merciers*, *Epiciers* de la ville de Noyon.

271. — D'azur, à des balances d'or, surmontées d'une aune couchée d'argent, marquée de sable.

272. — La communauté des *Tonneliers* de la ville de Noyon.

272. — D'argent, à trois barils de gueules, posez sur leur cul, deux et un.

273. — La communauté des *Lingers* de la ville de Noyon.

273. — D'azur, à une fasse d'argent, surmontée d'une aulne couchée de même, marquée de sable.

274. — La communauté des *Chirugiens* et *Perruquiers* de la ville de Noyon.

274. — D'azur, à une spatule d'argent à dextre, et un peigne d'or à senestre.

275. — La communauté des *Orfevres* et *Chapeliers* de la ville de Noyon.

275. — Coupé, au 1er d'azur, à un marteau couronné d'or; au 2e d'argent, à un chapeau de gueules.

276.— La communauté des *Bouchers* de la ville de Noyon.

276.— D'argent, à un fuzil de boucher de sable, posé en pal.

277.— La communauté des *Maçons* de la ville de Noyon.

277.— D'azur, à une truelle d'argent, emmanchée d'or.

278.— La communauté des *Cordonniers* de la ville de Noyon.

278.— De gueules, à un tranchet d'argent.

279.— La communauté des *Boulangers* de la ville de Noyon.

279.— D'argent, à une paile à four de gueules, chargée de trois pains d'argent.

281.— La communauté des *Tanneurs* de la ville de Noyon.

281.— De sable, à deux couteaux de tanneurs d'argent, emmanchez d'or.

282.— La communauté des *Cordonniers* en vieil, *Savetiers* de la ville de Noyon.

282.— De gueules, à un tranchet d'argent à dextre, et un couteau à pied d'or à senestre.

283.— La communauté des *Cuisiniers*, *Paticiers* de la ville de Noyon.

283.— D'argent, à une broche de sable et une paile à four de même passées en sautoir.

284.— La communauté des *Cordiers* de la ville de Noyon.

284.— D'azur, à deux paquets de cordes d'argent en chef et une roue d'or en pointe.

285.— La communauté des *Selliers*, *Chaudronniers* de la ville de Noyon.

285.— D'azur, à un marteau de sellier à dextre, et un marteau de chaudronnier à senestre, le tout d'or.

286.— La communauté des *Vitriers*, *Peintes*, *Teinturiers* et *Tapissiers* de la ville de Noyon.

286.— D'azur, à deux fasses diaprées et brodées d'or.

287.— N. . . . . Clamusson, damoiselle.

287.— D'azur, à une croix endentée d'or.

288.— La communauté des *Cuisiniers*, *Paticiers* et *Tourneurs* de la ville de Chauny.

288.— D'argent, à une broche de sable, et une paile à four de même, posées en sautoir.

289.— La communauté des *Orfevres*, *Potiers d'étain* et *Couvreurs* de la ville de Chauny.

289.— D'azur, à une échelle d'argent adextrée d'un marteau couronné d'or, et senestrée d'un pot d'étain au naturel.

290.— La communauté des *Serruriers* et *Platriers* de la ville de Chauny.

290.— D'argent, à une clef de sable à dextre, et une truelle d'argent à senestre.

291.— Marguerite-Charlotte Dusart (Du Sart), femme de Charles-Robert de Macquerel, chevalier, seigneur de Quesmy.

291.— De gueules, à trois cignes d'argent, bequez et membrez de sable, et posez deux et un.

292. — La communauté des *Couvreurs* d'ardoise, thuilles et chaume de la ville de Noyon.

292. — De gueules, à deux échelles d'argent, posées en chevron.

293. — La communauté des *Platriers, Corroyeurs* de la ville de Noyon.

293. — D'azur, à une toison d'argent, étendue en fasse, surmontée d'une tourelle d'or.

294. — La communauté des *Menuisiers* et *Tourneurs* de la ville de Noyon.

294. — D'azur, à un rabot d'or, posé en fasse, surmonté d'un compas ouvert d'argent.

295. — Guillaume LOBLIGEOIS, prestre, curé de Berlancourt.

295. — D'azur, à une rose d'argent.

296. — Jean BERNAVILLE, prestre, curé de Brouchy.

296. — De gueules, à une licorne d'argent.

297. — Michel LE COINGT, prestre, curé de Carlepond (Carlepont).

297. — Echiqueté d'or et de gueules.

298. — La commvnauté des *Maréchaux* et *Taillandiers* de la ville de Noyon.

298. — D'argent, à un maillet de sable, acosté de deux fers de cheval de même.

299. — La communauté des *Selliers*, *Menuisiers* et *Vitriers* de la ville de Chauny.

299. — D'azur, à un rabot d'or, posé en fasse, accompagné en pointe d'un marteau de sellier d'argent et un chef lozangé d'argent et d'azur.

300. — La communauté des *Apoticaires, Potiers d'étain* et *Couteliers* de la ville de Noyon.

300. — D'azur, à une fasse d'or, accompagnée en chef d'une boette couverte d'or à dextre, et d'un pot d'étain au naturel à senestre, et en pointe d'un couteau d'argent.

301. — André de LAMOUR, prestre, curé de la paroisse d'Ollezy.

301. — D'azur, à cinq bezans d'argent, posez en sautoir.

302. — N. . . . . curé de la paroisse d'Emery-Hatton (Esmery-Hallon).

302. — D'argent, à trois testes de loup de sable, deux et un.

303. — La communauté des *Bourliers* et *Tixerands* de la ville de Noyon.

303. — D'argent, à un collier de cheval de gueules, accompagnée en pointe d'une navette de sable.

304. — Germain de VILLERONDE, prestre, prieur, curé de Saint-Martin de Ham.

304. — D'or, à trois grenouilles de sinople, posées deux et une.

305. — La communauté des *Murquiniers* de la ville de Noyon.

305. — D'argent, à une peau de bœuf de sable.

306.— François CAUDRON, prestre, curé de Gollancourt.

306.— D'argent, à une croix ancrée de gueules.

307. — François ROGÈRE, marchand et échevin de la ville de Ham.

307.— D'or, à un lion d'azur, tenant de sa patte dextre une croix de gueules.

308.— Charles LE BORGNE, prestre, curé de la paroisse d'Hombleux.

308.— De gueules, à un lion passant d'or.

309.— Claude LE MERCIER, marchand et échevin de la ville de Ham.

309.— D'azur, à un griffon d'or.

310.— Louis LE TEMPLE, prestre, curé de Villeserne (Villeselve).

310.— De gueules, à une croix patée d'argent.

311.— Pierre TUPIGNY, marchand de Ham.

311.— De gueules, à trois treffles d'argent, deux et un.

312.— Louis DESGROULX, notaire (roial) et procureur à Ham.

312.— D'or, à une fasse échiquetée d'argent et d'azur de trois traits.

313. — Gabriel LE PELLETIER, prestre, curé de Tracy-le-Mont.

313.— De gueules, à trois besans d'argent, deux et un.

314.— Charles DROUANCÉ, prestre, prieur, curé de la parroisse de Liez.

314.— D'azur, à une croix d'argent, frettée de gueules.

315.— Antoine MARTINSERT, prestre, curé de la paroisse de Beaumont.

315.— D'azur, à trois coqs d'or, deux et un.

316.— Thomas LAGNY, prestre, curé de la parroisse de Vendeuil.

316.— D'or, à un chevron de sable, accompagné de trois treffles de même.

317.— Pierre SOUCANYE, prestre, chanoine de l'église Notre Dame de Nesle.

317.— D'argent, à cinq tourteaux d'azur, posés en sautoir.

318.— Christophe BELLOT, prestre, prieur, curé de Flavy-le-Martel.

318.— De gueules, à trois tours d'or, deux et une.

319.— Jacques-Dénis de TARGNY, prestre, curé de Magny.

319.— De gueules, à une croix ancrée d'argent.

320.— Antoine DENISON, prestre, prieur, curé d'Inacourt (Aincourt).

320.— Lozangé d'argent et de sable.

321.— Pierre LE GENTIL, prestre, prieur, curé de Friére(s).

321.— D'azur, à une croix potencée d'argent.

322.— Jacques Lagny, prestre, prieur, curé de Jussy-Camas.

322.— D'azur, à une bande d'argent.

323.— La communauté des *Apoticaires* et *Chapeliers* de la ville de Chauny.

323.— D'azur, à une spatule d'argent; coupé: d'or, a un chapeau de sable.

324.— Louise Du Bois, veuve de François Lignier, écuier, seigneur du dit lieu.

324. — D'or, à trois corbeaux de sable, deux et un.

325.— Nicolas Le Comte, prestre, curé de Viry-Noreuil (Noureuil).

325.— D'azur, à trois glands d'or, posés deux et un.

326.— La communauté des *Tanneurs* et *Bourliers* de la ville de Chauny.

326.— D'argent, à un collier de cheval de gueules; parti : d'azur, à un couteau de tanneur d'argent.

327.— Charles Guillaume, marchand à Chauny.

327.— D'or, à trois fasses ondées d'azur.

328.— Nicolas Guillaume, marchand à Chauny.

328.— D'argent, à un vol d'azur.

CHATEAUTHIERY

SUIVANT L'ORDRE DU REGISTRE PREMIER DE L'ETAT DU 17 FÉVRIER 1700

140.— François Petit, conseiller du Roy et son procureur en la Maréchaussée de Ferre (Fère).

140.— D'azur, à trois testes de lion arrachées d'or, lampassées de gueules et couronnées d'argent.

141.— Marc Trudelle, conseiller du Roy, assesseur en la maréchaussée de Fère.

141.— D'azur, à une tour crénelée et couverte en dôme d'argent.

142.— Denis Regnault, conseiller du Roy, contrôleur au grenier à sel de Fère en Tardenois.

142.— D'hermines, à une fasse fuzelée de gueules.

143.— Nicolas de Mazures, conseiller du Roy, contrôleur au grenier à sel de Ferre (Fère).

143.— De gueules, à une fasse bretessée et contrebretessée d'argent.

144.—Pierre HOUDENCQ, prieur de Barsy (Barzy).

144.—D'argent, à quatre fasses de gueules.

145.—Nicolas WITART, avocat en parlement et ancien receveur des tailles en l'élection de Châteauthierry.

145.—De sable, à un chevron d'or, accompagné de trois molettes de même.

150.—La communauté des *Apoticaires* et *Chirugiens* de Châteauthierry.

150.—D'azur, à une boette couverte d'or à dextre, et une spatule d'argent à senestre.

151.—La communauté des *Maréchaux* et *Taillandiers* de la ville de Châteauthierry.

151.—D'argent, à un maillet de sable, accosté de deux fers de cheval de gueules.

152.—La communauté des *Chaircuitiers* de la ville de Châteauthierry.

152.—De sable, à un couteau d'argent, emmanché d'or, mis en pal.

153.—La communauté des *Charons* de la ville de Châteauthierry.

153.—D'argent, à deux roues de gueules, surmontées en chef d'un compas ouvert de sable.

154.—La communauté des *Tanneurs* de la ville de Châteauthierry.

154.—De gueules, à deux couteaux de tanneurs d'argent, emmanchez d'or, passez en sautoir.

155.—La communauté des *Cordonniers* de la ville de Châteauthierry.

155.—D'azur, à un tranchet d'argent, emmanché d'or.

156.—La communauté des *Chaudronniers* et *Fondeurs* de la ville de Châteauthierry.

156.—De sable, à trois chaudrons d'or.

158.—La communauté des *Tixerands* de la ville de Châteauthierry.

158.—De gueules, à une navette d'argent, posée en fasse.

160.—La communauté des *Cordiers* de la ville de Châteauthiery.

160.—D'azur, à trois pacquets de cordes d'or, posez deux et un.

161.—La communauté des *Tourneurs* de la ville de Châteauthiery.

161.—D'argent, à un chevron de gueules, accompagné de trois roues de même.

163.—La communauté des *Mégissiers* de la ville de Châteauthierry.

163.—D'azur, à une toison d'argent étendue en pal.

164.—La communauté des *Massons* de la ville de Châteauthierry.

164.—De gueules, à une truelle d'argent, emmanchée d'or, mise en pal.

166.—La communauté des *Epiciers*, *Ciriers* et *Chandelliers* de la ville de Châteauthiery.

166.—D'azur, à deux balances d'or, accompagnées en pointe d'un marc de même.

168.—La communauté des *Selliers*, *Bourliers* et *Coroyeurs* de la ville de Châteauthiery.	168.—D'azur, à trois marteaux d'argent, deux et un.
169.—La communauté des *Bouchers* de la ville de Châteauthierry.	169.—De gueules, à un fuzil de boucher d'argent, posé en pal.
174.—François Le Sueur, lieu tenant de bourgeoisie de Châteauthierry.	174.—Lozangé d'argent et d'azur.
175.—Jacques Goujon, lieutenant de bourgeoisie de Châteauthierry.	175.—De gueules, à trois bandes d'argent.
176.—Jacques Le Givre, lieutenant de bourgeoisie de Châteauthiery.	176.—De sinople, à un chevron d'or.
178.—Louise Nolin, veuve de Louis Maillard, procureur à Châthierry.	178.—De gueules, à trois léopards d'or, l'un sur l'autre.
181.—François Carier, notaire à Châteauthiery.	181.—De gueules, à un chevron d'or.
183.—Antoine Leleu, greffier en chef de la Maréchaussée et notaire royal à Châteauthierry.	183.—De sinople, à cinq coquilles d'argent, posées en sautoir.

DE L'ETAT DU 16 JUILLET 1700

185.—Mathieu Herbinot, prestre, curé de Notre dame de Crésency (Crezancy).	185.—Fassé d'argent et de gueules de six pièces.
186.—François Boudin, prestre, curé de Nostre dame de Curge.	186.—De gueules, à un sautoir d'or.
187.—Charles Noblin, conseiller du Roy, assesseur de la ville de (la) Fère.	187.—D'argent, à trois fasses de sable.
188.—N..., Brisbart, veuve de N... Gelu, docteur en médecine à Fère.	188.—D'argent, à une bande de gueules.
189.—Louis Fermier (Fernier), marchand à Fère en Tastenois (Tardenois).	189.—Vairé d'argent et de gueules.

DE L'ÉTAT DU . . . . . . 1700.

190.—Claude-François Le Normand, écuier, sieur du Plessis.

190.— De gueules, à troix croix recroisettées d'or, posées deux et une.

194.—N..., veuve de N... de La Libordière, écuyer.

194.—D'or, à une fasse de gueules.

199. — Luc Maulgué, prestre, chanoine, prieur curé de la Chapelle Montodon.

199.— De sable, à une croix ancrée d'argent.

200. — Jean le Chaulne, prestre, curé de Sainte Croix de Viex Maison.

200.— De gueules à trois quintefeuilles d'argent, deux et une.

203. — Jacques Le Givres, l'aisné.

203.— D'or, à une bande de sable.

204.— Olivier Le Fort, prestre, curé de Saint Barthelemy de la Chapelle sur Chezy.

204.— De sinople, à trois testes de léopards d'or, deux et une.

205.— Jean de Ponce, seigneur des Bordeaux, La Doutre, Monfaucon.

205. — D'or, à un chevron de gueules.

207.— Le corps des officiers de la *Maréchaussée* de Fère en Tardenois.

207.— D'azur, à deux bâtons royaux en sautoir.

208. — Nicaise Petit, greffier en chef de la maréchaussée de Fère en Tardenois.

208.— D'or, à une bande componée d'argent et de sable.

CRESPY

SUIVANT L'ORDRE DU REGISTRE PREMIER DE L'ÉTAT DU 19 FÉVRIER 1700

164.— La communauté des *Rotisseurs* et *Paticiers* et *Chaircuitiers* de la ville de Crespy.

164.— D'argent, à une broche de sable, à une paile de four de même, passéez en sautoir, et un couteau de gueules posé en pal, brochant sur le tout.

165. — La communauté des *Selliers* et *Bourliers* de la ville de Crespy.

165. — D'azur, à un marteau de sellier d'argent, accosté de deux colliers de cheval d'or.

166. — La communauté des *Marchands de cire*, *Merciers*, de *Chandeliers* et *Vinaigriers* de la ville de Crespy.

166. — D'azur, à une Notre Dame d'or.

167. — La communauté des *Taillandiers*, *Chaudronniers*, *Orfevres* et *Armuriers* de Crespy.

167. — D'or, à quatre maillets de sable, deux en chef et deux en pointe.

168. — La communauté des *Chirugiens*, *Apoticaires* de Crespy en Vallois.

168. — D'azur, à nne boette couverte d'or à dextre et une spatule d'argent à senestre.

169. — La communauté des *Menuisiers* de Crespy en Vallois.

169. — D'azur, à un rabot d'or.

170. — La communauté des *Maréchaux* de Crespy en Vallois.

170. — D'argent, à une butte de sable.

171. — La communauté des *Charpentiers*, *Massons* et *Couvreurs* de la ville de Crespy en Vallois.

171. — D'azur, à une échelle d'argent, adextrée d'une hache de même et senestrée d'une truelle d'or.

172. — La communauté des *Potiers* d'étain de Crespy en Vallois.

172. — De sable, à trois pots d'estain au naturel, deux et un.

173. — La communauté des *Cordiers* de la ville de Crespy en Vallois.

173. — D'azur, à deux pacquets de cordes en chef d'argent, et en pointe d'une roüe de même.

174. — La communauté des *Vitriers* et *Tonneliers* de la ville de Crespy.

174. — De gueules, à trois bandes de sable, posez sur leur cu, deux et un ; et un chef lozangé d'argent et d'azur.

175. — La communauté des *Boulangers* de la ville de Crespy.

175. — D'argent, à une paile à four de gueules, chargée de trois pains d'or.

176. — La communauté des *Mégissiers* et *Parcheminiers* de Crespy.

176. — D'azur, à une toison d'argent, étendue en fasse.

177. — La communauté des *Cordonniers* en vieil de la ville de Crespy.

177. — De gueules, à un tranchet d'argent, mis en pal.

178. — La communauté des *Tailleurs* et *Chaussetiers* de la ville de Crespy.

178. — D'azur, à des cizeaux d'argent, ouverts en sautoir.

183. — La communauté des *Bonnetiers* de Neuilly Saint Front.

183. — D'argent, à trois bonnets de gueules, deux et un.

184. — La communauté des *Boulangers* de Neuilly Saint Front.

184. — De gueules, à une paile à four d'argent chargée de trois pains de gueules.

185. — La communauté des *marchands Drapiers*, drapans, *Merciers* et *Marchands de fer* de Neuilly Saint Front.

185. — D'azur, à une aune d'argent, marquée de sable, posée en pal à dextre, et un maillet d'or à senestre.

186. — La communauté des *Chirugiens* et *Apotiquaires* de Neuilly Saint Front.

186. — D'azur, à une boette couverte d'or à dextre, et une spatule d'argent à senestre.

187. — La communauté des *Bouchers* de Neuilly Saint Front.

187. — De gueules, à un coupret d'argent.

188. — La communauté des *Tanneurs*, *Corroyeurs*, *Megissiers*, *Chapeliers* et *Bourliers* de Neuilly Saint Front.

188. — D'azur, à une toison d'or, étendue en pal.

189. — La communauté des *Potiers* d'étain, *Chaudronniers*, *Maréchaux*, *Serruriers* et *Taillandiers* de Neuilly Saint Front.

189. — D'azur, à une croix d'argent, cantonnée au premier d'un pot d'étain au naturel; au deuxième d'un chaudron d'or; au troisième, d'une clef d'argent, et au quatrième d'un maillet d'or.

190. — La communauté des *Cordonniers* en neuf et vieil de Neuilly Saint Front.

190. — D'azur, à un tranchet d'argent à dextre et un couteau à pied à senestre de même, emmanché d'or.

191. — La communauté des *Tailleurs* d'habits et *Fripiers* de Neuilly Saint Front.

191. — De sinople, à deux cizeaux d'argent, ouverts en sautoir.

192. — La communauté des *Tixerands* de Neuilly Saint Front.

192. — D'azur, à une navette d'or, posée en fasse.

193. — La communauté des *Tondeurs* de draps et *Teinturiers* de Neuilly Saint Front.

193. — D'or, à des forces de sable, posées en fasse.

194. — La communauté des *Menuisiers*, *Charons*, *Massons*, *Charpentiers*, *Couvreurs* et *Tonneliers* de Neuilly Saint Front.

194. — D'azur, à un Saint Eloy évesque d'or.

195. — La communauté des *Chanviers*, *Tourneurs* de blanc bois et *Sabottiers* de Neuilly Saint Front.

195. — D'argent, à deux rouës de gueules, surmontées en chef d'un compas de sable, ouvert en chevron.

196. — Jean Herbelin, procureur et notaire à Neuilly Saint Front.

196. — D'azur, à trois treffles d'or, deux et un.

197. — La communauté des *Mandeliers* et *Tourneurs* de la Ferté Milon.

197. — D'argent, à deux roues de gueules, surmontées en chef d'un compas de sable, ouvert en chevron.

198. — La communauté des *Selliers* et *Bourliers* de la Ferté Milon.

198. — D'azur, à une selle d'or, senestrée d'un collier de cheval de même.

199. — La communauté des *Bonnetiers* et *Tonneliers* de la Ferté Milon.

199. — D'or, à deux bonnets de gueules en chef, et deux barils de même en pointe, posez sur leur cul.

200. — La communauté des *Tisserans* de la Ferté Milon.

200. — D'argent, à une navette de sable, posée en fasse.

201. — La communauté des *Cordonniers* en vieil de la Ferté Milon.

201. — D'azur, à un tranchet d'argent, posé en pal.

202. — La communauté des *Cordiers* de la Ferté Milon.

202. — De gueules, à deux pacquets de cordes d'or en chef et une roué de même en pointe.

203. — La communauté des *Serruriers* de la Ferté Milon.

203. — D'azur, à une clef d'argent, posée en pal.

204. — La communauté des *Taillandiers* et *Maréchaux* de la Ferté Milon.

204. — D'argent, à un maillet de sable, acosté de deux fers de cheval de même.

205. — La communauté des *Cordonniers* de la Ferté Milon.

205. — De gueules, à un couteau à pied d'argent, mis en pal.

206. — La communauté des *Corroyeurs* de la Ferté Milon.

206. — D'azur, à une toison d'or étendue en pal.

207. — La communauté des *Boulangers* de la Ferté Milon.

207. — De gueules, à une paile à four d'argent, chargée de deux pains d'azur.

208. — Louis de Lignereuse, marchand à Neuilly Saint Front.

208. — D'argent, à une croix ancrée d'azur.

209. — N. . . . veuve de François Gérard, marchand à Neuilly Saint Front.

209. — Bandé d'argent et de gueules de six pièces.

210. — Louis Breffort, marchand à Neuilly Saint Front.

210. — D'azur, à un chevron d'or, accompagné de trois épis de bled de même.

211. — Jean du Jardin, marchand à Neuilly Saint Front.

211. — D'argent, à une rose de gueules, feuillée de sinople.

212. — Fronté GÉRARD, marchand à Neuilly Saint Front.

212. — D'or, à trois pals de sinople.

213. — N. . . . veuve de Louis BRUSLART, marchand à Neuilly Saint Front.

213. — D'argent, à trois treffles de sable.

214. — La communauté des *Bouchers* de la Ferté Milon.

214. — De gueules, à un couprct d'argent.

215. — La Communauté des *Chapeliers* et *Tailleurs* d'habits de la Ferté Milon.

215. — De gueules, à des cizeaux de tailleurs d'argent à dextre, et à senestre un chapeau d'or.

216. — La communauté des *Couvreurs* et *Massons* de la Ferté Milon.

216. — De gueules, à une échelle d'argent à dextre, et une truelle d'or à senestre.

217. — Jean-Baptiste CARBON, prestre, curé de Poudront.

217. — D'argent, à un loup passant de sable.

218. — La communauté des *Gantiers*, *Mégissiers* et *Tourneurs* de la Ferté Milon.

218. — De sable, à une toison d'argent, étendue en pal.

219. — La communauté des *Tixerans* de Crespy.

219. — D'argent, à une navette d'azur, posée en pal.

DE L'ESTAT DU 16 JUILLET 1700

221. — La communauté des *Menuisiers* et *Charpentiers* de la Ferté Milon.

221. — De gueules, à un rabot d'or, posé en fasse, surmonté d'un maillet de même.

222. — Isaac SÉBASTIEN, curé d'Ivors.

222. — D'azur, à une croix d'or.

223. — Robert CHARON, procureur et notaire à Neuilly-Saint-Front.

223. — D'azur, à un griffon d'or.

224. — Antoine ARNOULT, notaire et procureur à Neuilly Saint Front.

224. — De gueules, à trois coquilles d'or, deux et une.

225. — Dominique GAUDRON, notaire et procureur à Neuilly Saint Front.

225. — Palé d'or et d'azur de six pièces.

226. — La communauté des *Chirugiens* et *Apoticaires* de la Ferté Milon.

226. — De gueules, à une boette couverte d'argent à dextre, et à senestre une spatule de même.

227. — Charles de LA HAYE, marchand à Neuilly Saint Front.

227. — Lozangé d'or et de sinople.

228. — François HERBELIN, avocat.

228. — D'or, à un aigle de sable.

229. — Le corps des officiers de la Prévosté de *Neuilly Saint Front*.

229. — D'azur, à deux bâtons royaux au naturel, passez en sautoir.

230. — Bernard REFFIER, procureur du roy de l'hôtel de ville de Crespy.

230. — D'argent, à deux loups de gueules, passans l'un sur l'autre.

231. — La communauté des *Chaircuitiers* de la Ferté Milon.

231. — D'argent, à un couteau de gueules, emmanché d'or, mis en pal.

232. — La communauté des *Paticiers* de la Ferté Milon.

232. — De gueules, à une paile de four d'or, chargée de trois pâtés de gueules.

233. — Louis de LARY, curé de Marolles.

233. — D'or, à un sautoir de gueules.

234 — Le corps des officiers du *Grenier à sel* de la Ferté Milon.

234. — D'azur, à trois fleur de lis d'or.

235. — Gaspard GESSELIN, curé de Rocquemont.

235. — De sable, à un sautoir d'or.

236. — Jacques FORJOT, procureur à la Ferté Milon.

236. — D'azur, à une bande d'argent.

237. — Etienne BESNARD, procucureur à la Ferté Milon.

237. — De gueules, à trois bandes d'argent.

238. — La communauté des *Sergers, Drapiers* et *Marchands Drapiers* de la Ferté Milon.

238. — De gueules, à une aune d'argent, marquée de sable; coupé d'or, à une navette de sable.

239. — La communauté des *Ciriers, Chandeliers* et *Merciers* de la Ferté Milon.

239. — D'azur, à une Notre Dame d'argent.

240. — Jean CHERONNET, procucureur à la Ferté Milon.

240. — D'argent, à une croix de gueules.

241. — La communauté des *Marchands de Fer* de la Ferté Milon.

241. — D'argent, à deux maillets de sable.

242. — Simon de GONDEVILLE (Gondreville), écuier, seigneur du dit Gondeville.

242. — D'argent, à un lion de sable.

243. — N. . . . veuve de N. . . . HARDY, receveur à la Ferté Milon.

243. — De gueules, à trois quintefeuilles d'or, posées en bande.

244. — François de SAACY (Sacy), procureur à la Ferté Milon.

544. — Fassé d'or et de sable de six pièces.

245.— François SAGNIER, curé à Nanteuil.

245.— d'or, à une croix ancrée de sable.

246.— La communauté des *Vanniers*, *Boisseliers* et *Quincailliers* en bois de Crespy.

246.— D'azur, à deux boisseaux d'or en chef, et en pointe à une roüe de même.

247.— La communauté des *Serruriers* de Crespy.

247.— D'argent, à une clef de sable, posée en pal.

248.— Jean DURANT, marchand à Crespy.

248.— Echiqueté d'or et de gueules.

249.— Jacques BUCÉ, marchand à Crespy.

249.—D'azur, à deux fasses d'argent.

250.— Claude de la MONTAGNE, marchand à Crespy.

250.— D'azur, à un sautoir d'argent.

251.— La communauté des *Bouchers* de Crespy.

251.— De gueules, à un coupret d'argent.

252.— N....., veuve de Jean de LA PLACE, bourgeois de Crespy.

252.— De sable, à trois macles d'or, deux et une.

DE L'ÉTAT DU. 1700

254.— La communauté des *Vinaigriers* de la Ferté Milon.

254.— D'argent, à une brouette de gueules, chargée d'un baril de sable.

255.— Antoine REGNAULT, greffier à la Ferté Milon.

255.— D'argent, à une bande de gueules.

256.— Claude PERROT, marchand à Crespy.

256.— D'or, à une barre d'azur.

257.— Nicolas CUEUL, échevin de la ville de Crespy.

257.— D'or, à un lien de sinople, lampassé et armé de gueules.

258.— Jacques DURAND, marchand à Crespy.

258.— D'azur, à six bezans d'or.

259.— Guillaume de LA PLACE, marchand à Crespy.

259. – De gueules, à une tour d'or.

260.— La communauté des *Corroyeurs*, *Cordonniers* et *Bonnetiers* de Crespy.

260.— D'azur, à un couteau de tanneur d'argent en pal, adextré d'un tranchet de même et senestré d'un bonnet d'or.

261.— N..... veuve de Nicolas CUEUL.

261.— D'or, à trois trefles de sinople, deux et un.

262.— N...., veuve d'Antoine LE FEVRE.

262.— D'argent, à une croix fleuronnée de gueules.

263. — Jean Le Quoy, bénéficier. — 263. — D'or, à trois fasses de gueules.

264. — Louis Dambry, marchand à Crespy. — 264. — D'or, à une bande vivrée de sable.

265. — Claude de la Marre le jeune, avocat à Crespy. — 265. — De gueules, à un sautoir d'argent.

266. — N..... Dambly (d'Ambly), fille. — 266. — D'azur, à trois tours d'argent.

267. — Laurent Lebel, sieur de Mor, major de Crespy. — 267. — Fassé d'or et de sinople.

268. — Georges Blavet, procureur à Pierfond (Pierrefonds). — 268. — D'azur, à trois bandes d'or.

269. — N...... veuve d'Antoine Gosset. — 269. — De gueules, à trois cornets d'or, deux et un.

270. — Jacques Varoquier, procureur à Pierfond. — 270. — D'azur, à un lion d'or.

271. — N..... Sabinet, bourgeois de Pierfond. — 271. — D'or, à une fasse d'azur.

272. — N....., femme de N..... Guillot, avocat du roy à Crespy. — 272. — D'argent, à une fasse de sable chargée de trois étoiles d'or.

273. — Charles Le Maire, bourgeois. — 273. — D'argent, à deux chevrons de gueules.

274. — N....., femme de N..... Parent, conseiller à Crespy. — 274. — D'argent, à une bande de gueules, chargée de trois coquilles d'or.

275. — François Dauviller (d'Auviller), marchand à la Ferté Milon. — 275. — D'or, à une croix pattée de gueules.

276. — Louis de la Mare, marchand à la Ferté. — 276. — De gueules, à un taureau passant d'or.

278. — Etienne Durant, marchand à Crespy. — 278. — D'or, à trois aigles de sable.

279. — Jean Lebon, marchand à Crespy. — 279. — De sinople, à trois lions d'argent, deux et un.

280. — Jacques Bailleux, marchand à Neuilly. — 280. — D'argent, à un lion de sable

281. — Pierre Bailleux, marchand à Neuilly. — 281. — Echiqueté d'or et d'azur.

282.— Pierre LANGE, marchand à la Ferté.

282.— D'azur, à une croix pattée d'argent.

284. — N. . . . . , femme de N. . . . . Louis d'HANGESTE (d'Hangest), écuier, seigneur de Glagne.

284.— De gueules, à deux haches d'armes d'argent, passées en sautoir.

285. — N. . . . . , femme de N. . . . . HARSENT, lieutenant particulier à Crespy.

285.— D'or, à une fasse de sable, chargée de trois étoiles d'argent.

287.— Louis GODELART, marchand à Neuilly.

287.— De gueules, à six billettes d'or.

288.— Louis BRUSLART, marchand à Neuilly.

288.— De gueules, à trois fasses d'or.

389.— La communauté des *Chapeliers*, *Charons* et *Tourneurs* en bois de Crespy.

289.— D'azur, à un chevron d'or, accompagné en chef de deux roues de même et en pointe d'un chapeau d'argent.

291. — N. . . . . , femme de N. . . . . du BREUIL, écuier.

291.— D'or, à trois pals de sable.

292.— Jean DU TROUX, marchand à Neuilly.

292.— D'azur, à une pomme de pin d'or.

293.— Michel LORMIER, procureur à la Ferté.

293.— D'argent, à une croix engrelée de sable.

294.— Jean FOURNIER, procureur à la Ferté.

294.— D'argent, à trois fasses d'azur.

295.— Antoine FOURNIER, procureur à la Ferté Milon.

295.— D'or, à cinq aiglettes de sable, posées en sautoir.

296.— N. . . . . , veuve de Sébastien VEREUX, marchand à la Ferté Milon.

296.— D'or, à sept lozanges de gueules, posez quatre et trois.

297. — N. . . . . , femme de N. . . . . de VAURANCE (Vaurans), écuier, seigneur de Javelle.

297.— D'argent, à trois lions de gueules, deux et un.

298. — N. . . . . , femme de N. . . . . de BEAUVAIS, seigneur de Voulty.

298.— D'or, à cinq treffles d'azur, posez en sautoir.

299.— Nicolas DENISE, marchand à Neuilly.

299.— D'or, à trois faces ondées d'azur.

300.— Nicolas de BOURGES, procureur à la Ferté.

300.— D'azur, à trois pals d'argent.

302. — Nicolas Camus, marchand à Neuilly Saint Front. — 302. — D'azur, à deux chevrons d'argent.

303. — Le Corps des officiers du Baillage de la Ferté Milon. — 303. — D'azur, à trois fleurs de lis d'or.

304. — La ville de la *Ferté Milon*. — 304. — D'azur, à un château d'argent.

305. — N. . . . ., femme de N. . . . . d'Honon, écuier, seigneur de Chavre. — 305. — D'azur, à deux chevrons d'argent.

306. — N. . . . ., femme de N. . . . . Desfossez (des Fossez), écuier. — 306. — D'azur, à trois fasses d'argent.

CLERMONT

SUIVANT L'ORDRE DU REGISTRE PREMIER DE L'ÉTAT DU 19 FÉVRIER 1700

63. — Simon Fournier, chanoine de l'église collégiale notre dame de Clermont en Beauvoisis. — 63. — D'or, à une croix fleuronnée de gueules.

64. — Egène Le Comte, chanoine de l'église collégiale de Notre Dame de Clermont en Beauvoisis. — 64. — D'azur, à une croix recroisettée d'argent.

65. — La communauté des Marchands et Artisans de la ville de Bulles. — 65. — De gueules, à un Saint Joseph d'or, tenant en sa main dextre un lis au naturel.

66. — Jaachim Le Page, seigneur du fief de Boisliesbault. — 66. — D'azur, à deux fasses d'or.

67. — Jean-François Dathie, prestre chanoine de l'église notre dame de Meslo (Mello). — 67. — De gueules, à trois merlettes d'or, deux et une.

68. — Jean Rubarbe, prestre, chanoine de l'église et chapitre de notre dame de Meslo (Mello). — 68. — D'argent, à trois cœurs de gueules, deux et un.

69. — Le chapitre Notre dame de Meslo (Mello). — 69. — De gueules, à une notre dame d'argent.

71. — Firmin Davohel, prestre, curé de Liancourt. — 71. — De gueules, fretté d'argent.

72. — Charles Canol, prestre, curé de l'église de Cires. — 72. — D'azur, à une croix endentée d'or.

DE L'ETAT DU 16 JUILLET 1700

74.— Jean TELLIER, seigneur du fief d'Aufay (Offoy).

74.— D'argent, à un chevron de sable.

75.— Etienne MAROLEAU, prestre, chanoine de l'église Notre dame de Clermont.

75.—De gueules, à une croix potencée d'or.

76.— Jean LEBEL, prestre, curé de la parroisse de Léglontier (Léglantiers).

76.— Palé d'argent et de gueules de six pièces.

77.—François SEMILLION, prestre, chanoine de l'église de Notre Dame fondée au château de Clermont.

77. — D'argent, à une croix de gueules, chargée de cinq roses d'or.

78.— Jean LE VASSEUR, prestre, curé de la parroisse de Chevrières.

78.—De gueules, à trois fasses ondées d'or.

79.— Laurent LEFEBVRE, conseiller du roy, lieutenant en la prévosté de Bulles.

79.— De gueules, à un sautoir d'argent.

80.— Nicolas LE MAIRE, prestre, curé de la parroisse de Fresnoy.

80.— D'argent, à une croix endentée de gueules.

81.— Charles CHOCQUET, prestre, prieur curé de la parroisse de Homevillé (Hemevillers).

81. — D'argent, à un sautoir de gueules, chargé de cinq croix d'or.

82.— La ville de *Bulles*.

82.— D'or, à une bande d'azur.

83.— Jacques BACHELIER, prestre, curé de Gournay.

83.— D'or, à trois aigles de gueules, deux et un.

84.— Louis RAPELET, prestre, curé de Montreuil sur Bresche.

84.— D'argent, à un aigle de sable.

85 — Antoine PEINTART, conseiller et avocat du roy au baillage et prévosté de Clermont.

85.— D'hermines, à trois chevrons d'or.

86.— La communauté des *Saveliers* de la ville de Clermont en Beauvoisie.

86.— De gueules, à un tranchet d'argent.

87.— La communauté des *Cordonniers* de la ville de Clermont en Beauvoisie.

87.— De sable, à un couteau à pied d'or.

88.— La communauté des maîtres chirugiens jurez de la ville de Clermont en Beauvoisie.

88.— D'azur, à une spatule d'argent, posée en pal.

89.— Marie du Vivier, veuve d'Adrien Tancart, procureur à Clermont.

89.— De sable, à une bande d'argent.

90.— La communauté des *Gantiers*, *Mégissiers* de la ville de Clermont en Beauvoisie.

90.— D'azur, à une toison d'or étendue en pal.

91.— Jean Mesnard, prestre, curé de Neufville-en-Hez.

91.— D'argent, à une croix ancrée de sable.

92.— N. . . . . Petit, prestre, curé de Saint-Félix.

92.— De sable, à une fasse d'argent.

93.— N. . . . . Huet, prestre, curé d'Estouy.

93.— D'argent, à trois bandes de gueules.

94.— Nicolas Le Féron, prestre, curé d'Angicourt.

94.— De sable, à un lion d'or.

95.— Marcellain Mitonneau, prestre, curé, prieur de Neuilly.

95.— D'or, à un taureau de sable.

96.— Pierre Fortier, conseiller du roy, président en l'élection de Clermont.

96.— D'argent, à un sautoir de sable.

97.— Antoine de la Herche, prestre, curé de Sacy le Grand.

97.— D'azur, à trois coquilles d'or, deux et une.

98.— François Chabaille, prestre, curé d'Agnets.

98.— D'or, à une croix de gueules.

99.— Michel Gillet, prestre, curé de Nointel.

99.— De sinople, à trois merlettes d'argent.

100.— Jean de Laistre, prestre, chapelain de Nointel.

100.— D'azur, à trois aigles d'or.

101.— François Bingant, prestre, curé de Fouilleuse.

101.— De gueules, à une bande de vair.

102.— Louis Velain, prestre, curé de Movillé (Moiviller).

102.— De gueules, à une croix ancrée d'argent.

103.— Pierre Caron, prestre, curé de Bailleul-le Secq (Soc).

103.— De sable, à un lion d'or.

104.— Philipes Vie, prestre, curé de Romy.

104.— De gueules, à trois bezans d'argent, deux et un.

105.— Philipes Le Clerc, prestre, curé de Thivermy (Tiverny).

105.— D'argent, à deux fasses d'azur.

106.— N. . . . . Truiart, prestre, curé de la parroisse de Romerangle (Rémérangles).

106.— De gueules, à trois testes de lion d'or, deux et une.

107.—Marguerite-Catherine de la Rivière, femme d'Antoine de Belloy, chevalier, seigneur de Castillon.

107.— De sable, à une bande d'argent, chargée de trois étoiles de gueules.

de l'état du 1700

111.— La communauté des *Boulangers* et *Tortonniers* de Clermont.

111.— D'argent, à deux pailes de four de gueules, passées en sautoir.

113.— La communauté des *Tonneliers* et *Chapeliers* de Clermont.

113.— D'argent, à un chapeau de sable; coupé: d'azur, à trois barils d'or, posez sur leur cul, deux et un.

114.— La communauté des *Maréchaux, Taillandiers, Cloutiers, Serruriers* et *Armuriers* de Clermont.

114.— D'azur, à un Saint Eloi d'or, tenant en sa main dextre un marteau et en sa senestre une crosse, et mitré de même.

115.— La communauté des *Tailleurs* et *Chaussetiers* de Clermont.

115.— De gueules, à deux cizeaux d'argent, ouverts en sautoir.

116.— La communauté des *Bouchers* et *Paticiers* de Clermont.

116.— De gueules, à deux couprets d'argent, l'un sur l'autre.

117.— La communauté des *Corroyeurs, Tanneurs, Vitriers* et *Potiers d'étain* de Clermont.

117.— D'azur, à une Notre Dame d'or.

119.— La communauté des *Menuisiers, Charons, Lingers, Teinturiers* et *Marchands de toile* de Clermont.

119.— De gueules, à un Saint Joseph d'or, tenant en sa main dextre un lis au naturel.

120.— La communauté des *Tourneurs, Cordiers, Venniers* et *Chaudronniers* de Clermont.

120.— D'azur, à deux chaudrons d'or en chef, et deux roues d'argent, en pointe.

121.—Eléonore de Foussart, veuve en premières noces de N. . . . . Morevel et à présent femme de N. . . . . de Nesle.

121.— De sable, à une fasse d'or, chargée de trois merlettes de gueules.

122.— La communauté des *Selliers, Bourliers, Tixerands* et *Murquiniers* de Clermont.

122.— D'azur, à une selle d'argent, senestrée d'un colier de cheval d'or, et en pointe une navette couchée d'argent.

123.—François-Xavier GOUVERNE, seigneur de Fresnoy, prieur du dit lieu.

123. — D'azur, à lion passant d'or.

124.—N. . . . . CARION, curé de Wavignye (Warignies).

124. — D'or, à trois fasses d'azur.

126.— Antoine PICHEREAU, procureur es sièges royaux de Clermont.

126. — De gueules, à un grifon d'argent.

127.— François LE GRAS, procureur ès sièges roiaux de Clermont.

127. — D'argent, à un demi-vol de sable.

128.— Nicolas DU FOUR, exempt en la maréchaussée de Clermont.

128. — De gueules, à un château d'or.

129.— Louis PARMENTIER, procureur ès-sièges roiaux de Clermont.

129. — Bandé d'argent et d'azur de six pièces.

130.— Pierre CRESTIEN, sieur de Sainte Berthe, écuier, conseiller du roy, lieutenant de robe courte de Clermont.

130. — D'azur, à trois sautoirs d'argent, deux et un.

132.— François PICHEREAU, conseiller du roy, controlleur au grenier à sel de Clermont.

132. — D'or, à trois fasses de gueules.

133.—Louis CHARDON, ci devant controleur des exploits à Clermont.

133. — D'azur, à un chardon feuillé de sinople et fleuri de gueules.

134.— Etienne RIGAULT, lieutenant de bourgeoisie de Clermont.

134. — D'argent, à un lion de gueules.

135.— Philippes de REBERGUES, conseiller du roy, substitut du procureur du roy des eaux et forests de Clermont.

135. — De sable, à une bande d'or, accostée de deux molettes de même.

136.— Pierre CHÉRON, conseiller du roy, médecin juré au Baillage de Clermont.

136. — D'argent, à un aigle de sable.

137.— Jeanne CULEMBOURG, veuve de Julien POTTIER, médecin à Clermont.

137. — De sable, à une bande d'argent.

138.— Pierre de SAINT FUSSION (Fussien), capitaine de bourgeoisie de Clermont.

138. — D'argent, à un sautoir d'azur.

139.— Charles HELNESSE, procureur ès siéges roiaux de Clermont.

139. — D'azur, à trois fasses ondées d'or.

141. — Le corps des officiers du baillage de Clermont.

141. — D'azur, à trois fleur-de-lis d'or, deux et une.

GUISE

SUIVANT L'ORDRE DU REGISTRE PREMIER DE L'ETAT DU 19 FÉVRIER 1700

44. — N. . . . . TRUMET, prestre, curé de la parroisse d'Estreaupont.

44. — D'argent, à une croix patée de gueules.

45. — La communauté des *Maréchaux*, *Chaudronniers*, *Serruriers* et *Orfèvres* de la ville de Guise.

45. — D'azur, à un marteau couronné d'or en chef, et en pointe un maillet d'argent et une clef de même, posée en pal au flanc dextre, et un fer de cheval d'or au flanc senestre.

46. — La communauté des *Tisserans* et *Vanniers* de la ville de Guise.

46. — De gueules, à deux navettes d'argent.

47. — La communauté des *Bourliers*, *Cordiers* et *Selliers* de la ville de Guise.

47. — D,azur, à un marteau de sellier d'argent, adextré d'un collier de cheval d'or et senestré d'un pacquet de cordes de même.

48. — La communauté des *Paticiers*, *Bouchers*, *Boulangers* et *Cuisiniers* de la ville de Guise.

48. — D'azur, à deux couteaux hacherets de sable, l'un sur l'autre.

50. — La communauté des *Marchands de vins* en gros et *Brasseurs* de bierre de la ville de Guise.

50. — D'azur, à trois barils d'or, deux en chef et un en pointe.

51. — La communauté des *Mégissiers*, *Tanneurs* et *Corroyeurs* de la ville de Guise.

51. — De gueules, à une toison dargent, étendue en pal.

52. — Louis LESCOT, curé d'Estau et Boqueau (Bocquiaux).

52. — D'azur, à une croix potencée d'argent.

54. — La communauté des *Tourneurs*, *Vitriers*, *Menuisiers*, *Tonneliers* et *Charons* de la ville de Guise.

54. — D'azur, à un rabot d'or, posé en fasse, accompagné en chef d'une roue de même à dextre et d'un baril, d'argent à senestre.

56. — Guillaume CAMUSET, prieur de l'abaye de Saint Eloy de Noyon prévost de Sainte Thimotée de Venérolles.

56. — D'or, à une bande de sable chargée d'un marteau d'argent.

59.— La communauté des maîtres *Joueurs de violon* de la ville de Guise.

59.— D'argent, à deux archets de violon de sable, posez en sautoir, accostez de deux fleur de lis d'azur.

60.— Jacques LAVOINE, chanoine de Saint Gervais de Guise.

60.— De gueules, à un léopard d'argent.

61.— La communauté des *Charpentiers*, *Couvreurs* et *Maçons* de la ville de Guise.

61.— D'azur, à un rabot d'or, posé en fasse, accompagné en chef d'une truelle d'argent, et en pointe d'une hache couchée d'argent.

62.— Thomas BOULANGER, prestre, curé de Verly.

62.— D'or, à trois fasses ondées d'azur.

65.— Louis WIART, prestre, curé d'Istancourt.

65.— D'argent, à une bande vivrée d'azur.

66.— Nicolas LE PAON, prestre, curé de la Vacqueresse et Vilers-lès Guise;

66.— De gueules, à trois bandes d'argent.

67.— La communauté des *Cordonniers* et *Savetiers* de la ville de Guise.

67.— De gueules, à deux tranchets d'argent, passez en sautoir.

68.— La communauté des *Tailleurs* d'habits de la ville de Guise.

68.— D'azur, à des cizeaux d'argent, ouverts en sautoir.

69.— La communauté des *Chapeliers* et *Bonnetiers* de la ville de Guise.

69.— D'argent, à un chapeau de gueules, accompagné de trois bonnets de même, deux en chef et un en pointe.

71.— Jean FAYOLLE, prestre, curé d'Audigny.

71.— D'azur, à deux bandes d'or.

73.— Charles BRAILLON, prestre, curé de la ville de Bohain.

73.— D'argent, à un aigle de sinople.

74.— François LESCOT, notaire royal et contrôleur des exploits de la ville de Bohain.

74.— De gueules, à une plume à écrire d'or.

75.— La communauté des *Chirurgiens*, *Drapiers* et *Merciers* de la ville de Bohain.

75.— D'azur, à une aune d'argent en fasse, marquée de sable, surmontée d'une spatule d'argent.

77.— Jean de LA CROIX, prestre, chanoine du chapitre de Guise.

77.— D'azur, à trois étoiles d'or.

78.— Simon DUDART, prestre, curé de Marly et Englancourt.

78.— D'or, à une croix fleuronnée d'or.

79.— Christophe de VILIERS, prieur au prieuré régulier de Saint Jean Baptiste de Lesquielle.

79.— D'azur, à un chevron d'or, surmonté d'une banderolle d'argent, chargée d'une croix de gueules.

80.— Nicolas Amory, prestre, curé de Lesquielle et Saint Germain.	80.— D'or, à une croix ancrée d'azur.
81.— Maurice Dumont, prestre, chanoine du chapitre de Guise.	81.— D'argent, à deux fasses d'azur.
82.— Adrien Boutroy, prestre, curé de la parroisse de Saint Pierre de Guise.	82.— De gueules, à trois étoiles d'or, deux et une.
83.— Nicolas Cresson, chanoine du chapitre de Guise.	83.— Echiqueté d'or et d'azur.
84.— Adrien Havet, prestre, curé de Beaurain et Flavigny.	84.— De gueules, à un sautoir d'argent.
88.— Pierre Desforges, prestre, curé de Macquigny et Proix.	88.— D'argent, à un aigle de sinople.
93.— Etienne Hourlet, prestre, chanoine de Guise.	93.— De sable, à trois croix d'argent, deux et une.
95.— N. . . . ., prestre, curé du bourg d'Hérisson.	95.— D'argent, à un chevron de sable.
97.— Jacques Lequeux, prestre, curé de la Flamangrie.	97.— De sinople, à une bande d'or.
98.— Antoinette Dormet, veuve de Nicolas Alongez, assesseur en la Mairie de Guise.	98.— Echiqueté d'argent et d'azur.
101.— Eustache Baron, prestre, curé de Sainte Alegit (Saint-Algis), et Erloy.	101.— D'azur, à une croix d'or.
102.— Louis Deschamps, diacre, chanoine du chapitre de Guise.	102.— De gueules, à trois épis de bled d'or, deux et un.
104.— Jean Colle, prestre, curé de la Neufville.	104.— De gueules, à cinq étoiles d'argent, posées en sautoir.

DE L'ÉTAT DU 16 JUILLET 1700

108.— Lazarre-Joseph Baligan, prestre, chanoine de Guise.	108.— De gueules, à un chevron d'or, accompagné de deux étoiles de même.

DE L'ÉTAT DU.......... 1700

109. — La communauté des *Tailleurs*, *Bourliers* et *Cordiers* de la ville de Bohain.

109. — D'azur, à un collier de cheval d'or, accompagné en chef de cizeaux d'argent, ouverts en sautoir à dextre et d'un pacquet de cordes de même à senestre.

110. — La communauté des *Maréchaux*, *Taillandiers*, *Armuriers* et *Serruriers* de la ville de Bohain.

110. — D'argent, à un maillet de sable, adextré d'une clef de même et senestré d'un fer de cheval de même.

111. — La communauté des *Charons*, *Menuisiers*, *Charpentiers* et *Tonneliers* de la ville de Bohain.

111. — D'azur, à un rabot d'or, posé en fasse, accompagné en chef de deux roues de même et en pointe de deux barils d'argent, cerclez de sable.

112. — La communauté des *Brasseurs* et *Bouchers* de la ville de Bohain.

112. — De gueules, à un couprct d'argent en chef, et en pointe un baril d'or.

113. — La communauté des *Manneliers*, *Maçons*, *Roziers*, *Tourneurs* et *Murquiniers* de la ville de Bohain.

113. — D'azur, à une Notre Dame d'or.

114. — Charles de COLNET, sieur de la Charperie, gentilhomme.

114. — De gueules, à trois étoiles d'argent.

115. — Antoine FASARDY DUPUIS, conseiller procureur du roy des traites foraines d'Aubenton.

115. — D'argent, à une fasse d'azur chargée de trois croissans d'or

117. — Louis CLÉMENT, conseiller du roy, éleu en l'élection de Guise.

117. — Echiqueté d'or et d'azur.

118. — Pierre FROMAGE, conseiller du roy, grenetier au grenier à sel de Guise.

118. — D'or, à deux fasses de gueules.

119. — François-Michel DU DROT, chanoine de Guise.

119. — D'or, à trois merlettes de sable.

120. — Gabrielle HENNECART, femme d'Yves DU DROT, conseiller du roy, receveur des tailles de Guise.

120. — D'argent, à quatre bandes de gueules.

121. — Jean LE GENTIL, prestre curé de Doreng(t).

121. — De gueules, à une croix dentelée d'argent.

124. — Jacques FERRAND, avocat en Parlement.

124. — D'or, à une fasse de gueules.

125. — François FERRAND, avocat en Parlement.

125. — D'argent, à deux léopards de gueules

126 — Charles François Dormay, procureur fiscal d'Aubenton.

126.— D'or, à trois fasses de sinople.

127.— Jean Valentin, greffier au grenier à sel d'Aubanton.

127.— D'azur, à trois chevrons d'argent.

128.— Michel Touille, greffier des traites d'Aubenton.

128.— D'azur, à un cigne d'argent.

129.— La communauté des *Chirugiens* d'Aubenton.

129.— D'azur, à une spatule d'argent.

130.— La communauté des Marchands de *Draps*, *Merciers*, *Lingers*, Marchands de vins en gros et *Boulangers* d'Aubenton.

130.— De gueules, à un Saint Joseph d'or, tenant en sa main dextre un lis au naturel.

131.— La communauté des *Tailleurs* et *Chapeliers* d'Aubenton.

131.— D'argent, à un chapeau de sable, et un chef d'azur, chargé d'une paire de cizeaux, d'argent, ouverts en sautoir.

132.— La communauté des *Menuisiers*, *Charons*, *Tonneliers* et *Brasseurs* d'Aubenton.

132.— D'azur, à une Sainte Anne d'or.

133.— La communauté des *Serruriers*, *Taillandiers* et *Maréchaux* d'Aubenton.

133.— D'argent, à une butte de sable, posée en pal, adextrée d'une clef de même et senestrée d'un maillet de gueules.

134.— La communauté des *Tanneurs*, *Cordonniers*, *Savetiers* et *Tixerans* d'Aubenton.

134.— D'azur, à une toison d'or, étendue en fasse.

136.— Nicolas Catreux, maître des eaux et forests d'Aubenton.

136.— D'azur, à deux lions affrontez d'or.

137.— L'abbaye de *Fesmy*.

137.— D'azur, à deux crosses d'or, passées en sautoir.

138.— La ville d'*Aubenton*.

138.— D'or, à un château ouvert de gueules.

139.— Joseph Hermand, curé de Dauny, Martinrieux.

139.— D'azur, à une oye d'argent.

140.— Jean-Baptiste Florentin, curé de Martigny et Besmond.

140.— D'or, à une croix ancrée de sable.

143.— Antoine du Metet, marchand à Guise.

143.— D'argent, à un lion passant de gueules.

144.— Nicolas Bourgeois, assesseur en l'Hôtel de ville de Guise.

144.— De gueules, à une fasse ondée d'argent.

145. — L'abbaye de *Foigny*.

145. — De gueules, à une crosse d'argent, accostée de deux fresnes d'or.

146. — Louis Dey, écuier, seigneur de Séboncourt.

146. — De gueules, à six bezans d'or, trois, deux et un.

Fait par nous à Paris le 22e jour de septembre de l'An 1700.

Signé : D'Hozier.

RECAPITULATION

SOISSONS

Armoiries des	livres.	livres.	
Personnes	69 à 20	1380	2655
Communautez	22 à 50	1100	
Communautez	4 à 25	100	
Abbayes	1 à	50	
Couvents	1 à	25	

LAON

Armoirie des	livres.	vres.	
Personnes	42 à 20	840	940
Communautez	1 à	25	
Prieurez	3 à 25	75	

NOYON

Armoiries des	livres.	livres.	
Personnes	92 à 20	1840	4215
Prieuré	1 à	25	
Communautez	25 à 50	1250	
au Communautez	44 à 25	1100	

CHATEAUTHIERRY

Armoiries des	livres.		livres.	
Personnes	25 à 20		500	900
Corps	1 à		25	
Corps	15 à 25		375	

CRESPY

Armoiries des	livres.	livres.	
Personnes	71 à 20	1420	2970
Villes	1 à	50	
Corps	3 à 25	75	
Communautez	57 à 25	1425	

CLERMONT

Armoiries des	livres.	livres.	
Personnes	52 à 20	1040	1490
Ville	1 à	50	
Corps	1 à	25	
Chapitre	1 à	25	
Communautez	14 à 25	350	

GUISE

Armoiries des	livres.	livres.	
Personnes	45 à 20	900	1650
Ville	1 à	50	
Abayes	2 à 50	100	
Communautés	24 à 25	600	
	619 armoiries.		14820 livres

Total *quatorze-mil-huit-cent-vingt livres*, et les 2 sols pour livres.

Présenté par le dit Vannier à nos Seigneurs les commissaires généraux du Conseil, à ce qu'attendu qu'il n'a été fourni par les dénommez ci dessus aucune figure ni explication d'armoiries, et qui ont néantmoins payé les droits d'enregistrement d'icelles, il plaise à nos dits Seigneurs leur en accorder, en conformité de l'édit du mois de novembre 1696, telles qu'ils jugeront à propos, pour estre ensuite receues et enregistrées à l'Armorial général, conformément ausdit édit et arrests rendus en conséquence.

Fait à Paris, le deuxième jour de septembre 1700.

Signé : Accault et Alexandre.

Les Commissaires Généraux, députez par Sa Majesté par arrest du conseil des 4 décembre 1696 et 29 janvier 1697, pour l'exécution de l'édit du mois de novembre précédent sur le fait des armoiries.

Veu par nous l'estat cy dessus, notre ordonnance préparatoire du 10 septembre 1700, portant qu'il soit remis au sieur d'Hozier, conseiller du Roy, garde de l'Armorial général, pour donner son avis sur les armoiries qui pourront estre accordées aux dénommez, au dit estat ; l'avis du dit sieur d'Hozier du 22 septembre 1700 ; ordonnance de soit montré du 27 janvier 1701, conclusions du procureur général de la commission ; ouy le raport du sieur de Breteuil, conseiller ordinaire du Roy en son Conseil d'estat, et intendant des finances, l'un des dits sieurs commissaires.

Nous commissaires susdits, en vertu du pouvoir à nous donné par Sa Majesté, conformément à l'avis du dit sieur d'Hozier, ordonnons que les armes de chacun des dénommez au dit estat cy dessus seront composées de pièces, meubles et métaux portez par le dit avis ; en conséquence les avons receues et recevons pour estre enregistrées, peintes et blazonnées à l'Armorial général, ainsy qu'elles sont expliquées par le dit avis, et les brevets d'icelles delivrez conformément à l'édit du mois de novembre et arrets rendus en exécution A l'effet de quoy il sera remis au sieur d'Hozier une expédition de la présente ordonnance et les feuilles qui contiennent les noms et qualitez des dénommez au dit estat.

Fait en l'assemblée des dits sieurs commissaires, tenue à Paris le vendredy dix huitième février mil sept cent un.

Nous soussignez, intéressez au traitté des armoiries, nommez par délibération de la Compagnie du 29 aout 1697, pour retirer les brevets des armoiries, reconnaissons que M. d'Hozier nous a cejourdhui remis ceux mentionnez au présent état, au nombre de six cent dix neuf *armoiries*.

La finance principalle desquelles, montant à quatorze mil huit cent vingt livres, promettons payer au Trésor Royal, conformément au traitté que nous en avons fait avec Sa Majesté.

Fait à Paris, ce 24e mars mil sept cent un.

ETAT

DES NOMS ET QUALITÉZ DES PERSONNES ET COMMUNAUTÉS DÉNOMMÉES CI APRÈS QUI ONT PAYÉ LES DROITS D'ENREGISTREMENT DES ARMOIRIES ES BUREAUX ÉTABLIS PAR Me ADRIEN VANIER, CHARGE DE L'EXÉCUTION DE L'ÉDIT DU MOIS DE NOVEMBRE 1696; ET DESQUELLES ARMOIRIES LA RÉCEPTION A ÉTÉ SURCIZE PAR LES ÉTATS CY APRÈS DATTÉS, PARCE QU'ILS ONT NÉGLIGÉ DE FOURNIR LA FIGURE OU L'EXPLICATION DES DITES ARMOIRIES.

GÉNÉRALITÉ DE SOISSONS

SOISSONS

SUIVANT L'ORDRE DU REGISTRE DEUXIÈME, DE L'ÉTAT DU. . . .

Vû par nous Charles d'Hozier, conseiller du Roy, généalogiste de sa maison, garde de l'Armorial général de France, et chevalier de la religion et des ordres militaires de Saint-Maurice et de Saint-Lazare de Savoye; le présent état de suplément d'armoiries et l'ordonnance donnée le 24e jour du mois de décembre de l'an 1700, par Messieurs les Commissaires Généraux du Conseil à ce députés, par laquelle il nous est enjoint de donner notre avis sur les armoiries qui peuvent estre accordées ou supléées à chacune des personnes et autres dénommées dans le présent état et dans les conclusions de M. le Procureur général de la dite commission, au nombre de cent vingt huit armoiries, nous estimons que l'on peut leur régler et disposer en cette sorte les dites armoiriès, ainsi qu'il ensuit, savoir :

217.— Hiérosme de Crouy, bourgeois de Soissons.

De gueules, à une croix d'or, et un chef d'argent chargé de trois étoiles d'azur.

218. — Louis de Billy, chanoine de Saint-Gervais de Soissons.

218.— D'argent, à huit billettes de gueules, posées en orle.

219. — Robert Dupire, bourgeois de Soissons.

219.— D'or, à trois pals d'azur.

220. — Pierre QUINQUET, sieur de Mompreux, capitaine au régiment de cavalerie d'Imécourt.

220. — D'argent, à trois quintes-feuilles de gueules, posées deux et une.

222. — Antoine QUINQUET, prestre, docteur de Sorbonne, curé de la parroisse de Saint-Remy de Soissons.

222. — De même.

223. — Gilles FONTAINE, commis aux exercices de la ville de Soissons.

223. — D'azur, à une fontaine d'or, et une bordure de même.

224. — Claude GUINET, commis aux exercices de la ville de Soissons.

224. — De gueules, à un léopard d'argent, et un chef de même.

225. — Etienne BOUCHEL, commis au bureau des aydes de la ville de Soissons.

225. — D'argent, à un rencontre de bœuf de sable.

226. — Charles MIGNOT, bourgeois de la ville de Soissons.

226. — D''or, à trois jumelles d'azur.

227. — Jeanne QUINQUET, femme de Pierre LÉVESQUE, conseiller du roy, maire perpétuel de la ville de Soissons.

227. — De même qu'à l'article 120.

230. — Jacques JARDEL, bourgeois de la ville de Vailly.

230. — D'or, à trois coqs de sinople posés deux et un.

232 — Louis RINCCENT (Rincquesent), commis à l'exercice des aydes de l'élection de Soissons.

232. — D'argent, à un rhinocéros de gueules.

233. — Pierre LEFEBVRE, commis à l'exercice des aydes à Soissons.

233. — D'or, à une enclume de sinople.

234. — Nicolas CHAUVEAU, commis à l'exercice des aydes de l'élection de Soissons.

234. — D'argent, à un cheval de sable, et une bordure de même.

235. — Pierre FERTILLIÈRE, commis à l'exercice des aydes de l'élection de Soissons.

235. — D'argent, à une anguille d'azur.

236. — Charles RETARD, commis à l'exercice des aydes de l'élection de Soissons.

236. — De gueules, à un filet de pêcheur d'or, et un chef d'argent.

237. — Antoine de la BRETESCHE, procureur au baillage et siége présidial et jurisdiction royale de Soissons.

237. — D'or, à une croix bretessée d'azur.

238.—Le chapitre de l'église de Berzy.

238.—De gueules, à trois faces; celle du milieu d'argent et les deux autres d'or.

239.—Jean BOUDE, prestre, curé de la parroisse de Coulonge.

239.—D'azur, à un antonnoir d'or.

240.—Louis GODOT de Mouy, commis à l'exercice des aydes de l'élection de Soissons, département de Blérencourt.

240.—De sable, à quatre trefles d'or, posées deux et deux.

241.—Charles VILLAULT, dit de Lisle, commis aux exercices des aydes de la généralité de Soissons au département de Fère (La Fère).

241.—De sinople, à un massacre de cerf d'or.

LAON

SUIVANT L'ORDRE DU REGISTRE DEUXIÈME, DE L'ÉTAT DU. . . . . .

361.—Abraham Pierre de STOUPPE, prestre, trésorier de l'église Notre Dame de Laon.

361.—D'or, à trois corneilles d'azur, posées deux et une.

362.—Nicolas PÉCOURT, prestre, curé de Fay.

362.—De sable, à un pal d'argent, chargé de trois roses de sinople.

364.—Francois TAUXIER, prestre, chanoine de Rosoy.

364.—De vair, à un chevron d'or.

365.—Nicolas RASSET, chanoine de Rosoy.

365.—De gueules, à une ancre d'argent, accompagnée de trois cœurs d'or, deux en chef et un en pointe.

366.—Jean CŒUR-DE-ROY, chanoine de Rosoy.

366.—D'or, à un cœur de gueules.

367.—N..... de RAITY, veuve de Charles François de LAIRE.

367.—D'argent, à une face de sinople, chargée de trois étoiles d'or.

368.—Charles de GOUGES, prestre, curé de Toully (Toulis).

368.—D'azur, à deux goujons adossez d'argent.

369.—Pierre CAMUZET, prestre, chanoine de Rosoy.

369.—De sable, à une chemise d'argent.

370. — Robert BAZIN, chanoine de Rosoy.

370. — D'argent, à un bas de gueules.

371. — Henry BAZIN, chanoine de Rosoy.

371. — De même.

374. — N.... VIET, chanoine de Rosoy.

374. — D'or, à une visse d'azur.

376. — Claude COEUR-DE-ROY, curé de Sessy.

376. — Comme à l'article 366.

378. — Antoine de LANÇON, curé de Fiesmant et Cohartel (Cohartille).

378. — D'or, à deux lances de sinople, passées en sautoir.

381. — Claude LAVOINE, prestre, curé de Pouilly.

381. — D'argent, à une gerbe de sinople.

382. — François MALHERBE, marchan(d) à Vervins.

382. — D'argent, à trois gerbes de sinople mal ordonnées.

387. — Charles VERZEAU de Vervins.

387. — Parti d'argent et de gueules, à deux verres de l'un en l'autre rangés en face.

388. — Bonnaventure CONSTANT de Vervins.

388. — D'or, à trois chevrons de sable, et un chef d'azur.

389. — Pierre FOSSIER de Vervins.

389. — D'argent, à une bêche d'azur.

390. — Jean de SOLON de Vervins.

390. — D'azur, à une bande d'or, chargée d'un lion de sable.

391. — N....., veuve d'Henry BENOIST, de Vervins.

391. — De gueules, à une face d'argent, chargée de trois roses de sinople.

NOYON

SUIVANT L'ORDRE DU REGISTRE PREMIER DE L'ETAT DU. . . . .

329 *bis*. — Jean-Baptiste DUPLESSIER, chevalier, seigneur de Sirtemont, Chévizy et autres lieux, et Anne-Henriette-Angélique de LAFONS sa femme.

329 *bis*. — Palé d'argent et de sable de six pièces, et un chef d'azur chargé d'une couronne d'or; *accolé* : d'azur, à une fontaine d'or et une bordure d'argent.

330. — N..... BOUDIN, prestre, prieur, curé de Benay.

330. — De gueules, à une face d'or, accompagnée de trois boucles d'argent, deux en chef et une en pointe.

331. — Jean MARTINSART, prestre, curé d'Urvillé (Urvillers?).

331. — De sable, à une face d'argent, chargée de deux marteaux de gueules.

332. — Charles MARGAS, docteur en médecine à Chauny.

332. — De sinople, à un chevron d'argent, chargé de trois merlettes de sable.

333. — Charles COLNÉ, prestre, curé de Chéry, et chapelain de l'église de Noyon.

333. — D'or, à un chevron de gueules, accompagné de trois coliers de même, deux en chef et un en pointe.

334. — Charles BOQUIN, prestre, curé de Cugny.

334. — D'azur, à un bouc d'argent accorné d'or.

335. — Alexandre BROUARD, prestre, curé d'Ercheu(x).

335. — D'or, à trois faces d'azur, et un lion brochant sur le tout d'argent.

336. — Claude ROGERÉ, prestre, curé de la parroisse de Ville.

336. — D'argent, à un chevron de sinople, accompagné de trois roses de gueules, deux en chef et un en pointe.

337. — Charles PERIN le jeune, conseiller du roy, substitut de son procureur au baillage de Chauny.

337. — De sinople, à trois poires d'or, mal ordonnées.

338. — Charles PERIN, l'ainé, notaire royal au baillage de Chauny.

338. — De même.

340. — La communauté des *Lingers*, *Bonnetiers*, *Chapeliers* et *Gantiers* de la ville de Naisle (Nesle).

340. — D'argent, à un chapeau de sable, accompagné en chef de deux gans de même.

341. — Etienne de MONGUIOT, écuyer, seigneur dudit Monguiot et d'Urvillé.

341. — D'or, à une montagne de sinople.

342. — Le prieuré de *Beaulieu*.

342. — D'azur, à une maison d'argent et un soleil d'or en chef.

343. — N..... MANNIER, prestre, curé de Abbecourt.

343. — De sable, à une main d'or.

344. — Nicolas LANDRU, prestre, curé de Bucy.

344. — De sinople, à une lampe d'argent.

345. — Le prieuré de *Maurepas*.

345. — D'azur, à deux pals d'or et un chef d'argent chargé de trois croissants de gueules.

CHATEAUTHIERY

SUIVANT L'ORDRE DU REGISTRE PREMIER, DE L'ETAT DU ....

210.—Antoine CHÉRON, conseiller, assesseur en l'hôtel de ville de Fère en Tardenois.

210.—De sinople, à un chevron d'argent.

211.—Nicolas VITART, cy devant greffier au bailliage de Châteauthiery.

211.—De gueules, à une croix d'or, chargée de cinq larmes d'azur.

213.—Michel TOURNANT, lieutenant de bourgeoisie de Châteauthiery.

213.—De sinople, à une roue d'or.

214.—Marguerite LE GIVRE, femme de N.... LE GIVRE, conseiller d'honneur au présidial de Châteauthiery.

214.—D'or, à une givre d'azur.

215.—Magdelaine TONDELLE, veuve de Pierre BEAUVISAGE, receveur de la terre de Fère.

215.—De sable, à trois truelles d'or, posées deux et une.

216.—La communauté des *Orfevres* et *Potiers d'étain* de la ville de Châteauthiery.

216.—D'azur, à un marteau d'or, accompagné en chef de deux pots d'argent.

217.—Pierre POUJEOIS, prestre, curé de la Ville-Sous-Orbais.

217.—D'argent, à deux poulies de gueules, rangées en face.

218.—N..... LESUEUR, prestre, curé de Notre Dame de Mezy-Moulins.

218.—D'azur, à un Saint-Suaire d'argent, figuré de gueules.

219.—Louis de FRIMONT, écuier.

219.—De sable, à une face d'or, chargée de trois tourteaux de gueules.

220.—Pierre BEAUVISAGE, maire perpétuel de Fère en Tardenois.

220.—D'or, à une teste d'homme de carnation.

221.—La ville de *Fère*.

221.—De sinople, à un fer de cheval d'or, couronné de même.

224.—Pierre LE BLANC de Jaugonne (Jaulgonne).

224.—De gueules, à un cigne d'argent, bequé, membré, accolé et couronné de sable.

225.—La communauté des *Cordonniers* de Fère en Tardenois.

225.—D'or, à une botte de gueules.

226.— La communauté des *Merciers*, *Ciriers* de Fère en Tardenois.

226.— D'azur, à deux flambeaux d'or, passés en sautoir.

227.—La communauté des *Bouchers* et *Chaircutiers* de Fère en Tardenois.

227.— D'argent, à un massacre de beuf de sinople.

228.— La communauté des *Boulangers* de Fère en Tardenois.

228.— De sinople, à une pelle de four d'or.

229.— La communauté des *Fripiers* et *Marchands de toille* de Fère.

229.— D'argent, à un justaucorps de gueules.

230.— La communauté des *Chapeliers* de Fère.

230.— D'or, à trois chapeaux de sinople, posés deux et un.

231.—La communauté des *Tixerands* de Fère en Tardenois.

231.— D'azur, à trois navettes de tisserand d'or, mal ordonnées.

232.—La communauté des *Menuisiers*, *Massons*, *Charpentiers* et autres, de Fère en Tardenois.

232.— De sable, à un compas d'argent, accompagné en chef de deux rabots d'or.

233.—La communauté des *Apoticaires* et *Chirugiens* de Fère en Tardenois.

233.— De sinople, à une boette d'or, accompagnée en chef de deux lancettes d'argent.

CRESPY

SUIVANT L'ORDRE DU REGISTRE PREMIER, DE L'ÉTAT DU 19 FÉVRIER 1700

162. — Cet article n'est ici tiré que pour mémoire, attendu que c'est un double employ à l'article 50 de l'état du 26 septembre 1698.

DE L'ÉTAT DU.....,.....,.. 1700

308. — N. . . . . Lesguillette, curé de Chelle.

308.— D'or, à trois éguillettes d'azur, ferrées par les bouts d'argent, posées deux et une.

310.— N. . . . . femme de N. . . . . Desguioles, écuier.

310.— De sable, à une éguière d'or.

311.— N. . . . . de Cavilliez, écuier.

311.— D'azur, à trois cuillères d'argent, posées deux et une.

312.— N. . . . . veuve d'Antoine Pasquier, notaire à Crespy.

312.— D'argent, à une main d'azur, couronnée de même.

313.— N. . . . . Rousseau, seigneur de Bonneville.

313.— D'argent, à une teste de cheval de gueules.

314.— N. . . . . femme de N. . . . . de Coudran, écuier, seigneur de Caagny (Cagny).

314.— De sinople, à trois croissans d'or, posés deux et un.

315.— Pierre d'Esmé, commis aux aydes.

315.— D'azur, à un chevron d'argent, accompagné en pointe d'une teste de lion d'or.

316.— N. . . . . de Susy, demoiselle.

316.— De sinople, à trois fusées d'argent, rangées en face.

317.— Guillaume Eslin, sous-receveur au bureau des aydes de l'élection de Crespy.

317.— D'argent, à une aile de chauvesouris de sable.

318.— Abraham Duclos, commis aux aydes en l'élection de Crespy.

318.— D'azur, à huit clous d'argent, posés en orle.

319.— N. . . . . Guérin, commis aux aydes de Crespy.

319.— D'argent, à un guéridon de gueules.

320.— N. . . . . Montargon, commis aux aydes de Crespy.

320.— D'azur, à une montagne d'or, accompagnée en chef de deux croissans d'argent.

321.— N. . . . . de la Mare, veuve de N. . . Simphal.

321.— De sinople, à deux canards d'argent mal ordonnés.

322.— N. . . . . de la Granche, écuier, sieur de Boury.

322.— Tranché d'argent et d'azur, à une teste de bœuf de l'un en l'autre.

CLERMONT

SUIVANT L'ORDRE DU REGISTRE PREMIER, DE L'ÉTAT DU ....

142.— Claude Baudé, prestre, curé d'Ansauvillé (Ansauvillers).

142.— De sinople, à trois chevrons, celuy du milieu d'or et les deux autres d'argent.

143.— Marie-Anne Caboche, veuve de Nicolas de Conty, seigneur de la Rue Prevost.

143.— D'azur, à une teste de femme coiffée d'argent.

145.—Louis-Charles TAVERNIER de Boulongne, de Longueroye, conseiller au baillage de Clermont.

145.—De sinople, à une massue d'or.

146.—Jean LINEL, prestre, curé de la parroisse de Breuillesecq (Breuil le Sec).

146.—De gueules, à une lune d'argent.

147.—Magdelaine HÉRON, veuve de Nicolas TOURET, conseiller et procureur du roi, au baillage de Clermont.

147.—D'argent, à une tour de gueules et un chef d'azur, chargé de trois étoiles d'or; parti de sable, à un héron d'argent.

148.—Le corps des officiers de la *Prévôté* royale foraine du comté de Clermont.

148.—Facé d'or et de sinople de huit pièces.

150.—Antoine BAVART, procureur au baillage de Clermont.

150.—D'azur, à un massacre de bœuf d'argent.

151.—Charles BAVART, conseiller du roy, grenetier au grenier à sel de Clermont.

151.—De même.

152.—Louis COQUEBERT, receveur des aydes de l'élection de Clermont.

152.—D'argent, à trois coqs de gueules, posés deux et un.

153.—N. . . . . MILLET, commis aux exercices des aydes de l'élection de Clermont.

153.—D'azur, à un maillet d'argent.

154.—N. . . . . TARTIF, commis aux exercices des aydes de l'élection de Clermont.

154.—De sinople, à une tortue d'argent.

155.—N. . . . . GAVEAU, commis aux exercices des aydes de l'élection de Clermont.

155.—De sable, à un geay d'or.

156.—N. . . . . DEVOIS, commis aux exercices des aydes de l'élection de Clermont.

156.—De sinople, à un chevron d'or, chargé de trois étoiles de sable.

159.—Louis LEMAITRE, commis aux aydes de Pont-Sainte-Maxance (Pont Sainte Maxence.)

159.—D'argent, à un chevron de sable, accompagné en chef d'un croissant de gueules à dextre, et une étoile de même à sénestre, et en pointe d'un cœur aussi de gueules, surmonté d'une rose de même, et accompagné de deux autres croissans d'azur, avec deux palmes de sinople, posées en pal aux deux côtés de l'écu, brochant sur le tout.

160.—N. . . . . Dupuis, commis aux exercices des aydes de l'élection de Clermont.

160.—D'azur, à un puis d'argent, et une bordure engrelée d'or.

161.—Sanson Duvivier, notaire royal, au baillage de Clermont.

161.—De sable, à une face d'argent, chargée de deux poissons adossez d'azur.

162.—Charles Burel, conseiller du roy, éleu en l'élection de Clermont.

162.—De sinople à deux burelles d'argent.

163.—Le corps des officiers de la *Maréchaussée* de Clermont.

163.—De sable, à trois pistolets d'argent, posés deux et un.

164.—Le corps des officiers du grenier à sel de Clermont.

164.—D'or, à un minot de sable, et une couronne de gueules en chef.

165.—Louis Parmentier, avocat en parlement.

165.—D'azur, à un sautoir d'argent, chargé en cœur d'une étoile de sable.

166.—La ville de *Clermont*.

166.—De gueules, à une montagne d'argent, accompagnée en chef d'un soleil d'or.

167. Le corps des officiers de l'élection de Clermont.

167.—D'argent, à une main de justice de sable.

168.—Simon Dhénault (d'Hénault).

168.—D'or, à une croix d'azur, chargée de cinq merlettes d'argent.

GUISE

SUIVANT L'ORDRE DU REGISTRE PREMIER, DE L'ETAT DU ....

148.—Etienne Dersu, docteur en médecine à Guise.

148.—D'argent, à une herse de sinople.

149.—Louis Ferrand, femme de Joseph David, conseiller du roy, receveur des tailles de Guise.

149.—D'azur, à trois fers de cheval d'argent, rangés en pal.

150.—Philippes Joseph Poulet, assesseur à Guise.

150.—D'azur, à une face d'argent, chargée de trois poulets de gueules.

151.—Jean Dubray, curé de Boué et Bergues.

151.—D'or, à un bras de sable.

152.—Jean Le Coin, marchand à Guise.

152.— De sable, à un coin d'or.

153.—Louis Adam, chanoine de Guise.

153.— De gueules, à trois pommes d'argent, posées deux et une.

154.—Guillaume Godart, curé de Nouvion.

154.— D'azur, à une croix ancrée d'argent, chargée en cœur d'une merlette de gueules.

155.—Antoine Wibail, curé d'Esquezeries (Esquehéries).

155.— D'or, à un tonneau d'azur.

156.—Le prieuré de *Tupigny*.

156.—De sable, à une crosse d'argent, accompagnée en chef de deux fleurdelis de même.

157.— Catherine de Dancour, femme de Pierre Clément de la Rouillye, major du régiment d'infanterie de Santerre.

157.—De sinople, à une croix dentelée d'or.

158.— Le corps des officiers de la maitrize des Eaux et forets du duché de Guise.

158.— D'azur, à un sautoir d'argent, chargé en cœur d'un arbre de sinople.

159.—Le corps des officiers du baillage de Guise.

159.— De sable, à une face d'or, chargée de deux fleurs de lis d'azur.

Fait par nous, à Paris, le 17 janvier 1701.

Signé d'Hozier.

RECAPITULATION

SOISSONS

Armoiries des	livres.	livres.	
Personnes.	20 à 20	400	425
Chapitre	1 à	25	

LAON

Armoiries des	livres.	livres.	
Personnes.	20 à 20		400

NOYON

Armoiries des	livres.	livres.	
Personnes	14 à 20	280	355
Communauté	1 à	25	
Prieuré	1 à	25	
Prévôté	1 à	25	

CHATEAUTHIERY

Armoiries des	livres.	livres.	
Personnes	10 à 20	200	500
Ville	1 à	50	
Communautés	10 à 25	250	

CRESPY

Armoiries des	livres.	livres.
Personnes	14 à 20	280

CLERMONT

Armoiries des	livres.	livres.	
Personnes	18 à 20	360	510
Ville	1 à 50	50	
Corps	4 à 25	100	

GUISE

Armoiries des	livres.	livres.	
Personnes	9 à 20	180	255
Corps	2 à 25	50	
Prieuré	1 à 25	25	
	128		2725

Total deux mille sept cens vingt cinq livres et les deux sols pour livre.

Présenté par ledit Vanier à Nosseigneurs les Commissaires généraux du Conseil, à ce qu'attendu qu'il n'a été fourni par les dénomés cy dessus aucune ni explication d'armoiries et qui ont néanmoins payé les droits d'enregistrement d'icelles, il plaise à nosdits seigneurs leur en accorder en conformité de l'edit du mois de novembre 1696 telles qu'ils jugeront à propos, pour estre ensuite reçeues et enregistrées à l'Armorial général conformément ausdits édit et arrests rendus en conséquence.

Fait à Paris, ce 25e jour de novembre 1700.

Signé : Accault et Delarroc.

Signé : Accault, Delarroc.

Les Commissaires généraux deputez par arrêts du Conseil des 4 décembre 1696 et 29 janvier 1697, pour l'exécution de l'edit du mois de novembre précédent sur le fait des armoiries.

Veus par nous l'estat cy dessus, notre ordonnance préparatoire du 21 décembre dernier, portant qu'il sera remis au sieur d'Hozier, conseiller du Roy, garde de l'Armorial général, pour donner son avis sur les armoiries qui pourront estre accordées aux dénommez audit estat; l'avis dudit sieur d'Hozier du 17 du mois de janvier dernier; ordonnance de soit montré du 6 du présent mois; conclusions du Procureur Général de la Comission; ouy le raport du sieur de Breteuil, conseiller ordinaire du Roy en son conseil d'Estat et intendant des finances, l'un de nous;

Nous Commissaires susdits, en vertu du pouvoir à nous donné par Sa Majesté, conformément à l'avis dudit sieur d'Hozier, ordonnons que les armes de chacun des dénommez dans l'estat cy dessus, seront composées des pièces, meubles et métaux portez par ledit avis; en conséquence les avons reçeues et recevons pour estre enregistrées à l'Armorial général, et les brevets d'icelles délivrez conformément à l'édit du mois de novembre et arrests rendus en exécution; à l'effet de quoy il sera remis audit sieur d'Hozier, une expédition de la présente ordonnance et les feuilles qui contiennent les noms et qualitez des dénommez audit estat.

Fait en l'assemblée desdits sieurs Commissaires, tenue à Paris, le vendredy vingt-neufvième jour du mois d'avril mil sept cent un.

Signé : SENDRAS.

Nous soussignez intéressez au traitté des armoiries nommez par délibération de la compagnie du 29 aoust 1697 pour retirer les brevets desdites armoiries, reconnoissons que Monsieur D'Hozier nous a cejourd'huy remis ceux mentionnez au présent état au nombre de cent ving huit armoiries; la finance généralle desquelles montant à deux mil sept cens vingt cinq livres, prometons payer au trésor royal, conformément au traitté que nous en avons fait avec Sa Majesté.

Fait à Paris, ce 13 may 1701.

Signé : CARQUEVILLE.

ETAT

DES NOMS ET QUALITEZ DES PERSONNES ET COMMUNAUTÉZ DÉNOMMÉES CY APRES QUI ONT PAYÉ LES DROITS D'ENREGISTREMENT DES ARMOIRIES EZ BUREAUX ÉTABLIS PAR M° ADRIEN VANIER, CHARGÉ DE L'EXÉCUTION DE L'ÉDIT DU MOIS DE NOVEMBRE 1696; ET DESQUELLES ARMOIRIES LA RECEPTION A ÉTÉ SURCIZE PAR LES ETATS AUSSY CY APRÈS DATTEZ PARCE QU'ILS ONT NÉGLIGÉ DE FOURNIR LA FIGURE OU L'EXPLICATION DES DITES ARMOIRIES

GÉNÉRALITÉ DE SOISSONS

SOISSONS

SUIVANT L'ORDRE DU REGISTRE DEUXIÈME DE L'ÉTAT DU 19 FÉVRIER 1700

Vû par nous Charles d'Hozier, conseiller du Roy, généalogiste de sa maison, juge général des armes et des blazons, garde de l'Armorial général de France et chevalier de la religion et des ordres militaires de Saint Maurice et Saint Lazare de Savoie; le présent état de suplément d'armoiries et l'ordonnance donnée en conséquence le 19e jour du mois de novembre de l'an 1707, par Messieurs les Commissaires généraux du conseil à ce députez, par laquelle il nous est enjoint de donner notre avis sur les armoiries qui peuvent être acordées ou suplées à chacune des personnes et autres dénommez dans le présent état et dans les conclusions de Monsieur le procureur général de la ditte commission au nombre de cinq armoiries, nous estimons que l'on peut leur régler et disposer en cette sorte les dites armoiries ainsi qu'il suit :

83. — Louis Moreau, prestre, prieur, curé de la paroisse de saint Léger de Soissons.

83. — D'azur, à croissant d'argent à dextre en chef et une étoile à sénestre.

LAON

SUIVANT L'ORDRE DU REGISTRE PREMIER, DE L'ÉTAT DU 26 SEPTEMBRE 1698

320.—Anguerand de BROSSARD, écuier, seigneur de Bazinval, lieutenant de roy de la ville et citadelle de Coucy.

320.—D'azur, à une main gantée d'argent, portant un oiseau de proye de même et acompagnée de trois mouchetures d'hermines d'argent, deux en chef et une en pointe.

SUIVANT L'ORDRE DU REGISTRE DEUXIÈME DE L'ÉTAT DU 19 FÉVRIER 1700

184.—Jaque François de CHAMBLY, chevalier, comte de Bo(s)mont, lieutenant de Messieurs les maréchaux de France, au baillage de Laon.

184. — De gueules à un croissant d'or.

DE L'ÉTAT DU 16 JUILLET 1700

28 *bis*.—Feu Charle de CHAMBLY, seigneur de Mahainaut, suivant la déclaration de Henriette BRUNEAU sa veuve.

28 *bis*. —De gueules, à un croissant d'or; acolé : d'or, à un brunissoir de doreur de sable.

Fait par nous à Paris, le cinquième janvier 1708.

Signé : D'HOZIER.

RECAPITULATION

SOISSONS

Armoiries des	livres.	livres.
Personnes...............	1 à 20.............	20

LAON

Armoiries des	livres.	livres.
Personnes	4 à 20.............	80
	5 armoiries.	100 livres.

Total cent livres et les deux sols pour livre.

Présenté par ledit Vanier à Nos Seigneurs les Commissaires généraux du conseil à ce qu'attendu qu'il n'a été fourny par les dénomez ci dessus, aucune figure ny explication d'armoiries et qui ont neantmoins payé les droicts d'enregistrement d'icelles, il plaise à nosdits seignours leur en acorder en conformité de l'édit du mois de novembre mil six cent quatre vingt seize, telles qu'ils jugeront à propos pour estre ensuite receues et enregistrées à l'Armorial général, conformément audit édit et aux arrests rendus en conséquence.

Fait à Paris, ce premier jour de novembre mil sept cent quatre.

Signé : Accault et Quentin.

Signé : Accault ; Alexandre.

Les Commissaires généraux députez par Sa Majesté, par arrest du conseil des quatre decembre 1696, 29 janvier 1697 et sept juillet 1705 sur le fait des armoiries.

Veu par nous l'estat cy dessus, notre ordonnance préparatoire du dix neuf novembre 1707 ; l'avis du sieur d'Hozier garde de l'Armorial général, et conclusions du procureur général de la commission ; ouy le rapport du sieur Bignon de Blanzy, conseiller d'estat ordinaire et intendant des finances.

Nous Commissaires susdits, en vertu du pouvoir à nous donné par Sa Majesté, conformément à l'avis du sieur d'Hozier, nous ordonnons que les armes des dénommez dans l'estat cy dessus, seront composées des pièces, meubles et mestaux portez par ledit avis. En conséquence les avons receu et recevons pour pour estre enregistrées à l'Armorial général ainsi qu'elles sont expliquées par ledit avis, et les brevets d'icelles délivrez conformément à l'édit du mois de novembre et arrests rendus en conséquence ; à l'effet ne quoy il sera remis audit sieur d'Hozier un expédition de la présente ordonnance et les feuilles qui contiennent les noms et qualitez des dénommez audit estat. Fait et arresté en l'assemblée desdits sieurs et commissaires, tenue à Paris le quinze febvrier mil sept cens neuf.

Signé : Sendras.

Nous soussignez intéressez au traité des armoiries, nommez par délibération de la compagnie du vingt neuf aoust 1697, pour retirer les brevets desdites armoiries, reconnoissons que Monsieur d'Hozier nous a cejourd'huy remis ceux mentionnez au présent état ; la finance desquels montant à cent livres, nous promettons payer au Trésor royal, conformément au traité que nous en avons fait avec Sa Majesté. Fait au bureau général ce vingtième jour d'avril mil sept cent dix.

Signé : Carqueville.

FIN DU REGISTRE

TABLE

DES NOMS PROPRES DES FAMILLES, DES VILLES ET DES COMMUNAUTÉS

CONTENUS

DANS L'ARMORIAL DE LA GÉNÉRALITÉ DE SOISSONS

C

F

G

H

I

J

L

M

N

S

T

U

V

TABLE DES NOMS DE TERRE

CONTENUS

DANS L'ARMORIAL DE PICARDIE

GÉNÉRALITÉ DE SOISSONS

C

D

E

F

G

N

O

P

Q

R

S

T

U

V

W

Y

TABLE DES MATIÈRES

ERRATA

Page 20, ligne 10. — *Après :* Genée, *ajoutez entre parenthèses :* Gencé

— 77, — 14. — *Au lieu de :* Wolbacq, *lisez :* Wolbocq.

— 97, — 1re — *Après :* Droyerer, *ajoutez entre parenthèses :* Droyeres

— 143, — 12. — *Après :* Mangert, *ajoutez entre parenthèses :* ou Mangeot.

— 178, *après l'article* 344, ligne 12, *intercalez l'article tombé en pâte, qui suit :*

366. La ville de Chauny : d'azur, à une tour d'or massonnée et *ajourée d'une porte et de deux fenestres de sable, accompagnée de sept fleurs de lis aussy d'or, posées en orle, trois de chaque côté et une en pointe.*

www.ingramcontent.com/pod-product-compliance
Lightning Source LLC
Chambersburg PA
CBHW050509270326
41927CB00009B/1968

* 9 7 8 2 0 1 2 5 2 4 8 7 3 *